U0562917

本书系河南财经政法大学河南经济伦理研究中心研究成果；

本书系河南省高校首批哲学社会科学创新团队《当代中国经济社会生活中的若干重大伦理问题研究》（2012-CXTD-06）阶段性成果；

本书系河南省重点学科——河南财经政法大学哲学一级学科研究成果；

本书系教育部人文社会科学百所重点研究基地——中国人民大学伦理学与道德建设研究中心研究成果。

宏观层面
经济伦理研究

乔法容 等著

人民出版社

目 录

绪 论 ·· 1

第一章 市场的缺陷与政府的经济职能 ······································ 9
 第一节 市场缺陷理论概述 ·· 9
 第二节 市场缺陷及其形成的原因 ··· 11
 第三节 政府行使经济调控职能的必然性 ································ 16

第二章 政府的经济职能及其缺陷 ·· 18
 第一节 关于政府经济职能的若干理论观点 ····························· 18
 第二节 政府经济职能的缺陷及其根源 ···································· 29
 第三节 西方资本主义国家市场化进程中的政府经济职能转换 ···· 35
 第四节 我国经济体制转型期政府的经济职能转换 ··················· 40
 第五节 正确认识市场和政府经济职能之间的关系 ··················· 56

第三章 政府经济职能行使中的特殊道德矛盾 ····························· 62
 第一节 政府经济职能的公共性与自利性的理论探源 ················ 62
 第二节 伦理学语境下的政府经济职能的公共性与自利性 ········· 78
 第三节 政府经济职能行使中特殊道德矛盾的表现与治理思路 ··· 91

第四章 建立健全政府经济行为的道德规范系统 ························ 100
 第一节 建立政府经济行为道德规范系统的必要性 ················· 100
 第二节 构建政府经济行为的道德规范体系 ·························· 106

第五章　政府经济职能的价值目标：实现制度公正 …… 113
第一节　制度缺陷引起一些领域的不公 …… 113
第二节　制度公正：政府决策的价值目标 …… 124
第三节　实现制度公正的路径 …… 130

第六章　公平：公共财政收支活动的伦理原则 …… 142
第一节　我国实行公共财政的必然性 …… 142
第二节　我国公共财政收支活动中存在的问题 …… 151
第三节　公平：我国公共财政收支活动的伦理原则 …… 162
第四节　我国公共财政收支活动中公平伦理原则的实现 …… 173

第七章　提升政府信用，建设诚信政府 …… 182
第一节　诚信政府建设的必要性与重要性 …… 182
第二节　构建以政府为中心的社会信用体系 …… 185
第三节　建设诚信政府 …… 189

第八章　政府与企业关系演进中的政府伦理 …… 193
第一节　市场经济条件下政府与企业的关系 …… 193
第二节　制度、政策与企业的伦理选择 …… 204
第三节　当代中国政企关系变迁中的企业伦理演进 …… 208
第四节　新政企关系中的政府伦理 …… 216

第九章　政府从业人员的自利性对非公经济的影响及伦理治理 …… 233
第一节　政府从业人员自利性失当的主要表现 …… 233
第二节　政府从业人员自利性失当的成因 …… 236
第三节　政府从业人员的自利性失当对非公经济的影响 …… 238
第四节　政府从业人员自利性失当的伦理治理 …… 241
第五节　政府从业人员需要正确处理的几种关系 …… 246

第十章　以政府为中心建构维护市场秩序的道德责任共担机制 …… 250
第一节　市场秩序是市场健康运行的要素 …… 250

第二节　当前我国市场秩序中存在的道德风险与原因 ········ 253
　　第三节　构建以政府为中心的道德责任共担机制 ············ 258

第十一章　提升政府道德理性，维护经济社会秩序 ············ 264
　　第一节　国家的理性：照亮社会发展之光 ················ 265
　　第二节　国家的非理性：公共生活的"祸害" ·············· 268
　　第三节　提升国家道德理性，维护经济生活秩序 ············ 271

参考文献 ·· 277

后　记 ·· 281

绪　论

　　自20世纪90年代以来，经济伦理学作为一门新兴交叉学科逐步被国内学界认同和重视。一般而言，经济伦理研究有三个层面：一是宏观层面的，也即对一个国家的经济制度、经济政策、经济行为等的合义性的道德评价和价值考量，从伦理评判和伦理制度建构的角度去影响政府的行动，这一层面的活动主体是政府，社会道德评价的对象也是政府；二是中观层面的，也即对公司（企业）的价值目标、经营理念和伦理文化层面的经济伦理问题开展研究，这是当今国内外学者普遍关注的一个话题，又是关系中国政府经济职能深层转换中的一个重要问题；三是微观层面的，也即对个人经济行为的伦理研究。由此可见，宏观层面的经济伦理问题，是经济伦理学这门新兴学科中的一个重点研究层面，也是目前我国学术研究中的一个相对薄弱领域。本书从政府与市场的关系以及各自的功能边界、市场失灵与政府失灵原因的分析，提出政府经济职能转换中的特殊道德矛盾，进而概括提出引导和规范政府经济行为的伦理制度、理念与准则，从理论与现实的结合上阐明了观点。

　　在我国社会主义市场经济体制的建立与不断完善过程中，政府经济职能转换始终是其中的一个重要改革任务。我国的经济体制改革已经走过30多年的历程，但政府与市场的关系仍是一个有待深化与破解的问题。党的十八大报告明确指出：经济体制改革的核心问题是处理好政府和市场的关系，必须更加尊重市场规律，更好发挥政府的作用。"必须更加"、"更好发挥"这些表述表达了我党在如何正确处理市场与政府关系上的基本观点。在从计划经济体制向社会主义市场经济体制转换进程中，政府既承担着培育完善市场的任务,又担负着弥补市场失灵的责任。改革开放之初,由于政府对市场的不适应,政府对市场的不当干预现象较为普遍存在,政府经济职能与市场功能的边界以及政府作为宏观调控的主体应当怎样的问题,成为改革开放以来学界和社会各界特别关注的一个问题。在现实中,一些经济制度、政策的制定,特别是在从上到下的贯彻中出现价值取向上的偏差甚至扭曲,如某些地方政府经济行为的失范、失当,监管缺位、越位、不到位等,直接影响我国社会主义市场秩序的形成,影响社会利益关系的协调和社会稳定。我国的经济体制改革实践证明,中国社会主义市场经济体制的完善离不开政府的有效干预,要坚持"两只手的协同作用"。那么,如何在科学发展观的统领下,基于市场经济发展的客观规律,建构政府经济活动的道德价值引导系统与行为规范体系,形成与依法治国相协调的多手段互补的治理体系,对于科学有效地发挥政府的宏观调控作用、提高政府包括地方各级政府驾驭市场经济的能力,对于建设法治政府和法治社会、提升社会道德水平、构建社会主义和谐社会,都有着极为重要的意义。

从历史、现实、中国特殊国情等多重维度,梳理政府与市场关系及其理论,提出政府经济职能存在的必要性与重要性。政府与市场的关系及各自的功能边界,是二百多年以来各派经济学家争论不休的话题。19世纪以来,以马克思、西斯蒙、穆勒、亚当·斯密和巴托等为代表的经济学家对经济资源最优配置方式——市场进行了深入而详细的探讨。在很长的一段历史时期中,以市场为基础的资本主义生产方式创造出了巨大的生产力,使人类社会进入了高度物质文明时代。因此,市场被认为是万能的。进入20世纪,随着资本主义从自由竞争阶段进入垄断阶段,市场机制的弊端日益显现。市场垄断、外部影响、公共物品和不完全信息等,引致"市场失灵",从而为市场缺陷理论研究提供了基础。20世纪二三十年代资本主义经济的大萧条和周期性经济危机的发生,为政府干预经济的运行和加强政府经济职能提供了客观基础。美国"罗斯福新政"取得的巨大成功,凯恩斯理论的产生,为政府经济职能实施提供了理论基础和鲜活的例证。从李嘉图到凯恩斯，再从凯恩斯主义到后凯恩斯主义，都从不同层面强调政府经济职能和干预市场的意义。马克思主义的国家学说认为任何国家都具有政治和经济的双重职能。恩格斯把政权视为"一种经济力量"，可以对经济发挥正向或反向两种作用。后来的斯蒂格利茨呼吁，国家应建立一种在市场经济条件下的加强政府控制职能的新经济发展战略。因此，纠正和弥补市场失灵是政府经济职能的重要体现，而且它还是国家实现统治的基础。从国家经济发展战略角度来讲，"看不见的手"和"看得见的手"都是经济发展不可缺少的调节手段。中国的市场经济模式是政府主导性的社会主义市场经济，自发的市场调节与自觉的调节市场之间如何形成互相制约、互相转化的良性运转过程，形成完善的宏观调控体系，这是保证我国经济社会健康发展的大问题。对此，我国学界也已达成基本理论共识，即政府干预经济生活的必要性与重要性。

政府失灵与政府缺陷的原因分析。与市场失灵、市场缺陷相对应，政府也不是万能的，"政府失灵"、"政府缺陷"也同样存在。显然，一个失灵的政府、一个有缺陷的政府，难以担当纠正市场失灵、市场缺陷的重任，这就要探究政府失灵、政府缺陷存在的原因，特别是对于体制转换中的中国政府来说，一方面是适应经济体制市场化的自身改革，另一方面又要承担市场留给政府的任务，即弥补和纠正市场失灵与市场缺陷。因而，必须深刻分析政府失灵、政府缺陷的深层原因。市场缺陷主要表现为自发性、盲目性，属于客观性质的。政府失灵与缺陷主要表现在：第一，某些政府部门追求部门私利的"内在效应"，必然极大地干扰政府干预下的资源配置的优化，影响市场规律作用的正常发挥，因此，"内在效应"则成为政府失灵的一个重要根源，说明政府干预的公正性并非必然。第二，政府经济干预往往是那些大型的、长期的并具有非常强的外部经济的公共物品，政府关注的更多是效果而不是效率，因而使政府干预经济的效率较低。另外，"公共活动递增的瓦格纳定律"又决定了政府规模的不断膨胀，进而使干预的经济成本不断增加。我国政府财政支出方面逐年递增，就是一个佐证。第三，政府干预为设租寻租行为的产生提供了可能性。个别地方政府的公权成为不法经营者的保护伞，个别政府从业人员从自利发展到自私，这是扭曲政府经济职能的价值取向、影响社会公正、破坏市场秩序的根源之一，如商业贿赂、藏匿于各行各业的潜规则等。第四，政府失灵还常源于政府经济决策的失误。政府不是万能的，理性也是有限的。其中有认识方面的原因，如对市场经济规律的认识本身就是一个过程，对市场的驾驭能力也要在实践中提升，发展战略、投资决策、宏观管理的科学性也需要有一个"摸着石头过河"的探索过程。政府宏观调控与市场配置资源，前者属于以政府为主体的主观性调节，后者属于以市场为主体的客观性调节。确切地说，政府的宏观调控是主观见之于客观的过程，表现出一定程度的主观性。因此，在政府的宏观调控中必然存在一对矛盾，即自发与自觉的矛盾。本书除了指出在其认知层面的原因外，重点探讨了政府这一主体经济行为失范、失当在价值观、道德观方面的原因，如利益观、公平观、责任感、善恶标准以及政府作为宏观调控的主体自身的法治意识与道德自律等。

政府经济职能转换中的特殊道德矛盾——政府经济职能的公共性与其从业人员自利性之间的矛盾，是价值维度下对政府失灵与缺陷原因的挖掘与提炼。正是这一道德价值层面的矛盾支配与规约着政府经济活动的价值方针，深刻影响着政府经济决策的质量以及政府的执行力和政府行为的规范性。本书提出政府（国家）经济职能的公共性与从业人员自利性的特殊道德矛盾，并从多个学科寻找理论资源，在多个不同观点中加以梳理与审视，最后从伦理学的学科视角，对政府的公共性、自利性等内涵，进行了尝试性的探讨。伦理学语境下的政府的公共性，究其实质就是政府职能的发挥，所遵循的价值原则的公共性，即制度、政策充分反映社会整体利益和社会公众意志的公平与正义；所设计的程序的公共性，包括民主、法治、公开、责任等对当代政府的伦理诉求。因此，社会主义市场经济下政府经济职能的公共性问题，只有放到政府——社会——公民利益的关系结构之中去考察，才能获得比较全面的阐释。自利性或自利意识源于政府从业人员个体生存与自保的基本需求，是人之为人普遍存在的欲望、需要和原始动机。即使是政府官员，他们同样有自利的需要，可以说是公共性与自利性的有机统一体，这是应该认肯的。但基于其地位与职能，他们应该也必须成为公共人，成为承担其公共人的职责和使命、具有公共精神操守的执业者。针对一些学者把政府的自利性诠释为追求利益最大化，进而又推至作为政府组织的属性，本书提出了自己的观点。一是自利不等于自私，自利不等于追求利益最大化。不能把西方主流经济学"理性经济人"假设（本身就有不科学性和局限性）作为分析政府行为的前提条件。二是政府从业人员个体的自利性不等于政府组织的属性。不能把"理性经济人"假设套用到政府组织中，特别是社会主义制度下的政府组织中去。政府与国家是有阶级属性和社会属性的，并且是随着社会的变迁不断发生变化的，不能不加分析地只讲普遍性，不讲特殊性。在厘清概念与内涵的基础上，论述了政府经济职能行使中的公共性与自利性的关系，提出社会主义国家和政府的公共性，比起其他制度下的国家应有一个质的提升。特别探讨了社会主义条件下政府从业人员的自利性同样内潜着两种可能：趋向自私性和公共性，当价值观由自利转化为自私，势必影响政府公共性的发挥。前一种保障自己正当的个人利益，是法律和道德所允许的；后一种由自利性发展为自私、利己，严重者则会导致公权的滥用或沦为谋私的工具。十八大报告从政治的高度指出，反对腐败、建设廉洁政治，是党一贯坚持的鲜明政治立场，是人民关注的重大政治问题。这个问题解决不好，就会对党造成致命伤害，甚至亡党亡国，要求做到"清正廉洁、政府清廉、政治清明"。这是政治要求，同样是道德要求。因此，当自利性失当，越过了自利的道德底线，那就违背了政府公职人员在法律上的职责要求，政府职能的公共性不仅难以彰显，而且还会走向人民的对立面。新形势下，党和政府面临"四种考验"与"四种风险"，因此必须高度重视政府从业人员的自利性特性，从制度上严格约束与防范。

政府经济职能的公共性与自利性这一特殊道德矛盾在经济生活中主要表现在以下几对关系的处理上：主观意志与客观规律的关系；自利与公利的关系；他律与自律的关系。本书还专章探讨这一矛盾在非公有制经济中的具体表现和治理思路。

政府经济行为的伦理理念与道德规范的系统建构。诺贝尔经济学奖得主斯蒂格利茨是典型的政府干预主义者，他认为市场失灵需要有政府承担其责任，并致力于运用经济学的方法，探索政府经济角色应当是什么的规范性研究。诺贝尔经济学奖得主阿马蒂亚·森提出，政府的经济行为，需要强有力的价值规范作基础的深邃见解。公共选择学派的布坎南等则认为，政府干预同市场制度一样具有局限性，为弥补市场和政府的缺陷，需要非市场的经济研究，即制度的创新。我国著名经济学家厉以宁提出道德是超越市场与超越政府的一种力量，池元吉先生提出要提高政府质量的观点，伦理学界专家等相关方面的道德研究，都在不同程度上提出和解答这一问题。

根据特殊道德矛盾，在经济规律、经济价值、伦理理论与道德价值、组织与个体利益之间，既统一又冲突的矛盾关系中，从制度、理念、规范三个层面，探索建立中国政府经济职能转换中的道德价值规范系统，从而把真与善、价值与真理、必然与应然辩证统一起来。本书系统提出如下伦理理念与准则。如制度的价值基础：社会公正；决策的基本伦理理念：尊重市场运作规律；道德责任：弥补市场缺陷；根本出发点与落脚点：维护社会公共利益和公民合法权益；政德建设的重点：提升政府的公信力。

市场经济条件下，政府是公共理性的代表，是社会秩序的象征。如果地方政府与政府职能部门缺乏理性上的自觉，缺乏行为上的自律，不仅难以正常地行施其经济职能，还会成为社会生活中各种矛盾的焦点。政府与公民、政治与社会等关系，将会发生摩擦甚至冲突。因此，经济社会生活迫切需要政府公共性的切实发挥，需要政府从业者行为规范并恪守职业道德，维护社会主义市场经济秩序，构建社会主义和谐社会。本书在探讨建构政府经济行为的伦理理念与准则的基础上，基于市场经济条件下诚信政府建设、制度公正、政企关系、政府与民营企业的关系的问题较为突出，分别就以下问题进行研究：诚信政府建设；政府经济职能的价值目标：实现制度公正；确立公共财政收支活动中的公平价值理念；政府与企业关系演进中的政府伦理；政府的自利性失当对非公有制经济发展的影响及伦理治理；以政府为中心建构维护市场秩序的道德责任共担机制。本书第十一章，运用历史上的一些思想家尤其是马克思、恩格斯对于国家的理性与非理性的学说为指导，深刻认识政府的本质、属性与政府行为的内在关系，指出国家的非理性首先表现为国家是"虚幻的共同体形式"、国家的行政占有性以及国家与社会的对立关系。社会主义条件下的国家和政府代表广大人民群众的根本利益，反映广大人民群众的意志和愿望，与旧国家"虚幻的共同体形式"截然不同，它以真实的共同体形式出现，这是历史演进的划时代的变革。然而，只要存在国家，它的一般属性就会在现实中不同程度地表现出来。国家的理性在任何时候都首先代表着一种秩序，国家的非理性现象则在一定程度上消解、破坏着秩序。本书指出我国在建立社会主义市场经济的进程中国家（政府）的非理性带来的社会风险与道德风险以及提升国家（政府）道德理性的路径。当前必须着力推进政治体制改革，以期更好地彰显经济生活中公权的公共性。

应该说，揭示政府经济职能中的特殊道德矛盾——公共性与其从业人员的自利性，是理解宏观经济调控和管理中许多问题的一个症结所在。根据特殊道德矛盾，在经济规律、经济价值与伦理理论与道德价值既统一又冲突的矛盾关系中，从制度、理念、规范三个层面，探索提出中国政府经济职能转换中的道德价值规范系统，这是促进政府经济职能及其行为进入科学化、法制化、制度化、规范化轨道的重要伦理制度保证，也曾是斯蒂格利茨、阿马蒂亚·森等国外学者和我国学者厉以宁等提出的如何避免政府失灵、弥补政府缺陷、强化他律与自律、提高政府质量的一个尝试性的回答。

研究宏观经济层面的伦理问题，是适应我国经济体制、政治体制的深刻变革，建立"两只手相协调"的社会主义市场经济体制模式、积极应对经济全球化战略中的一个重要问题。针对宏观经济层面存在的种种问题，从理论上深入探讨，挖掘深层原因，提出制约政府经济职能发挥的内在的特殊道德矛盾以及如何解决这一矛盾，政府应当建构怎样的伦理理念与道德规范，对于提高政府驾驭社会主义市场经济的能力，提高政府的公信力和凝聚力，建设法治政府和德治政府，保证经济社会可持续发展，构建社会主义和谐社会，提供了价值引领和规范系统。

在研究中，笔者坚持马克思主义的立场、观点和方法，运用社会科学研究的方法，认真分析、甄别与汲取古今中外思想家的理论观点，立足于中国国情，着力解决中国的问题；坚持理论与现实的有机统一，直面政府经济职能转换中的问题，运用典型个案，提出有针对性的治理思路；坚持实证分析与定性分析相结合，具体论证与抽象概括相结合，从而将观点的陈述建立在客观的事实基础之上，将"应然"建立在"必然"的基础之上。鉴于本书研究领域的学科交叉性特征，研究中除运用伦理学、经济学的理论外，还特别注意吸取政治学、公共管理学、社会学等学科的理论知识，突破了伦理学单一学科思维的局限。此外，还运用了个案分析、社会调研等一些行之有效的研究方法。

本书还存在诸多局限。在经济体制深刻转型、改革进入深水区、触及自身利益的进程中，亟须从法律上、制度上厘清政府与市场作用的边界，理顺中央政府与下属各级政府的责权利关系，但由于在制度与法律上对诸类问题尚未完全明晰，包括国家公共财政支出方面的问题，因此，有些具体问题在本书中也难以展开论述。笔者对相关学科理论的理解深度，尚不能真正满足对一些问题深化研究的知识需求，如对西方主流经济学理论、对公共选择学派关于政治市场理论的前提假设等，这在一定程度上影响到某些观点的彻底性与说服力。

本书是笔者对这一理论问题的阶段性思考，期望有抛砖引玉之效。笔者仍将致力于这一领域的研究，不断推出自己的探索之作。

第一章 市场的缺陷与政府的经济职能

第一节 市场缺陷理论概述

市场是商品交换的总体,市场经济是生产社会化发展到一定高度后以市场作为配置资源基础的经济形态。它作为一种交换方式,从来就是从属于一定的生产方式。就社会属性来说,现在世界上存在两种市场经济,即资本主义市场经济和社会主义市场经济,没有脱离基本经济制度的纯粹市场经济。因此,市场体现的总是交换方式这一共性与生产方式这一个性的统一。

工业革命以来,以市场为纽带的资本主义生产方式创造出了巨大的生产力,使人类社会进入了高度文明时代。市场这只看不见的手,通过竞争、利润和价格等杠杆,实现了资源(生产要素)配置的优化,从而实现了极高的经济效率,开掘出无限的发展活力。在很长的一段历史时期中,市场被人们视为是万能的。

在自由资本主义发展到成熟之后,资本主义生产方式的痼疾逐渐显现,市场崇拜的信条开始受到怀疑。1819 年,英国经济学家西斯蒙第在《政治经济学新原理》一书中,对市场制度提出了强烈的质疑,指出了其"贫富分化"和"因供求比例失调而导致生产过剩危机"的趋势,同时期的空想社会主义者傅立叶对资本主义市场经济做了淋漓尽致的揭露。这可视为市场缺陷理论的萌芽。1848 年,英国经济学家穆勒在他的《政治经济学原理》一书中,指出了市场机制的局限性,诸如价格背离价值、竞争的胜利者以他人的失败为代价、不可避免地产生商业危机以及分配不公等等,认为私有制应该改良。20世纪初,穆勒的改良主义理论为新古典综合派全面评价和分析市场的作用提供了理论依据,成为西方经济学市场缺陷理论的思想渊源。

马克思是在自由资本主义时期运用唯物史观和规范经济学方法、深刻研究并阐明资本主义市场缺陷的第一人。他关于资本主义三大基本矛盾的论述、剩余价值学说以及资本积聚和集中的历史趋势、无产阶级贫困化等理论,是对这一缺陷的最根本、最精辟的概括。在论述信用制度在资本主义生产中的作用时,马克思指出:股份公司的诞生不仅推动了生产规模的惊人发展,而且成为资本转化为社会财产、资本的职能转化为社会职能的"过渡点",并在一定部门中造成了垄断,"因而要求国家的干涉"。市场的无政府状态(无序性)导致资源的浪费,导致经济的周期性波动,它所创造的效率是以部分资源的被破坏为代价的,而经济危机则是资源浪费与破坏的最高形式。市场在创造了巨大的经济效率和社会财富的同时,也造成了贫富的两极分化,而市场效率也是以牺牲社会公平为代价而取得的。这一学说具有划时代的意义,从根本上与资产阶级经济学分道扬镳。

进入20世纪,随着资本主义从自由竞争阶段进入垄断阶段,市场机制的弊端日益显现,从而为市场缺陷理论研究的深入发展提供了客观基础。列宁最早提出"市场经济"概念,在《帝国主义论》等一系列论著中,全面深刻分析了垄断资本主义市场经济寄生性、腐朽性等致命缺陷。资产阶级经济学家也从实证经济学的角度,对市场缺陷的原因和表现作了研究。新古典主义、福利主义和凯恩斯主义学派等经济学家,对市场现象作了深入的研究,形成了较为完整的市场缺陷理论。

发生于1929—1933年的世界性资本主义经济危机,宣告了自由放任经济理论和经济政策的失败。当时苏联和德国在20世纪30年代的工业发展成就,以及美国政府为克服经济危机而实行的社会政策的卓越成效,向世人展示了政府干预经济的成功之处。正是在这样的理论和实践背景下,强调国家干预经济生活的凯恩斯主义应运而生,并奠定了宏观经济学的理论基础,使人们得以从宏观层次上认识市场缺陷及其弥补问题。

1958年，美国麻省理工学院经济系教授巴托首次创造并使用了"市场失灵"这一概念，并将市场垄断视为"市场失灵"现象之一。"市场失灵"一词从此风靡近半个世纪且经久不衰，对市场失灵的理论研究空前活跃且不断深入，在理论上也日趋系统化。

第二节　市场缺陷及其形成的原因

　　市场是资源配置的基础性手段，市场经济具有巨大的优越性。实际上，市场经济是一种经济机制，是集各种机制所表现出来的突出的功能：一是联系机制。以分工和社会化生产为基础的市场经济，其最基本的功能在于"联系"。市场经济则是开放的、联系的经济。市场经济愈发达，这种经济联系愈普遍、愈密切。二是核算机制。商品生产面向市场，因此它的产品质量、品种和成本"就要受到社会的核算，首先是地方市场的核算，其次是国内市场的核算，最后是国际市场的核算"[①]。这种市场的核算作用，就是节约规律、价值规律和供求规律在社会化生产中的表现。三是激励机制。就是经济利益对生产者和经营者的激励作用和体系。市场经济的功能之一，是能够沟通经济效益与经济利益之间的联系，使经营者收入与他们创造并得以实现的价值直接挂钩，成正比关系。四是竞争机制。竞争是一种市场关系，有市场经济就一定有竞争。市场竞争对于每个企业来说，既是外在的压力，又一定会变成内在的动力，促使企业通过采用先进技术、更新设备、改善工艺和管理、发展联系等来降低消耗，提高产品质量，开发新产品，调整价格，改善服务，争得信誉。五是联动机制。这是由社会和经济联系作用所产生的连锁反应、因果互换的运动系统，特别是不断扩大的需求拉动。一个环节突破可能牵动其他一系列环节，使发达的商品经济成为扩大再生产型的经济，对技术进步不断产生拉力，形成加速反应，反过来推动市场经济更加发达。当代高新技术的飞快发展，正是市

---

① 《列宁全集》第三卷，人民出版社1984年版，第280页。

场经济推动的结果。六是资源配置机制。上述机制的合力能够合理地分配、优选、淘汰、组合各种生产要素，形成更有效率的生产、流通、消费的配置结构。资源配置机制，就是价值规律、供求规律、价格规律的交互作用，以价格为主要信号，经营者积极寻找更有效益的方式，使各种要素能够最佳组合，避免人们主观计划带来的盲目性投资和不计成本的行为。七是优选机制。社会化生产力通过市场经济中介，促进所有制具体实现形式的优化。上述机制综合为一个运动系统，便形成一个充满活力的整体运行机制，能够促使企业小循环和社会经济大循环之间实现优化结合，高效节约，财富日增，生产力特别是科学技术加速地更新换代。[1]

市场缺陷理论在肯定市场经济优越的同时，全面地揭示了它的弊端。主要有：

一、市场不能保持国民经济的综合平衡和稳定协调的发展

市场调节实现的经济均衡是一种事后调节并通过分散决策而完成的均衡，它往往具有相当程度的自发性和盲目性，由此产生周期性的经济波动和经济总量的失衡。此外，市场经济中个人的理性选择在个别产业、个别市场中可以有效地调节供求关系，但个人的理性选择的综合效果却可能导致集体性的非理性行为，如当经济发生通货膨胀时，作为理性的个人自然会作出理性的选择——增加支出购买商品，而每个人的理性选择所产生的效果便是集体的非理性选择——维持乃至加剧通货膨胀；同样，经济萧条时，也会因每个个体的理性选择——减少支出而导致集体的非理性行为——维持乃至加剧经济萧条。再者，市场主体在激烈的竞争中，为了谋求最大的利润，往往把资金投向周期短、收效快、风险小的产业，导致产业结构不合理。这就需要政府运用经济杠杆和法律手段，特别是采取"相机抉择"的宏观调节政策，适时改变市场运行的变量和参数，以减少经济波动的幅度和频率。

---

[1] 杨承训：《中国特色社会主义经济学》，人民出版社2009年版。

二、自由放任的市场竞争最终必然会走向自己的反面——垄断

因为生产的边际成本决定市场价格,生产成本的水平使市场主体在市场的竞争中处于不同地位,进而导致某些处于有利形势的企业逐渐占据垄断地位。同时为了获得规模经济效益,一些市场主体往往通过联合、合并、兼并的手段,形成对市场的垄断,从而导致对市场竞争机制的扭曲,使其不能发挥自发而有效的调控功能,完全竞争条件下的"帕累托最优"即资源配置的最优化,也就成为纯粹的假设,因此垄断被视为市场经济的"阿基里斯之踵"。这就需要政府充当公益人,对市场主体的竞争予以适当的引导、限制,如制定反垄断法或反托拉斯法、价格管制、控制垄断程度等。

三、市场机制无法补偿和纠正经济外在效应

所谓外在效应,是指单个的生产决策或消费决策直接地影响了他人的生产或消费,其过程不是通过市场。也就是说,外在效应是独立于市场机制之外的,它不能通过市场机制自动削弱或消除,往往需要借助市场机制之外的力量予以校正和弥补。显然,经济外在效应意味着有些市场主体可以无偿地取得外部经济性,而有些当事人蒙受外部不经济性造成的损失却得不到补偿。前者常见于经济生活中的"搭便车"现象,即消费公共教育、公用基础设施、国防建设等公共产品而不分担其成本,后者如工厂排放污染物会对附近居民或者企业造成损失,对自然资源的掠夺性开采和对生态环境的严重破坏等。这类外在效应和搭便车一般不可能通过市场价格表现出来,当然也就无法通过市场交换的途径加以纠正。通过思想引导和道德教育固然能够使之弱化,但作用毕竟有限。只有通过国家税收或补贴政策或行政管制,如特定的排污标准及征收污染费等规定,使外部效应内在化,最大限度地减轻经济发展和市场化过程的外在效应,保护自然资源和生态环境。

四、市场机制无力于组织与实现公共产品的供给

所谓公共产品，是指那些能够同时供许多人共同享用的产品和劳务，并且供给它的成本与享用它的效果，并不随使用它的人数规模的变化而变化，如公共设施、环境保护、文化科学教育、医药、卫生、外交、国防等。正是因为公共产品具有消费的非排他性和非对抗性特征，一个人对公共产品的消费不会导致别人对该产品的减少，于是只要有公共产品存在，大家都可以消费。这样一方面公共产品的供给固然需要成本，这种费用理应由受益者分摊，但另一方面，公共产品的供给一经形成，就无法排斥不为其付费的消费者，于是不可避免地会产生如前所述的经济外在性以及由此而出现的"搭便车者"。更严重的是，人人都希望别人来提供公共产品，而自己坐享其成，其结果便很可能是大家都不提供公共产品。这就需要政府以社会管理者的身份组织和实现公共产品的供给，并对其使用进行监管。

五、市场分配机制会造成收入分配不公和贫富两极分化

一般说来，市场能促进经济效率的提高和生产力的发展，但不能自动带来社会分配结构的均衡和公正。奉行等价交换、公平竞争原则的市场分配机制却由于各地区、各部门（行业）、各单位发展的不平衡以及各人的自然禀赋、教养素质及其所处社会条件的不同，造成其收入水平的差别，产生事实上的不平等，而竞争规律往往具有强者愈强、弱者愈弱、财富越来越集中的"马太效应"，导致收入在贫富之间、发达与落后地区之间的差距越来越大。此外，市场调节本身不能保障充分就业，而失业现象更加剧了贫富悬殊，这对经济持续增长是个极大的威胁：少数巨富控制经济命脉；潜在的资金外流；众多的贫困者导致社会总消费的不足，从而使市场难以发育等。更严重的是，过度的贫富分化不仅削弱了社会的内聚力，而且造成社会的不公正，进而不可避免地破坏维系社会的政治纽带，引发社会冲突。经济比较落后、收入偏低的一些少数民族聚居地区，还可能激化

成民族矛盾，直接影响社会稳定。

六、市场不能自发界定市场主体的产权边界和利益分界，形成经济秩序

在市场经济活动中，个人、企业等市场主体的各种经济行为的方式及其目的的实现固然受到市场各种变量（原材料成本、价格、可用的劳动力、供求状况等）的支配，并且这些变量以其特有的规律调整着他们的行为，自发地实现着某种程度的经济秩序；但是作为"经济人"以谋求自我利益最大化为目标的市场主体又总是在密切、广泛、复杂、细致的经济联系中进行竞争，产生利益矛盾和冲突是不可避免的，而当事人自己以及市场本身并不具备划分市场主体产权边界和利益界限的机制，更不具备化解冲突的能力。这就需要以社会公共权力为后盾的政府充当仲裁人，以政策或法律的形式明晰界定和保护产权关系的不同利益主体的权利，保证市场交易的效率和公正性。再进一步说，市场竞争优胜劣汰的残酷性容易诱发人们铤而走险，产生非法侵犯他人权益的犯罪行为，扰乱社会经济生活秩序。对此，市场主体更是无能为力。只有政府运用国家暴力作后盾才能防止和打击经济领域的违法犯罪行为，确保市场机制运行的基本秩序及市场主体的合法权益不受侵犯。

导致市场缺陷的主要因素可以概括为以下几个方面：一是存在个人自由与社会原则矛盾。首先，基于个人效用最大化原则的帕累托最优概念与社会收入公平原则不一定一致。竞争性市场并不能使收入和消费一定由那些最需要或应当得到的人享有。市场经济的收入分配和消费反映的是所继承的才智和财富等初始禀赋，但还有一系列其他的因素，如种族、性别、地点、努力程度、健康和机遇。自由放任竞争可能带来普遍的不平等，在竞争性更强的市场的大潮中，许多国家如美国、瑞典和俄罗斯等已经出现了更多的收入不平等现象。此外，价值取向问题。个人价值取向与社会价值取向会产生冲突和矛盾，市场无法自行解决这类意识上的深层冲突。二是存在不完全竞争。垄断的存在常常导致资源配置的无效率，从而影响社

会效率。当某个市场中形成垄断时，企业就能将其产品价格提高到边际成本以上，消费者对这种产品的购买就会比在竞争条件下要少，满意程度也会下降。消费者满意度的这种下降是不完全竞争所带来的低效率的典型例子之一。三是存在不完全信息，或无关性信息。一般竞争均衡所达到的效益最大化资源配置要求信息是完备的，在现实世界中，这一点难以达到。其一，私人所获得的信息一般是有限的；其二，信息在私人交易的过程中会发生扭曲；其三，市场行为主体所掌握的信息往往是不对称的，这种信息不对称可导致诸如垄断、寻租等损害社会整体效益的行为。四是存在外部效应。外部效应是无意识的经济行为，它可导致市场在配置社会资源时产生偏差，使各个市场主体的边际效益和边际成本之和不再等于社会边际效益和边际成本。外部效应具体分为正外部效应和负外部效应。当存在正的外部效应时，社会边际收益大于个人边际收益之和，社会均衡大于竞争均衡，表现为生产不足；当存在负的外部效应时，社会边际成本大于个人边际成本之和，社会均衡小于竞争均衡，表现为生产过度。五是存在公共产品。公共品可看作正外部效应的一个极端情形，这是一种向所有人提供和向一个人提供时成本都一样的物品。公共品具有"非排他性"和"非独占性"的特征，这两种特征使得私人提供的公共产品必然是有限的，社会必须借助于政府来提供充足的公共品的服务，否则，会产生"公地悲剧"的无效率。具有绝对"非排他性"和"非独占性"的物品可称为"纯公共品"，它们只由政府提供，如国防是典型的"纯公共品"；部分地具有"非排他性"和"非独占性"的物品可称之为"准公共品"，它们可以部分地由市场提供，典型的如教育。此外，发展中国家存在特殊的市场缺陷问题：发展中国家一般不能靠市场发挥动态比较优势，并且发展中国家市场普遍地先天性发育不足。

第三节 政府行使经济调控职能的必然性

尽管马克思和恩格斯在《共产党宣言》中，高度评价了采用神奇"法术"的"资产阶级在它的不到一百年的阶级统治中所创造的生产力，比过去一切世代创造的全部生产力还要多，还要大"①。但是，市场缺陷理论表明，尽管市场机制是一种高效率的资源配置机制，但远不像古典经济学理论所描述的那样完美无缺。西方发达国家及一批后发现代化国家市场经济的实际历程也验证了这一点。市场经济的自发运转由于其经济利益的刺激性、市场决策的灵活性和市场信息的有效性并非总能导致理想的结果，其缺陷是市场自身所无法克服的。既然市场无法克服自身缺陷，只能依靠市场外部的力量加以纠正，那么政府对经济活动的介入就成为必然的了。由此，政府这只"看得见的手"对经济运行的干预便有其历史必然性和逻辑合理性。

社会主义市场经济要求在政府宏观调控下，充分发挥市场在资源配置中的基础性作用，其政府经济职能不仅在于弥补市场的缺陷，补充市场的不足，而且要推动经济社会的持续协调发展，巩固和完善社会主义制度，解放和发展生产力，实现共同富裕。党的十八大报告指出，经济体制改革的核心问题是处理好政府和市场的关系，必须更加尊重市场规律，更好发挥政府作用。同时，也应认识到，社会主义市场经济体制也不是一成不变的，它要随着生产力和生产关系的发展而变化，因而政府经济职能也应随之而变化。

---

① 《马克思恩格斯选集》第一卷，人民出版社1995年版，第277页。

第二章 政府的经济职能及其缺陷

市场机制与宏观调控都是生产社会化的客观要求。市场缺陷需要政府发挥宏观调控职能来弥补和引导。关于政府的经济职能，历史上和现实中都有不同的论点。因此，正确认识政府的经济职能及其边界，主动弥补和克服政府行使经济职能中的缺陷，是保证我国经济社会可持续发展的不可或缺的条件。

第一节 关于政府经济职能的若干理论观点

一、马克思主义经典作家对政府经济职能的论述

马克思主义经典作家的国家学说认为，国家是阶级矛盾不可调和的产物，国家的政治职能突出表现为它是阶级压迫的工具，国家的经济职能则主要是计划、管理和直接分配，因此，历史上的任何国家都具有政治和经济的双重职能。恩格斯讲："暴力（即国家权力）也是一种经济力量。"①"国家权力对于经济发展的反作用可以有三种：它可以沿着同一方向起作用，在这种情况下就会发展得比较快；它可以沿着相反方向起作用，在这种情况下，像现在每个大民族的情况那样，它经过一定的时期都要崩溃；或者是它可以阻止经济发展沿着既定的方向走，而给它规定另外的方向——这种情况归根到底还是归结为前两种情况中的一种。但是很明显，在第二和第三种情况下，政治权力会给经济发展带来巨大的损害，并造成

---

① 《马克思恩格斯选集》第四卷，人民出版社1995年版，第705页。

人力和物力的大量浪费。"① 纵观世界各国经济发展史，政府的经济职能随经济运行产生而丰富，同时又反作用于经济生活，已成为一种强大的经济力量。马克思、恩格斯在科学地研究资本主义固有矛盾和社会化大生产规律的基础上，提出实现公有制后应以自觉的计划经济调节代替市场自发调节的观点。在他们看来，如果联合起来的劳动组织"按照共同的计划调节全国生产，从而控制全国生产，结束无时不在的无政府状态和周期性的动荡这样一些资本主义生产难以逃脱的劫难"②。揭示了社会化生产和社会分工需要统一的计划调节，并设想未来社会的计划性经济有两个基本特征，一是"社会的生产无政府状态就让位于按照社会总体和每个成员的需要对生产进行的社会的有计划的调节"③。未来社会即社会主义和共产主义，就是把生产和人们的需要联系起来，以实现劳动时间的巨大节约。二是商品生产就将消除，以直接分配取代商品交换，以直接的社会劳动时间尺度取代市场价值，"社会一旦占有生产资料并且以直接社会化的形式把它们应用于生产，每一个人的劳动，无论其特殊的有用性质是如何的不同，从一开始就直接成为社会劳动。""直接的社会生产以及直接的分配排除一切商品交换，因而也排除产品向商品的转化（至少在公社内部）和随之而来的产品向价值的转化。"④ 强调了在消除商品生产下的直接分配。

关于国家的经济职能，列宁继承了马克思、恩格斯的思想，并在新的时代条件下进一步丰富和发展。大体来说，列宁的思想可分为两个阶段，一是在实施新经济政策之前，更多地强调实现社会主义以后，建立了生产资料公有制，生产社会化加速发展，"那时调节生产的就不像现在这样是市场，而是生产者自己，是工人社会本身"⑤。他认为，社会化生产必须有计划调节，"大机器工业和以前各个阶段不同，它坚决要求有计划地调节

---

① 《马克思恩格斯选集》第四卷，人民出版社1995年版，第701页。
② 《马克思恩格斯选集》第三卷，人民出版社1995年版，第60页。
③ 《马克思恩格斯选集》第三卷，人民出版社1995年版，第754页。
④ 《马克思恩格斯选集》第三卷，人民出版社1995年版，第660页。
⑤ 《列宁全集》第一卷，人民出版社1984年版，第212页。

生产和对生产实行社会监督（工厂立法就是这种趋向的表现之一）。"① 坚决实行全国范围的经济生活的集中化，对产品的生产和分配无所不包的计算和监督。"组织计算，监督各大企业，把全部国家经济机构变成一架大机器，变成一个使亿万人都遵照一个计划工作的经济机体，——这就是落在我们肩上的巨大组织任务。"② 而实行计划、监督的主体就是国家。国家的发展计划体现的"是国家经济的'意志和意识'，而不是个人的"③。二是在实行新经济政策之后即社会主义初期，由于粮食的极其紧缺和农民的严重不满，列宁断然采取了新经济政策，强调国家集中调节与利用市场关系相结合，发挥计划和市场机制两个方面的作用。在《论粮食税》一书纲要中提出："经济关系或经济体制的类型＝上面实行集中　下面实行农民的贸易自由"④，克服国家计划"无所不包"的弊端。认为在经济计划方面，估计存在着许多更为严重的不符合实际情况的现象和失误，而粮食的集中分配又造成了更大的经济危机，并且在高度集中的计划经济条件下，又滋生了严重的官僚主义和长官意志。"完整的、完善的、真正的计划，目前对我们来说＝'官僚主义的空想'。不要追求这种空想。"⑤ 列宁称之为"一种脓疮"。这是对战时共产主义政策中的计划工作教训的深刻总结。

二、西方经济学史上对政府经济职能的认识

强调政府经济职能和政府干预市场经济，是基于市场失灵和市场作用的有限性而提出的。西方经济学者认为，不存在所有经济决策都在自由市场中做出的"纯粹"市场经济。所有的市场经济都是"混合的"，因为在任何现代社会里，政府都起着重要作用。

18世纪五六十年代以后，英美等主要资本主义国家相继进入自由竞争时期。自那时起到19世纪中晚期一百多年的时间里，西方主要国家相继实

---

① 《列宁全集》第三卷，人民出版社1984年版，第500页。
② 《列宁全集》第三十四卷，人民出版社1985年版，第4—5页。
③ 《列宁全集》第六十卷，人民出版社1990年版，第448页。
④ 《列宁全集》第四十一卷，人民出版社1986年版，第377页。
⑤ 《列宁全集》第五十卷，人民出版社1988年版，第130页。

行了自由放任的经济政策,国家对经济活动不加干预。以亚当·斯密为代表的经济自由主义是自由放任政策的理论依据,他的经济理论被称之为经济学说演进史上的第一次革命。西方经济学是从重商主义开始的。重商主义作为一个体系,主要从宏观经济的角度来考虑问题,在熊彼特看来,重商主义体系的基本内容就是出口垄断主义、外汇管制和贸易顺差。重商主义指导思想的核心是君主掌握国家最高权力,君主有权统治经济和铸造货币,有权控制对外贸易,因此认为国家要干预经济、要对它进行广泛调节。

亚当·斯密在1776年出版了《国富论》(即《国民财富的性质和原因的研究》)这部划时代的著作,他的矛头直指重商主义的经济思想和经济政策,在经济学说史上标志着第一次革命。西方经济学者如是说:"斯密的《国富论》标志着经济思想史上的一个新纪元或者说一场革命。"[①] 亚当·斯密反对政府干预经济,主张自由放任的经济思想,认为资本主义经济受着一只看不见的手的指导,因此,要充分发挥市场的自由竞争、自由调节的作用,把国家的手收回来,不要多管闲事。国家只需保卫国防、守住大门、当好一个"守夜人",国家还须设立一个严正的司法行政机构,建立并维持便利社会商业、促进人民教育的公共设施和工程。他指出:"每一个人,在他不违反正义的法律时,都应听其完全自由,让他采用自己的方法,追求自己的利益,以其劳动及资本与任何其他人或其他阶级相竞争。这样,君主们就完全解除了监督私人产业、指导私人产业、使之最适合于社会利益的义务。要履行这种义务,君主们极易陷入错误:要行之得当,恐不是人间智慧或知识所能做到的。按照自然自由的制度,君主只有三个应尽的义务——这三个义务虽很重要,但都是一般人所能理解的。第一,保护社会,使之不受其他社会的侵犯。第二,尽可能保护社会各个人,使之不受社会上任何其他人的侵害和压迫,这就是说,要设立严正的

[①] 特伦斯·W. 哈奇森:《经济学的革命与发展》(中译本),北京大学出版社1992年版,第18—19页。

司法机关。第三，建设并维护某些公共事业及某些公共设施（其建设与维持绝不是为着任何个人或任何少数人的利益）。"① 他说的君主的义务，也就是政府的职能。前两大职能属于政府的政治职能，即对外维护国家安全和对内确保社会安宁的职能，第三大职能，属于政府的经济职能，从而明确界定了政府干预经济的范围和活动领域，在这一范围和领域之外，都是市场机制发挥作用的地方，政府不应涉及。他的这一经典理论，成为整个自由竞争时期乃至后来垄断资本主义国家政府干预经济的主要依据，对资本主义经济的发展产生了巨大影响。

以亚当·斯密的正宗继承人自居的法国经济学家萨伊，因提出"萨伊定律"丰富和发展了经济自由主义，在关于政府的经济职能和活动范围问题上，他提出了一些有价值的论点。他激烈反对政府干预经济，但也提出了政府的必要职能，以保护经济活动的自由运行。第一，政府所能使用的促进生产的一切方法中，最有效的是保证人身和财产的安全，这种保证是国家繁荣的源泉。第二，有些事业由国家经营，如军火工业和公共工程，政府可以通过计划，办理妥善和维护得当的公共土木工程，特别是公路、运河、港口等，以强有力地刺激私人生产。第三，政府应创办各类学校、图书馆、博物馆，并提供资金鼓励科学研究，从而促进财富的增长，主张国家应支持和维持学术机关和最高学府，并不断提高劳工的知识。第四，政府为了防止明显有害其他生产事业或公共安全的欺诈行为，对关系到人民生命安全的各类医生、药剂师的业务技能进行资格审查，禁止厂商滥发名不符实的广告。第五，在节制消费和鼓励储蓄方面，政府也可以发挥重要作用。他还提出要对两种政府作出区分，一种是"奢侈与挥霍的政府"或"浪费的政府"；另一种是他所赞扬的"廉价政府"，反对当时流行的"华丽增进国家的繁荣，浩大的政府费用对国家有利"的看法，认为国家应"厉行节约，不竭泽而渔"，提出"最好的财政计划是尽量少花费，最

---

① 亚当·斯密：《国民财富的性质和原因的研究》下卷，郭大力、王亚南译，商务印书馆1983年版，第252—253页。

好的租税是最轻的租税"① 等理论观点。

19世纪末20世纪初，世界资本主义从自由竞争向垄断阶段过渡，市场经济运行出现了一系列新矛盾新问题，自由放任的市场机制、国家不干预的政策行不通了，特别是20世纪30年代资本主义世界大危机的爆发，更是打破了只靠自由竞争能自行解决资本主义矛盾、实现充分就业的神话，无论是从理论上还是现实经济生活中，都提出了扩大政府经济职能的必然要求。美国20世纪30年代的"罗斯福新政"，可谓市场经济发达国家政府发挥经济职能、干预经济的成功实例。当时大萧条的状况是：价值萎缩到难以想象的程度；赋税增加了，人们的纳税能力已经降低；各级政府的财政收入锐减；交换手段难逃贸易的长河冰封，工业企业尽成枯枝败叶，农产品找不到市场；银行以全国平均每天两家的速度倒闭，千百个家庭的多年积蓄毁于一旦。更重要的是，大批失业公民面临严峻的生存问题。为尽快结束这次经济大萧条的严重局面，罗斯福政府立即行动，开始了美国历史上前所未有的立法时期，史称"罗斯福新政"（两次"百日新政"的简称）。具体讲，就是通过政府对经济生活的全方位的干预，帮助金融界、企业界谋求经济复兴，并对某些严重导致经济危机的明显弊端进行补救和节制，同时，即通过扶助农工，使其有生存之道，并提高其购买力，拯救灾难性危机之中的国家和人民。基本思路可概括为：以整顿联邦信用为基础，这是实现联邦政府实行全面领导的前提；之后是为恢复购买力而进行救济和大搞公共工程，进而为持久繁荣经济采取一系列的农业和工业政策。凯恩斯1936年发表了具有划时代意义的《就业、利息和货币通论》一书，认为有效需求不足是造成资本主义经济危机的主要病因，并对有效需求如何决定社会总的就业量、进而政府为什么要干预经济等重大问题做了开创性的研究和分析，在经济学上出现了凯恩斯革命，也就是经济学说史上的第三次革命（第二次革命是19世纪70年代以后出现的边际

---

① 萨伊：《政治经济学概论》，商务印书馆1982年版，第504页。

主义革命）。① 凯恩斯反对"自由放任"，强调政府干预经济，国家要参与经济调节。他认为，导致周期性危机的根源是投资需求和消费需求不足，依靠市场力量是无法解决扩大这种有效需求的。这也正是市场自发调节模式的先天不足，提出了政府干预经济的必要性和必然性问题。凯恩斯提出："我们的最后任务，也许是在我们实际生活在其中的经济体系中找出几个变数，可以由政府当局来加以控制或管理。"② 并提出了三个最重要的政策：①政府预算的平衡应联系经济中的需求状况来加以评价，先前的传统经济学总强调财政预算平衡的必要性和重要性。如果存在大规模失业的时候，预算则应增加赤字而不是降低赤字。他认为，举债支出虽然浪费，但结果可以使社会致富，所以他主张推行财政赤字。他的以赤字财政为主要内容的国家干预经济的政策，对西方资本主义世界产生了重大影响。②降低实际工资或货币工资不会必然创造更多就业（这是传统经济学积极主张解决失业问题的办法），而可能招致相反效果。③货币政策如不借助财政措施，则不可能终止大规模失业。第二次世界大战后，特别是 20 世纪 50 年代至 60 年代期间，凯恩斯经济学已成为西方经济学的新正统。可以说，美国总统罗斯福在实践上开了国家干预经济之先河，被后人称为"宏观经济学之父"的英国经济学家凯恩斯从理论上拉开了以政府干预经济为特征的现代宏观经济学的序幕。

一般而言，政府经济职能是建立在市场缺陷认识基础之上的。美国著名经济学家萨缪尔森指出："为回答市场机制的缺陷，各国都采用政府的看得见的手，以与市场的看不见的手并行，政府凭拥有和经营某些企业（如军用业）以取代市场；政府控制一些企业（如电话公司）；政府花钱用于宇宙空间探索和科学研究；政府对其公民征税并再分配收入给贫穷人民；政府动用财政金融力量以促进经济增长和制服经济周期。"③ 由此阐述了政府经济职能的必要性和主要内容。在他看来，美国在 20 世纪 60 年代

---

① 胡代光主编：《西方经济学说的演变及其影响》，北京大学出版社 2001 年版，第 6 页。
② 凯恩斯：《就业、利息和货币通论》，商务印书馆 1997 年版，第 210 页。
③ 萨缪尔森、诺德豪斯：《经济学》，1992 年英文版第 14 版，第 41—42 页。

和1993年以来，经济保持了较高的增长，呈现出持续繁荣的气象，原因是什么呢？他解释说，导致经济周期的"细菌"在一定程度上受到了控制，经济科学已经知道如何使用宏观经济政策，来使衰退不至于像滚雪球似的变成一次持续而长期的不景气了。发达的市场经济国家的政府已经吃了"智慧之果"，无论如何，不会再回到自由放任的资本主义制度了。人民坚决主张，政府必须采取能避免长期萧条的扩展经济的行动。政府应当明智地使用自己的权力，成为缓和经济活动升降的稳定力量。

美国哥伦比亚大学的教授约瑟夫·斯蒂格利茨持政府干预经济的思想，这不仅表现在他的专门讨论政府经济角色的论文《政府为什么干预经济》一书中，而且系统地体现在他的《经济学》教科书和各类讲演中。1998年11月13日，作为世界银行副行长兼首席经济学家的约瑟夫·斯蒂格利茨，应联合国贸发会议邀请，在日内瓦一次会议上发表题为《走向新的发展典范：战略、政策和进程》的讲演，阐述世界经济发展战略，强调在市场经济发展的过程中应加强政府的宏观调控，呼吁建立一种在市场经济条件下加强政府调控职能的新经济发展战略。他认为，现代市场经济的基本特征就是存在比较明显的政府干预。一个完全无政府状态的市场经济，虽然可以比较好地解决经济的微观效率问题，但是，很难从总体上提高国民经济运行的效率，同时，对经济的长期持续增长也是无能为力的。2001年，他与其他两位美国经济学家因从不同角度提出市场信息不对策理论，敢为市场体系挑刺而荣获诺贝尔经济学奖。信息不对策理论进一步揭示了市场体系中的缺陷，提出亟待强化政府调节职能。他们认为，要想减少信息不对策对经济产生的危害，政府就应该在市场体系中发挥强有力的作用。

还有学者提出，从20世纪90年代以来世界各地连续不断发生的金融危机，如墨西哥金融危机、亚洲金融危机、2008年美国的金融危机，致使一些国家和地区的经济遭受重创的现实，警示人们，不能信奉市场原教旨主义，不能过分依赖市场而放弃发挥政府的调节功能。总之，在现代市场经济发展进程中，干预经济成为政府的重要职能之一，反映了现代市场经济发展的客观要求。

三、政府缺陷理论发展简述

与市场缺陷理论相比,"政府缺陷"的研究历史较短,且理论体系远不及前者完备。追溯得远一点,斯大林的指令计划观点较为典型。在西方,对政府缺陷的研究主要是由新自由主义经济学家进行的,且在相当大程度上受到反对政府干预、维护自由放任原则的主观动机的推动,一些观点囿于门户之见而有失偏颇。

1936年《就业、利息和货币通论》一书的问世,标志着凯恩斯学说已发展成为一个独立的理论体系。该学说倡导的国家干预主义,政府是市场制度的合理调节者和干预者已成为主流经济学家们的信条。政府干预论所针对的是市场失效,这便隐含了如下三个假定:第一,政府代表多数人利益,因而政府行为比个人行为更体现社会利益或公共利益;第二,政府更明智,政府比个人更有理性;第三,政府的运作是高效率、低成本的。但在20世纪70年代,世界资本主义经济经历了"石油危机"后进入了"滞胀"时期。战后曾被西方各资本主义国家政府奉为"法宝"的凯恩斯主义亦陷入危机,主张自由主义的原则的新自由主义经济学的出现恰逢其时。公共选择理论的奠基者——美国经济学家詹姆斯·M.布坎南认为,政府干预与市场制度一样是有缺陷和局限性的,过分依赖政府干预也会产生不尽如人意的后果。新自由主义经济学将"滞胀"危机归咎于政府对市场的过度干预,因而压抑了市场自身的活力。20世纪70年代崛起的新一代经济学家们虽然不怀疑对经济实行政府干预的理由,但他们极力向人们揭示福利理论的局限,从"政府干预经济造成市场缺陷"这一命题出发,对政府干预经济的种种弊病作出了深入、系统的研究。

新自由主义的政府缺陷理论与市场缺陷理论相比,不仅在发展历史和完善程度方面失色于后者,而且其理论基础较多带有维护市场自由主义的"卫道"色彩,在这种从市场缺陷"反命题"出发所做的研究中,不免偏执一端。新自由主义经济学家在抨击福利经济学和凯恩斯主义的政府干预理论后,便以其人之道还治其人之身,将"论敌"分析市场缺陷的方法原地不动地搬用于分析政府缺陷。主观演绎的成分大于客观归纳的成分，因而所得出的结论有失偏颇。尤其是对政治制度失灵的分析局限于西方议会民主制国家的条件，某些结论缺乏普遍性，没能准确而全面地概括政府缺陷的根源、一般现象及其本质。然而，新自由主义对政府缺陷所作的分析，具有可资思考的观点，更重要的是使人们注意到"看得见的手"也不是万能的。

四、社会主义市场经济条件下的"看得见的手"

社会主义市场经济是人类历史上最新型的市场经济形态。西方学者和马克思主义学者都曾认为市场经济与社会主义制度是绝对不相容的，但生产社会化规律使之融合。生产社会化包括互相依存的两个方面：社会分工和社会联系。市场是社会联系的基本形式，但不是唯一的形式，还有其他联系形式，而所有联系形式都以市场联系作为根基。正是因为这样，市场经济的发育程度，便随着社会化的广度、深度的提高而提升。现代发达的市场经济，正是建立在社会分工的深化、细化与社会联系的紧密化、广延化基础上的，从而它又推动着社会化先进生产力的飞速发展。

而社会主义则是生产关系社会化所要求的基本形式，市场经济成为沟通社会化生产关系的中介形式。所以，社会主义市场经济主要体现两个基本结合：一是社会主义基本制度与市场经济的结合，二是"两只手"的有效结合。它扫除了私人资本占有者特别是垄断资本的羁绊，能够更全面地体现生产社会化规律的要求。从技术层面看，"两只手"耦合条件会更加优越。支配市场运行的主要有三个经济规律：价值规律、供求规律、竞争规律。它们的耦合通过价格信号配置资源，形成一只"看不见的手"，调节一切经济关系，是其配置形式的依据，属于第一性的调节。但有缺陷，它反映到上层建筑中产生了第二性的调节，即"市场调节、调节市场"形成一种循环运动。这样，市场机制同现代信息手段的结合，进一步优化了市场的配置功能，政府从宏观层面对经济的干预，又进一步提高了市场的配置效率。[①]

[①] 杨承训主编：《中国特色社会主义经济学》，人民出版社2009年版。

我们认同和强调政府在经济运行和调节中发挥作用，首先并不是基于"政府优越"的考虑，而是基于市场缺陷不能通过市场来解决的考虑。陈东琪先生的基本观点是：第一，现实中可能产生社会难以承受的总量不平衡现象。如通货膨胀和通货紧缩、失业、有效需求不足和过剩以及贸易赤字等。对这些表现在宏观层面上的"总量失衡"现象，只有靠政府的宏观调控来缓解。第二，经济发展过程中，还有可能产生经济景气的周期性波动。这种波动有时是常规的，有时可能是非常规的。对这种周期波动，市场的价格调节也是无能为力的，这要靠政府运用财政、货币政策来缓解。第三，由于企业的营利行为倾向于短期化，产业的成长和竞争的发育在不同地区、不同部门是不均匀的，因此，现实中可能出现市场难以解决的结构性矛盾，如出现"公共产品短缺"和"私人产品过剩"等，市场无力解决，这要靠政府财政加大以公共投资为基本内容的直接投资的力度来解决。第四，由于历史条件、地理位置、竞争能力等方面的差别，在收入分配领域通常会出现社会难以承受的不平等现象，对这种不平等现象，靠市场这只"看不见的手"是无法解决的。第五，"经济人"在追求自身利益最大化，行为动机中的"利他"往往只会发生在对自己有益时才可以接受，这种强烈的利己行为，容易导致外部不经济，如环境污染、噪声等，直接危及人类自身的安全和可持续发展战略的实施。第六，竞争是市场的基本特征。要保证竞争的和谐和效率的有序，其前提是要有一套行之有效的行为规则，而制定规则的主体只能是政府，而不是市场本身。这些从宏观层面上表现出来的集合现象，需要借助政府宏观调控的力量。[①]

在社会主义条件下，为弥补市场的这些不足，有必要也有可能形成以政府为主体的调节机制，既能顺应市场的客观发展趋势，又能矫正它的偏误。这就是政府对市场的调节。从市场经济发展的历史来看，即使是资本主义市场经济也没有一个国家不去利用政府职能的，从来也没有出现过亚当·斯密所说的那种完全靠"看不见的手"自发调节经济的理想状态。被

[①] 陈东琪著：《新政府干预论》，首都经济贸易大学出版社2000年版。

认为市场自由主义色彩最浓的美国，也有包括联邦储备银行和财政部在内的这些"政府机构"，对经济发挥着强有力的调控作用。历史和实践表明，政府的一定干预是生产社会化的要求，商品经济愈发达就愈要求社会化，从而也就愈要求宏观层面的调节。实质上，这也是社会化所要求的一种社会经济联系形式。随着生产社会化程度空前提升和人类文明的发达，公共事业日益扩大，可持续发展成为人类关注的热点，包括保险事业在内的"看得见的手"已经形成日臻完备的庞大系统。从发达国家市场经济运行的情况看，目前已见轮廓的有六个体系：①以经济、法制、行政手段相配套的庞大的宏观调控体系，发挥经济运行的调度功能；②以税收政策为主要手段的收入调节体系，发挥效率与公平的制衡功能；③以社会保障为主体的防范、补救种种意外灾害的后备补给、保险体系，发挥社会经济的稳定功能；④以自律和他律相结合的社会信用体系，发挥健全市场秩序的导向与规范功能；⑤以各类公共事业组成的社会公益体系，发挥为社会服务与管理功能；⑥以环境保护、节约资源、节制人口为职责的生态监管体系，发挥可持续发展、人与自然和谐的维系功能。它们是市场经济正常运行的必备条件，市场经济愈发达，六大系统愈健全，社会化扩展和提升的内在要求使然。[①] 因此，政府调节经济是市场经济的一种重要特征。

第二节 政府经济职能的缺陷及其根源

从生产社会化的发展规律看，市场调节与政府调节这"两只手"都是不可缺少的，但与市场缺陷一样，政府经济职能的失灵与缺陷同样是不可避免的。市场缺陷主要表现为自发性、盲目性，带有客观性质，政府经济职能的缺陷则主要关涉到政府主体的意志、意愿等人为因素，如社会公共利益与组织或集团利益、个人利益之间矛盾的抉择，全局利益与局部利益关系的处理，行政干预过多造成经济结构畸形、活力不足等，多与政府自

---

① 杨承训主编：《中国特色社会主义经济学》，人民出版社2009年版。

身的价值诉求相关；还有认识上的局限性，如掌握信息不完全导致的经济决策失误，唯意志论导致的执法偏误等多属主观性质。如果说自由化市场经济是一个片面性的极端，我们不赞同，那么高度集中的计划经济体制又是另一个片面性的极端，我们也不会认同，苏联就是一个典型。正如周恩来所说：计划的盲目性是最大的浪费。

归纳西方学者的观点，政府在组织经济活动中所存在的缺陷大体有如下几种：

一是政府对社会经济管理在很大程度上是一种执行契约的行为。由于这种契约关系中的委托人具有特殊性质，其中所涉及的复杂的委托—代理关系对政府的运作会产生不利的影响。其一是它对政府部门的激励机制产生影响。政府部门的工作效用难以确定和估计。其二是政府部门的支出，来源于公共资金（如税收），这种资金缺乏明确的利益主体。政府官员的工作努力与合理的收入难以建立有机的、紧密的联系。政府部门的这方面缺陷既影响了政府职员的积极性，又隐藏着"寻租"行为的可能。

二是政府的一项重要职能是达成社会公平。市场经济条件下，市场以追求效率为原则，公平这里牵涉两个问题：其一，绝对的公平是没有的，"公平"的概念不仅因人而异，而且因环境、制度而异。其二，"公平"与效率普遍存在冲突，只是因经济社会发展阶段不同，其冲突的性质与内容不同而已。如西方发达国家在资本与劳动的矛盾关系上，就与我国当前劳动关系中存在的矛盾，无论是从性质上还是内容上，都各有发展上的不同特征。因此，发达国家与发展中国家的政府，都把社会公平作为一项重要职能。

三是政府意志的主观性。众所周知，政府的政策与决策都是由人来建立并执行的，政府从业人员作为决策者同样受法律、习俗、激励等因素影响，作为执行者也会受到其认知程度、责任意识和道德水准的制约。这些说明政治家同样有自己的偏好，这些偏好引导着他们的行为并存在时而与人民群众的利益相抵触。此外，政府的行为、决策还会受到信息不完全、信息不对称的约束。政府意志的主观性不可避免。

四是政府与人民之间隐含的契约是不完整、不对等的。私人之间的契约由于附有"具有法律约束力的义务",而使私人慑于法律可能的惩罚而必须履行契约;这是现代市场交易得以进行的基本保证。但政府是一个权力实体,它可以遵循契约,也可以不履行契约,甚至于重新修改或解释契约。这一方面为政府官员"寻租"制造了空间,另一方面政府的经济权力过大可使交易萎缩,直接影响到经济的发展。即使政府加强自我约束,但既是一个经济实体又是一个政治权力机构的政府机构,其利益主体是模糊的,其责任主体也是不明确的,对违约进行惩罚的对象往往空置。

五是作为一个行为主体,政府有不可克服的弱点:政府最具垄断性。由于人们无法比较政府效率,因此,没有理由确信政府效率比市场高。在复杂的委托—代理关系中,由于信息不完全与信息不对称,委托人—公民—政府从业人员—政府的"道德风险"也就越来越大,政府从业人员的寻租行为不仅无法避免,并可能不断加剧;这一切都加剧了政府行为的社会成本负担。

六是政府部门效率评估的间接性。公共选择学派的重要代表人物布坎南提出引入市场机制,解决政府的低效率。这一观点值得思考。但对于政府部门的效率如何去进行评估,对政府官员的行为效率又如何进行考评,一般来说,只能从其错误中识别与判断,因此,"逃避错误"便成为政府官员行为的准则,其结果是政府部门普遍存在短视、惰性和缺乏创新精神。

迄今为止,还没有一个如此完善的政府。有些政府尽管它的功效十分显著,但其纰漏也总是相伴存在,或表现为宏观调控宽严失度,或表现为重大经济决策有所偏误,或表现为政府执法机构与人员素质的过错,至于法规,则更是表现为一个不断出现空当不断修订完善的过程,执法由不到位到逐步到位的过程。以经济周期为例,在客观上固然是带有规律性的,但如何规避、减少经济波动的风险,则与政府职能的完善程度直接相关。比方说,完善的政府就好像一个技能好的司机遇到坎坷路面时会尽可能减轻颠簸,而职能不到位的政府就好像技术差的司机,遇到上述情况则会加大振荡甚至损坏车子。20世纪90年代连锁发生的东南亚金融风波,在很大程度上同政府经济职能缺陷有着密切联系。2008年发源于美国的全球金融危机，更是与政府的金融监管缺失有着密切的关系。2009年初，美国总统奥巴马表示，需改革金融监管体系，对市场和金融机构增加更多的问责制和透明度，以应对金融危机的威胁。奥巴马表示，这场金融危机并非是不可避免的。它的发生是由于华尔街错误推测市场将不断上升，并在未充分评估其风险的情况下进行复杂的金融产品交易。在华盛顿，我们的法规滞后于市场变化，监管机构往往没有使用他们拥有的监管能力来保护消费者、市场和经济。奥巴马概述了指导改革辩论的核心原则，认为对市场构成风险的金融机构不应被"政府严重忽略"[①]。2010年以来，奥巴马抓住高盛"欺诈门""良机"，不断增强人们对美国金融改革的迫切性。奥巴马认为这次金融危机华尔街难辞其咎，对于金融行业的监管必须强化，并着手制定了金融监管改革法案相关法律法规。至于经济生活领域长期打击且又不断滋长的腐败行为，不但造成了重大经济损失，而且严重地损害了政府的形象和信誉，这些都是政府缺陷的突出表现。

大多数学者认为，导致政府存在缺陷的具体根源在于：

一是政府干预的公正性并非必然。政府干预的一个前提条件是它应该作为社会公共利益的化身对市场运行进行公正无私的调控，公共选择学派把政府官员视作亚当·斯密所说的"经济人"这一假设，理论上有失之偏颇之处，但现实中的个别政府官员的确不总是那么高尚，一些政府部门谋求内部私利而非公共利益的所谓"内在效应"现象在资本主义国家的"金元"政治中有着淋漓尽致的表现。在社会主义国家，同样在理论上不能完全排除政府机构存在"内在效应"的可能性，在实践中，少数政府官员的腐败行为更是时有发生。政府部门这种追求私利的"内在效应"必然极大地影响政府干预下的资源配置的优化，如同外在效应成为市场失灵的一个原因一样，"内在效应"则是政府失灵的一个重要根源。

二是政府某些干预行为的效率较低。与市场机制不同，政府干预首先

---

① 《世华财讯》2009年2月26日。

具有不以直接营利为目的的公共性。政府为弥补市场失灵而直接干预的领域往往是那些投资大、收益慢且少的公共产品，其供给一般是以非价格为特征的，即政府不能通过明确价格的交换从供给对象那里直接收取费用，而主要是依靠财政支出维持其生产和经营，很难计较其成本，因此缺乏降低成本提高效益的直接利益驱动。其次，政府干预还具有垄断性。政府所处的某些迫切需要的公共产品（例如国防、警察、消防、公路）的垄断供给者的地位，决定着只有政府才拥有从外部对市场的整体运行进行干预或调控的职能和权力。这种没有竞争的垄断极易使政府丧失对效率、效益的追求。最后，政府干预还需要具有高度的协调性。政府实施调控的组织体系是由政府众多机构或部门构成的，这些机构部门间的职权划分、协调配合、部门观点，都影响着调控体系的运转效率。

三是政府干预易引发政府规模的膨胀。政府要承担对市场经济活动的干预职能，包括组织公共产品的供给，维持社会经济秩序等等，自然需要履行这一职能的相应机构和人员。德国柏林大学教授阿道夫·瓦格纳早在19世纪就提出：政府就其本性而言，有一种天然的扩张倾向，特别是其干预社会经济活动的公共部门在数量和重要性上都具有一种内在的扩大趋势。后被西方经济学界称为"公共活动递增的瓦格纳定律"。政府的这种内在扩张性与社会对公共产品日益增长的需求更相契合，极易导致政府干预职能扩展和强化及其机构与人员的增长，由此而造成越来越大的预算规模和财政赤字，成为政府干预的昂贵成本。

四是政府干预为寻租行为的产生提供了可能性。寻租是个人或团体为了争取自身经济利益而对政府决策或政府施加影响，以争取有利于自身的再分配的一种非生产性活动（即不增加任何社会财富和福利），如企业通过合法特别是不法的形式向政府争取优惠特惠，通过寻求政府对现有干预政策的改变而获得政府特许或其他政治庇护，垄断性地使用某种市场紧缺物资等。在这种情况下，大权在握的政府从业人员极有可能受非法提供的金钱或其他报酬引诱，作出有利于提供报酬的人，从而损害公众利益的行为。可见，寻租因政府干预成为可能（政府干预因此被称为"租之母腹"），又必然因这种干预的过度且缺乏规范和监督而成为现实。其主要危害在于不仅使生产经营者提高经济效率的动力消失，而且还极易导致整个经济的资源大量地耗费于寻租活动，并且通过贿赂和宗派活动增加经济中的交易费用，从而成为政府干预失灵的一个重要根源。

五是政府失灵还常源于政府决策的失误。政府对社会经济活动的干预，实际上是一个涉及面很广、错综复杂的决策过程（或者说是公共政策的制定和执行过程）。正确的决策必须以充分可靠的信息为依据。但由于这种信息是在无数分散的个体行为者之间发生和传递，政府很难完全占有，加之现代社会化市场经济活动的复杂性和多变性，增加了政府对信息的全面掌握和分析处理的难度。此种情况很容易导致政府决策的失误，并必然对市场经济的运作产生难以挽回的负面影响。正确的决策需要决策者具备很高的素质。政府进行宏观调控，必须基于对市场运行状况的准确判断，制定调控政策，采取必要手段，这在实践中是有相当难度的。即使判断准确，政策工具选择和搭配适当、干预力度也很难确定。而干预不足与干预过度，均会造成"政府失灵"。而现实中的不少政府官员并不具备上述决策素质和能力，这必然影响政府干预的效率和效果。

正因为政府的干预存在着上述缺陷，所以让政府干预成为替代市场的主导力量，其结果只能导致"政府失灵"，用"失灵的政府"去干预"失灵的市场"必然是败上加败，使失灵的市场进一步失灵。但客观存在的市场失灵又需要政府的积极干预，"守夜人"似的"消极"政府同样无补于市场失灵，同样会造成政府失灵。因此，政府不干预或干预乏力与政府干预过度均在摒弃之列。市场调节与政府干预都不是万能的，都有内在的缺陷和失灵的客观可能，关键是寻求经济及社会发展中市场机制与政府调控的最佳结合点，使得政府干预在纠正和弥补市场失灵的同时，避免和克服政府缺陷和失灵。现实而合理的政府与市场间的关系应是在保证市场对资源配置起基础性作用的前提下，以政府的干预之长弥补市场调节之短，同时又以市场调节之长来克服政府干预之短，从而实现市场调节和政府干预二者的最优组合，即经济学家所推崇的"凸性组合"。

市场经济条件下政府经济职能之本,就是它的公共性,即通过提供公共产品为社会公共利益服务。政府的经济调控对象,主要体现的是人与人之间、阶层与阶层之间、区域与区域之间、区域与国家之间的诸种利益关系,其中必然蕴藏着诸多的经济伦理问题。而且政府也是由主观意志的人所组成,作为人的行为也一定要受伦理精神和规范的支配。因此,"看得见的手"相对于"看不见的手"而言,其所作所为同样有它自身的局限和缺陷,这些就需要伦理来引导和弥补。对于经济伦理学科来说,宏观经济层面的政府应当如何作为,如何提高政府自身的质量,就成为社会必须关注的一个难点问题。

第三节 西方资本主义国家市场化进程中的政府经济职能转换

市场化的客观性,决定了市场在不同的发展阶段对资源的有效配置所发挥的作用是不以人的意识所支配的。所以,具有鲜明主观性的政府要想干预市场失灵,就要根据市场的进程对政府经济职能不断地进行调整和转换。现实的市场经济是具体的、历史的,而不是抽象的、固定不变的,与此相适应,政府经济职能也处在不断的演变之中。根据西方资本主义国家的市场化进程来看,政府对市场失灵干预随着资本主义市场发展阶段的不同而进行着相应的调整和转换。

一、在资本原始积累时期政府的经济职能是保护资本幼芽的生成

在资本主义原始积累时期,资本短缺是经济发展的严重阻碍。由于在市场经济发展的早期阶段,市场机制尚不完善,市场尚不具有自我调节的力量。因此,为了增加资本积累,几乎所有的重商主义者都倾向于政府管制。"政府权力"在当时主要起着两方面的作用:对内建立资本主义市场经济新秩序;对外保护本国的商业利益,积极推行"贸易出超"政策,增

加金银的输入和国内资本供给，为资本主义发展提供原料产地、商品市场和资本积累。从历史发展的角度看，重商主义和政府管制国家经济是不可避免的，因为如果没有这样强有力的政府职能，则不可能完成从传统的封建经济到成熟的市场经济的历史性转变。

二、自由竞争的资本主义时期政府的经济职能主要是规范市场秩序

18世纪中叶，资本主义已经走出原始积累阶段，资本短缺现象已基本消除；市场机制的自我调节力量基本形成，价格机制和竞争机制已在实际的经济生活中发挥着十分重要的作用。随着经济形势的这种变化，重商主义政策已经不能满足经济发展的需要。国家管制不仅不利于市场经济的进一步发展，而且日益成为当时社会经济发展的体制障碍，政府经济职能的变迁在所难免，这使得自由主义政策取得了统治地位。在自由竞争资本主义时期，市场机制成为经济运行唯一重要的调节者，政府经济职能主要局限于制定法律和规则，维持市场秩序，提供公共服务。因此，在这一时期政府经济职能被描述为"守夜人"的角色。上升中的资产阶级接受了以亚当·斯密为代表的自由主义经济学家的思想，严格限制政府对经济的干预，从而把西方资本主义各国先后带入了一个市场经济高度发展的经济时代。不过，所谓"守夜人"的描述并不完全符合事实。实际上，即使在自由竞争资本主义时期，一些资本主义国家的政府也曾实行过关税和贸易保护政策。一些后发的资本主义国家的政府甚至直接介入经济活动，通过投资、补贴、技术引进等多种方式促进本国资本主义的发展。

三、垄断资本主义时期政府的经济职能主要是实施宏观调控

自由市场经济以其较高的经济效率，使资本主义国家率先走上了工业化的发展道路。但是，进入垄断资本主义特别是国家垄断资本主义时期后，社会财富分配不公、市场垄断、失业、公共产品等问题的不断涌现都使资本主义内部的矛盾日益激化，经济危机接二连三地爆发，特别是

1929—1933年资本主义世界发生了历史上最深刻、最持久、最广泛的经济危机。这使得资产阶级经济学家关于政府职能的学说又发生了重大的转变，政府的经济干预成为资本主义市场经济发展不可或缺的重要条件。这时，政府的作用除了制定市场规则、维护市场秩序外，广泛地介入了资本主义生产、分配和交换的全过程，以及微观和宏观的各个层面。如对市场主体的行为进行微观管制，对宏观总供求关系进行调节，对收入再分配过程进行干预，建立国有企业，激励科技进步，实施产业政策，甚至制定国民经济发展计划。资本主义国家政府对经济的干预远远超出了所谓市场经济中"守夜人"、"裁判员"的角色，而成为推动资本主义经济发展的重要力量。以英国著名经济学家凯恩斯为代表提出政府的经济职能在于通过财政政策，增加政府支出，增加需求，以消除失业；通过税收来鼓励投资；通过货币政策，利用利息率的升降来控制货币供应，间接地影响私人投资和消费。1933年，美国"罗斯福新政"的实施，开始了政府全面干预经济活动的新时代，资本主义国家的政府经济职能进入了不断扩张的阶段。市场经济的基本观念也由企业、市场的两极结构转化为企业、市场、政府的三角结构。

四、新自由主义政策的推行挤压了政府经济职能

以20世纪70年代初期爆发的两次石油危机为导火线，导致整个资本主义世界陷入了"滞胀"（高通胀、高失业、低经济增长）的困境。面对"滞胀"，凯恩斯主义政策束手无策。"滞胀"是国家垄断资本充分发展导致资本主义固有矛盾日趋激化的必然结果。以哈耶克为首的朝圣山学社主张的新自由主义走上历史舞台。新自由主义继承了资产阶级古典自由主义经济理论的自由经营、自由贸易等思想，并走向极端，大力宣扬"三化"。一是"自由化"。认为自由是效率的前提，"若要让社会裹足不前，最有效的办法莫过于给所有的人都强加一个标准"。二是私有化。在他们看来，私有制是人们"能够以个人的身份来决定我们要做的事情"，从而成为推动经济发展的基础。三是市场化。认为离开了市场就谈不上经济，无法有

效配置资源，反对任何形式的国家干预。新自由主义者认为由国家来计划经济、调节分配，破坏了经济自由，扼杀了"经济人"的积极性，只有让市场自行其是才会产生最好的结果。因此，只要有可能，私人活动都应该取代公共行为，政府不要干预。

　　新自由主义的政策主张及其政策实践对西方市场经济的发展起到了相当大的作用。美国总统里根在执行了以大规模减税为核心的自由经济政策及紧缩货币政策后，美国的通货膨胀从1980年的13.5%降至1986年的1.1%。自1983年开始，美国的经济处于持续增长阶段，这意味着美国开始走出"滞胀"的困境。同时，其他各主要资本主义国家也陆续摆脱"滞胀"局面，转入低通货膨胀下的低速增长时期。尽管在新自由主义政策主张的指导下，西方主要资本主义国家纷纷走出"滞胀"的困境，但它们并没有走上低通货膨胀下的快速增长道路。20世纪80年代中后期，新自由主义在西方国家开始受到冷落，无论是美国，还是英国，都实行了不挂牌的凯恩斯主义政策，重新加强对国民经济的干预。进入20世纪90年代，一场新的经济衰退袭来，西方各国政府在衰退面前无所作为，新自由主义的药方已走到了尽头，又非进行新的改革与调整不可。1992年底，美国民主党人克林顿入主白宫后，提出"振兴美国经济"的口号，宣布实行一套新的经济政策，一改过去政府对经济的自由放任态度，加强对经济的宏观调控，认为政府不仅要更多地干预，而且要更好地干预。但是，克林顿也并不过分热衷于政府的干预，他的主张带有浓厚的凯恩斯主义色彩，又不是回到民主党热衷的凯恩斯主义，也与新自由主义的经济政策有很大不同，而是二者的混合物，西方经济学家因此称之为"第三条道路"或"中间路线"。

　　鉴于现代资本主义经济的特点，新自由主义者不可能完全否定政府干预的作用，因而他们主张的政府职能应该是保护和完善市场的自由竞争，防止垄断的发生。在这样的思想指导下，西方社会已静悄悄地完成了政府经济职能的再次调整，那就是综合自由市场经济与政府干预的优点，走向政府与市场结合的"混合型"经济。我们认为宏观和微观的结合是今后国家干预的历史发展走向。宏观经济控制不但要把握宏观总量,而且还要设法让微观因素最大限度地发挥提高效率的作用。

五、国际金融垄断资本主义时期逐步强化政府经济职能

2000年末到2001年,美国的"新经济"变成了"IT泡沫"(网络泡沫),美联储不但未设法来抑制,反而以大泡沫治疗小泡沫,13次降息,使金融资产向房地产转移,造成房地产泡沫。2007年7月,泡沫破裂,出现次贷危机,资金链断裂,引发2008年金融大危机,出现了多米诺骨牌效应,大银行纷纷倒闭,波及世界各国。以美国为首的资本主义国家的金融资本从与实体经济结合蜕变为严重脱离实体经济的庞大金融经济体系,成了以虚拟经济为主体的经济泡沫酵母,进而扩展为整体的泡沫经济,使资本主义进入国际金融垄断资本主义时期。始于2008年的"百年一遇"的国际金融危机,给世界人民带来沉重灾难。西方国家采取多种措施逐步强化政府的经济职能。2010年5月,长达1000多页的美国金融监管改革法案终于跨越重重阻力获得通过,其金融监管改革方案的核心内容是:方案充分体现了"强干预、增权力、补缺陷、堵漏洞"等特点。一些西方学者也进行了深刻的反思,有主张局部改良的金融体制改革派,有主张全面改良的财富收入改革派,有提出革命要求的长期国有化改革派,也有主张"21世纪社会主义"的权力结构改革派。他们从不同的层次和角度,提出了替代资本主义的理论和现实方案,并有一部分付诸实践。[①] 英国共产党在《左翼纲领》中提出,必须在住房建设、能源和交通领域进行公共投资并实行公有制,在制造业进行大规模战略干预等。美国共产党也提出对一些银行实行公有制的尖锐问题,认为这些银行现在可以用"营救"价格的一部分来收购,使其能够对经济进行直接投资,以实现全部或部分的公有制。俄罗斯联邦共产党也提出了对垄断组织实行国有化的问题。俄罗斯联邦共产党在自己的纲领性文件中,明确要求政府加强对金融业的有效监

---

① 程恩富、丁晓钦:《新主张新要求层出不穷》,《人民日报》2012年1月16日。

管，中央银行要对国家高度负责，建立储备银行，用银行的储备而不是用国家的预算和黄金储备来应对复杂局势，政府和财政部对公司额外借贷的担保要负起责任；同时要求政府加强对外贸流转的监管，进口应该以为国民经济服务和最急需的消费品为目标。日本共产党强调指出，"无规则的资本主义"是不能持续的，替代"无规则的资本主义"的是转向"有控制的经济"。日共主张建立调控金融过度投机的规章制度，金融自由政策不能效仿美国。

由此可知，根据资本主义市场发展阶段不同，政府经济职能并非一成不变，而是随着生产力和生产关系的矛盾运动不断变化，资本主义政府承担着不同的经济职能。换句话说，就其政府经济职能的内涵而言，它不是不变的，而是适应社会生产力的发展和经济进步不断改革与调整的过程。

第四节 我国经济体制转型期政府的经济职能转换

党的十八大报告强调，要按照建立中国特色社会主义行政体制目标，深入推进政企分开、政资分开、政事分开、政社分开，建设职能科学、结构优化、廉洁高效、人民满意的服务型政府。深化行政审批制度改革，继续简政放权，推动政府职能向创造良好发展环境、提供优质公共服务、维护社会公平正义转变。这是对政府体制改革的任务和目标的精辟概括。

20世纪80年代至今，我国政府经济职能也处在一个不断变换和调整之中，由完全的政府干预到政府干预下的商品经济，到有计划的商品经济，再到社会主义市场经济等。可以说，对处在经济体制转型期的中国来讲，政府经济职能的调整和转换也就没有停止过。

一、旧体制下我国"政府缺陷"的表现

我国政府经济职能的原初设计是以高度集权的计划经济体制为背景的。在高度集中的计划经济体制下，国家对企业的经济活动实行直接计划管理。通过行政手段和指令性计划，把企业的人力、物力、财力等生产要

素和生产、流通、分配、消费等再生产环节，置于国家的直接管理之下，形成了高度集权且政企职责不分的经济体制。

一是政府职能无所不包。在计划经济体制下，政府包揽、统管一切经济事务。政府无所不能、无所不管，支配和控制整个经济生活，全面掌管社会生产的各个环节和经济运行的全过程。也就是说公民个人的生产、分配、交换和消费，社会、集团和政府自身的生产、分配、交换和消费的整个过程，都必须由政府部门加以统筹安排，公民和社会失去了独立行为的领域。

二是宏观调控完全依靠计划手段。试图通过周密详细的计划，使社会生产达到平衡协调的良性运行。但是政府经济管理部门制定详细的生产计划需要收集大量的技术、需求、价格等方面的经济信息，这是任何一个中央计划机关都无法做到的。而且社会的总供给和总需求是通过计划机制实现的，市场机制对社会总供给毫无影响，结果导致总供给不能满足总需求，具有明显的"短缺经济"特征。

三是政府直接经营管理企业造成政企职责不分。长期以来，人们把社会主义国家领导和组织经济建设的职能解释为政府本身直接经营管理企业的生产经营活动，并在实践中执行这种职能。由于理论上忽视商品、价值规律和市场的作用，又认为社会主义全民所有制只能是国家所有制的形式，而国家所有制只能是通常所说的国营经济。因而社会主义国家理所当然有直接经营企业职能，从而把全民所有同国家机构直接经营企业混为一谈，造成政企职责不分。

总之，计划经济体制下政府职能最突出的问题就是"职能错位"，即该管的没管好，不该管的事却管得过多，结果形成了一系列异常现象，严重制约了经济的发展，所以必须从体制上铲除产生弊端的根源。

二、旧体制下我国"政府缺陷"产生的影响

应该承认，在一个极其落后贫穷的大国力图强国求生存，而又没有国防工业和重工业作为支撑点，存在采取强制手段组织和管理国民经济的全

能政府，有其历史必然性，甚至在当时可能是最好的选择。在短时间内，政府集中有限的人力物力，实现了国民经济的恢复和发展，初步建成了以重工业为中心的国民经济体系，巩固了新生的社会主义政权。但是，随着社会经济的发展，政府高度集权使政府经济职能出现无限扩张、无所不包的态势，由此导致了一系列矛盾和问题。

（一）政府职能的不当扩张带来政府管理效力的衰减

政府职能的扩张必然导致政府能力的相对分散和政府资源配置的短缺现象，从而带来政府管理效力的衰减。在我国实行计划经济时期，普遍存在的投资失误和资源浪费，以及严重的失职渎职和低效率现象，都与政府高度集权而又无力有效行使职权有关。可见，权力范围的扩大是以权力效力的衰减为代价的，政府职能的无限扩张必然导致严重的管理失调。

（二）社会管理功能萎缩导致社会对政府的高度依赖

在计划经济时期，政府的权力触角延伸到社会的方方面面，对社会事务大包大揽，凡事都需政府拍板决定。在这种背景下，独立或半独立的社会组织就缺乏生长的土壤和发挥作用的条件，导致社会功能分化程度降低。这种"强政府""弱社会"的结构使各种社会事务事无巨细都依赖于政府的管理，致使政府机构严重膨胀，而社会组织明显萎缩。即使有限的社会组织由于财务和其他资源依赖于政府，它们的组织结构和职员级别与政府雷同，社会管理普遍行政化。由于社会管理功能萎缩，形成社会对政府机构的高度依赖，因此，对政府的社会服务职能提出了更高的要求和新的挑战。

（三）政府职能管得过多、权力过大导致企业经营活力不强

在我国实行计划经济时期，政府既是国有企业的所有者，又是直接的经营者，企业是政府的附属物。因此，企业是缺乏经营自主权的非独立经济实体，企业按国家计划组织生产，而产品是否具有销路则与企业无关。企业无须对经济效益负责，事实上也无能力负责。企业完全处于被动的地位，其主观能动性被压制，积极性和创造性受到严重挫伤。实践证明，这样的企业不可能具有经营活力。改革开放之后，为了增强企业的活力，确

立企业的独立法人地位，我国制定了一系列法律，赋予企业独立的经营自主权，建立现代企业制度。但现实生活中，一些地方政府官员超越法律对企业不负责任的干预仍然是制约企业发展的重要原因之一。曾有一时，我国国有企业存在的效益不佳、大规模亏损，有诸多原因，如国有企业摊子过大，在改革开放初期，我国占90%多的企业都是国有企业，涉足行业又多，同时与政府职能管得过多、权力过大，影响企业活力也有着必然的联系。

（四）政府职能的无限扩张导致腐败现象蔓延

政府职能的扩张，意味着政府对社会有价值资源进行权威性分配的权力的扩大，从而导致寻租现象的加剧，为政府机关中的腐败分子留下了更多的以权谋私的机会，致使腐败现象在一些地方蔓延。这种状况与政府职能无限扩张是密切相关的。政府职能扩张致使腐败现象的蔓延，严重损耗政府的管理能力，从而阻碍了政府基本职能的顺利实施。

"政府失灵"带来的种种弊端，严重地阻碍了社会生产力的发展。因此，解决"政府失灵"，扭转其带来的不良影响，使社会经济纳入正常的、健康的发展轨道，就必须深化改革，重视市场在资源配置的作用基础上，界定政府经济职能的边界，解决管什么的问题，从根本上转变政府经济职能，从体制机制上摆脱束缚社会生产力发展的各种弊端。

三、改革开放以来我国政府经济职能转变的历程

对当代中国政府经济职能转变重要性的共识，实际上是在党的十四大以后才达成的，并在改革开放以后的第三次政府机构改革前后达到高潮。然而，政府经济职能转变的实践，实际上早在改革开放初期就已悄然进行，政府经济职能转变主要依附于中国政府机构的改革和政府机构各部门职能的变换。换句话说，中国政府机构改革是以政府职能转变为核心的。中国是后发的市场经济国家，到21世纪中叶基本实现现代化，结合西方资本主义国家市场化和政府经济职能转变的进程来看，中国政府经济职能的转变，大体经历以下过程：

一是 1982 年的政府机构改革，主题是"提高政府工作效率，实行干部年轻化"。其历史性进步可用三句话来概括：其一是开始废除领导干部职务终身制；其二是精简了各级领导班子；其三是加快了干部队伍年轻化建设步伐。第一次改革之后，国务院各部委正副职是一正二副或者一正四副，部委的领导班子成员的平均年龄从 64 岁减到 60 岁，局级干部的平均年龄从 58 岁降到 50 岁。本次改革没有触动高度集中的计划经济管理体制，政府职能没有转变。1984 年 10 月，党的十二届三中全会通过了《中共中央关于经济体制改革的决定》，经济体制改革在我国全面展开，改革开放的重心也从农村转移到了城市。随着经济体制改革的不断深入，过去传统计划经济体制下所形成的政府职能已经越来越不能适应经济发展的需要，成为经济发展和改革开放的阻碍因素。因此，《中共中央关于经济体制改革的决定》明确指出，政府管理经济的机构、职能、方式以及人员的配置都需要按照社会主义商品经济的要求，重新调整、设计新的改革方案。到了 1987 年党的十三大召开，政府体制改革作为经济体制改革的逻辑必然成为大会的主题之一。大会在关于政府体制改革的论述中正式提出，政府职能转变是政府机构改革的关键，要适应经济体制改革和政企分开的要求，合并裁减专业管理部门、转换政府管理方式以及提高政府的宏观调控能力。两次大会对中国政府职能转变形成了经济和政治上的强大推力，直接促成了 1988 年的政府机构改革。

二是 1988 年的政府机构改革，主题是"转变政府职能是机构改革的关键"。1988 年的政府机构改革是在推动政治体制改革、深化经济体制改革的大背景下出现的，其历史性的贡献是首次提出了"转变政府职能是机构改革的关键"这一命题。由于后来一系列复杂的政治经济原因，这一命题在实践中没有及时"破题"，原定于 1989 年开展的地方机构改革暂缓进行。1988 年政府机构改革的基本要求是：减少政府机构直接干预企业经营活动的职能，增强宏观调控职能，初步改变机构设置不合理和行政效率低下的状况。这次改革转变政府职能的核心是政企分开、下放权力，以政府职能的转变为经济体制改革创造良好条件。具体来说，这次转变职能主要有以下五个方面的内容：其一是由微观管理转向宏观管理。要求政府退出企业的微观经营，转向对经济的宏观调控。其二是由直接管理转向间接管理。要求政府改变过去使用单一指令性计划或者行政手段管理经济的方式，转向运用经济、法律等间接方式。其三是由部门管理转向全行业管理。改变过去政府对经济的分部门专业管理，转向实行行业管理，制定行业性规范。其四是由"管"字当头转向服务监督。要求政府经济管理部门从管制企业转向为企业服务并进行监督。其五是由机关办社会转向机关后勤服务工作社会化。分离政府机构中的后勤工作，逐步实现后勤社会化、企业化。

三是1993年的政府机构改革，主题是"适应建设社会主义市场经济的需要"。其历史性的贡献在于首次提出政府机构改革的目的是适应建设社会主义市场经济体制的需要。随着改革开放实践和认识的进步，1992年召开的中国共产党第十四次代表大会提出了把建立社会主义市场经济体制作为经济体制改革的目标。为实现这个目标，大会认为，机构改革，精兵简政，是政治体制改革的紧迫任务，也是深化经济改革、建立市场经济体制和加快现代化建设的重要条件。并从适应建立社会主义市场经济要求的角度对政府职能转变进行了全面阐述。1993年的政府机构改革就是在这样一个背景下启动的。1993年3月7日，中共十四届二中全会审议通过了《党政机构改革的方案》。1993年3月八届全国人大一次会议在北京召开，指出这次机构改革的指导思想是：着重搞好转变政府职能，精简内设机构和人员，加强宏观调控和监督职能，弱化微观管理职能，以适应建立社会主义市场经济的需要。改革的重点是转变政府职能，转变政府职能的根本途径是政企分开。要坚决把属于企业的权力放给企业，把应该由企业解决的问题，交由企业自己去解决。政府的行政管理职能，主要是统筹规划、掌握政策、信息引导、组织协调、提供服务和检查监督。

四是1998年的政府机构改革，主题是"消除政企不分的组织基础"。1997年9月，江泽民在党的十五大上所作的政治报告中作了明确指示，直接推动了1998年启动的新一轮政府机构改革。在1998年3月6日召开的九届全国人大一次会议上，罗干作了《关于国务院机构改革方案的说明》，对这次机构改革的必要性和紧迫性，改革的目标、原则、内容和实施步骤等作出了详细的说明。这次机构改革的目标是：建立办事高效、运转协调、行为规范的行政管理体系，完善国家公务员制度，建立高素质的专业化行政管理干部队伍，逐步建立适应社会主义市场经济体制的有中国特色的行政管理体制。改革将按照以下几项原则开展：①按照发展社会主义市场经济的要求，转变政府职能，实现政企分开。要把政府职能切实转变到宏观调控、社会管理和公共服务方面来，把生产经营的权力真正交给企业。②按照精简、统一、效能的原则，调整政府组织结构，实行精兵简政。加强宏观经济调控部门，调整和减少专业经济部门，适当调整社会服务部门，加强执法监督部门，发展社会中介组织。③按照权责一致的原则，调整政府部门的职责权限，明确划分部门之间的职能分工，相同或相近的职能交给同一个部门承担，克服多头管理、政出多门的弊端。④按照依法治国、依法行政的要求，加强行政体系的法制建设。

五是2003年的政府机构改革，目标是"行为规范、运转协调、公正透明、廉洁高效"。2002年11月，党的十六大明确提出，要进一步转变政府职能，改进管理方式，继续推进政府机构改革，切实解决层次过多，职能交叉、机构臃肿、权责脱节和多头执法等问题。2003年的政府机构改革，是在加入世贸组织的大背景之下进行的。改革的目的是进一步转变政府职能、改进管理方式、推进电子政务、提高行政效率、降低行政成本。改革目标是逐步形成行为规范、运转协调、公正透明、廉洁高效的行政管理体制。改革的重点是深化国有资产管理体制改革、完善宏观调控体系、健全金融监管体制、继续推进流通体制改革、加强食品安全和安全生产监管体制建设。这次改革重大的历史进步在于，抓住当时社会经济发展阶段的突出问题，进一步转变政府职能。

六是2008年以来的政府机构改革，重点是地方政府机构改革。党的十七大报告提出"加快行政管理体制改革，建设服务型政府"，要求"抓紧制定行政管理体制改革总体方案，着力转变职能、理顺关系、优化结构、提高效能，形成权责一致、分工合理、决策科学、执行顺畅、监督有力的行政管理体制。健全政府职责体系，完善公共服务体系，推行电子政务，强化社会管理和公共服务"。十七大报告强调要"加大机构整合力度，探索实行职能有机统一的大部门体制，健全部门间协调配合机制"。在2008—2012年的十一届全国人大一次会议至五次会议上，政府工作报告从"加快行政管理体制改革"、"推进政府自身建设"、"建设人民满意的服务型政府"、"加快推进政府改革"，直到2012年十一届人大五次会议明确提出"加快推进政府改革"，使得进一步转变政府职能的改革思路更加明晰。2008年以来，随着国务院陆续批准中央各部委的"三定"方案（定职责、定机构、定编制），国务院机构改革已完成阶段性任务，适时跟进地方政府机构改革十分必要和迫切。在本次地方政府机构改革中，坚持把转变职能作为地方政府机构改革的核心，加快推进政企分开、政资分开、政事分开、政府与市场中介组织分开；突出不同层级政府履行职责的重点，形成全面衔接、分工合理的职能体系；加强直接面向基层和群众的"窗口"机构的服务与管理。同时，要优化结构，在实行大部门体制方面进行积极探索；充分考虑政府职能特点设置机构；清理规范议事协调机构和部门管理机构。十八大报告又再次强调了政府机构改革，强调经济体制改革的核心问题是处理好政府和市场的关系，必须更加尊重市场规律，更好发挥政府作用，在行政体制改革方面，提出深入推进政企分开、政资分开、政事分开、政社分开，建设职能科学、结构优化、廉洁高效、人民满意的服务型政府。深化行政审批制度改革，继续简政放权，推动政府职能向创造良好的发展环境、提供优质公共服务、维护社会公平正义转变等重要改革思想，在权力运作上，报告强调"推进权力运行公开化、规范化，完善党务公开、政务公开、司法公开和各领域办事公开制度……让权力在阳光下运行"。这是顺应经济社会发展大势、顺应民心的重大改革举措。

经济的发展要求政治、法律、文化体制加大改革的力度，而体制改革越向纵深处发展，改革的能量就释放得越大，其意义在于：政治体制（包括人大、政府、中央与地方关系等体制）更为精简高效，法律体制（包括立法体制、执法体制、司法体制和法律构成体制等）更为健全完善；文化体制（包括文化的生产和消费体制等）更趋多元自主。这些体制的逐步健全和完善，反作用于经济体制的变革，促使政府管理经济的职能也必然发生根本性转变，社会主义市场经济体制也将获得完全确立。需要说明，这一阶段政府经济职能的转变，是计划经济向市场经济过渡时期的转变。所以，我国经济的发展正处在转型期，政府干预与市场调节之间的关系也处在磨合和调整期。随着我国社会主义市场经济体制的建立，政府与市场的关系也会在功能上越来越趋于和谐、完善。

四、我国政府行使经济调控职能的主要内容

我国以公有制为主体的社会主义市场经济，是在特殊的经济背景和社会制度基础上建立的。科学发展观要求全面、协调、可持续发展。这就必须发挥政治优势，更加要求政府自觉地、有目的地利用经济杠杆、法律手段、必要的行政手段、道德、教育等，进行宏观管理和监控，以形成完善的宏观调控体系，使自发的市场调节与自觉的调节市场之间形成互相制约、互相转化的良性运转过程。总结发达国家的经验，结合我国实际情况，我们认为，必须发挥和完善政府的四大经济职能。

（一）经济调节的职能

市场经济发展具有周期性、波动性特征，特别是在经济全球化的今天，国际经济对国内经济的影响程度日益加深，我国经济发展的不确定性因素在不断增多。如：当经济出现萧条状态时，存在总需求不足，政府实行扩张性的财政政策，即增加财政支出、减少税收，以便于刺激总需求的扩大，消除通货紧缩现象；当经济处于膨胀状态时，由于存在总需求过度，政府则应采取紧缩性的财政政策，即减少财政支出、增加税收，以便于抑制总需求，消除通货膨胀，这是市场经济条件下政府财政政策的基本原理。通过积极的财政政策，来调节经济稳定增长。这是我国改革开放以来政府的基本经济职能。此外，我国作为发展中国家，由于工业化经济还比较脆弱、经济结构不合理、市场体系发育不成熟等因素的存在，面对巨

额无约束的国际投机资本的冲击，国内经济发展就会面临巨大的风险。因此，从国与国之间的经济竞争和国内民族经济的稳定角度来考虑，政府的经济调节以及保证经济安全的职能在今天显得更加必要和重要。就国内经济而言，政府还要从宏观上、战略上对全社会的微观经济活动进行引导和调节，以保持经济总量平衡，促进经济结构优化。

(二) 公共服务的职能

通过公共财政，提供公共产品和公共服务，配置一部分社会资源，满足公共需求。公共财政建立的理论根据，是市场存在缺陷、需要覆盖市场失灵的所有领域。换言之，市场缺陷为政府介入提供了根据、为政府行使经济职能划定了范围和边界。公共财政提供如国防、司法、警察、环保、公共文化设施、公共卫生等公共产品，除了与财政支出相对应的经济职能和公共服务外，与财政收入相对应的政府职能和公共服务还包括税收政策、国债政策以及预算、转移支付等，也都属于公共财政的范畴。一般而言，公共财政在市场经济条件下有三项职能：资源配置职能、收入分配职能、稳定经济职能。随着我国改革开放的步步深化，公众对公共产品的需求日益增大，政府提供公共产品和公共服务的能力与公众的需求水平之间，尚存在较大差距，这正是需要通过我国政府经济职能的转换来逐步解决的。

(三) 调节收入分配的职能

政府采用税收、补贴、转移支付等手段，缓解收入分配不公的矛盾，也即二次分配。由于个人的自然秉赋、能力和每个人拥有的财富多寡、受教育的程度和机会等都不同，还有在市场竞争中遭受失败的人，或根本无能力参与市场竞争的老年人、未成年人、残疾人等社会弱势群体，在追求效率第一的市场经济规则下，自然面临着淘汰甚至生存危机危险。市场的负面表现之一是加大两极分化，尤其在我国存在多种所有制的条件下，更需要调节分配，实现公平。政府通过征税、补贴、救济、福利等方式，提供必要的社会保障。社会主义的本质是最终实现共同富裕。贫穷不是社会主义，贫富两极分化也不是社会主义。通过政府以公平为原则的收入再分配职能调节，以及社会保障体系的建立与完善，缓解第一次分配造成的收入过大的差距，为社会的弱势群体的生存与发展能力提升提供基本保障和条件，让每个人都能享受到改革开放和经济发展带来的成果，这是政府的重要责任担当。对于第一次分配，政府也不是无所作为的，正如十八大报告指出的，初次分配也要正确处理公平与效率的关系。

（四）监管规范市场的职能

我国在建立社会主义市场经济体制进程中，由于市场发育不全、不成熟，市场秩序成为一个影响经济社会健康发展的突出问题。建立公平的竞争法则，培育市场体系，建构规范有序的市场秩序，为经济发展创造良好的发展环境，迫切需要政府发挥监管的职能。市场经济是法制经济。政府监管的基本思路是依法治市。针对市场活动中的不正当竞争，政府已出台有关"反垄断"、反不正当竞争、保护名优产品、打击假冒伪劣产品和各种非法经营的经济主体等一系列法律法规。根据法律法规要求，2013年3月以来国家发改委查处了国内三星、茅台和五粮液等企业价格垄断大案，之后，合生元、美赞臣、多美滋、雅培、富仕兰、恒天然6家国外乳粉生产企业因违反《反垄断法》，包括合同约定、变相罚款、扣减返利、限制供货等，限制竞争行为，国家对其罚款约6.7亿元人民币，这也是中国反垄断史上开出的最大罚单。通过产品质量法、税法、环保法等一系列法规对各类经营主体的经济活动进行约束，包括经济处罚和行政手段；还有保护未成年人和协调劳资关系等一系列法规，如《禁止使用童工规定》、《中华人民共和国劳动合同法》等，切实保护劳动者的合法权益。

五、政府经济职能行使中存在的问题

我国经济体制改革总的趋势是要逐步扩大市场机制在经济中的作用，并不断调整政府的经济职能。因此，在我国，市场经济机制的建立与政府经济职能转变是相辅相成的过程。自改革开放始，我国的政府经济职能转变的改革工作就没有停止过，但取得的成效与发展社会主义市场经济和"入世"接轨的要求相比，还有较大的差距。我国的政府经济职能与市场改革的深化还存在一些不相适应的方面，还存在比较突出的"越位"、"错位"和"缺位"现象。一方面，不该由政府管的事情政府插手了，政府职能在一定程度上超越或代替了企业和市场的职能；另一方面，中央和地方之间、政府内部各部门之间的职能存在一定程度的交叉、重复，机构"重复建设"、任务多头管理（如2013年3月26日央视《新闻1+1》——追问"夺命"井盖！其中提到，城市的井盖就有15家部门管理，但仍未能解决好这一问题）等带来政府管理行为的不合理交错、重叠。同时，应当由政府监管的事情政府却没有完成好，在市场无法调节的某些地方还出现了"真空"。具体表现在以下几个方面：

（一）政府对微观经济特别是国有企业的直接干预较多，有效的国有资产管理体制正在完善

计划经济时期形成的、经济转轨时期又有某种扩展的行政审批制依然广泛存在，特别是企业领导人的任免、投资、外贸等领域的行政审批等待清理、削减。值得注意的是，在推进国有企业改革的过程中，某些政策的实施又产生了强化行政审批和个案处理的副作用。在国有企业股份制改造、股票发行以及兼并收购等资产重组活动中，一些部门和地方政府往往出于部门利益、地方利益甚至长官意志，对企业进行不适当的行政干预。例如，强行要求效益好的企业在投资、担保贷款、资产重组等方面照顾劣势企业，甚至向企业摊派政府的行政性支出。国有经济布局不合理、战线过长的问题依然突出，对其进行战略性调整的力度不够，进展迟缓。政府的公共管理职能和国有资产所有者职能混淆不清的状况没有根本改变。

再者，政府对微观经济领域过分干预，出现权力市场化或者金钱化的问题，有些地方甚至出现买官卖官、违规提拔、带病提拔、吃空饷等现象。权力操纵市场无序竞争，权力左右社会不公分配，结果是假冒伪劣充斥市场，市场失范了，贫富加剧了。

（二）政府对规范、监管市场秩序的力度还有待加强

虽然早在1992年我国就提出要建立社会主义市场经济，并在1993年的机构改革中强调政府对市场的职能主要在于制定规范、进行监督，即所

谓的政府"不能既当裁判员,又当运动员"。政府应该作为社会公共权威加强对市场秩序的管理,利用各种法律的、经济的手段实现对市场活动和微观主体的保护。但我国政府在这方面的职能转变还存在不到位的问题。

首先,各种市场法规的制定还不够完善。既没有形成一个健全的市场规范体系,也欠缺一定的应变性,难以适应变化了的市场状况。如信息不对称、企业存在的包装上市、券商作假等,都有制度不完善的原因,同时也有上市公司的自律、自我约束不够,以及对股民负责的态度等原因。而这些原因又是相辅相成的。正因为制度不完善,或者说信息披露制度不完善,才存在一些虚假的制度和信息,才存在隐瞒亏损,虚假披露,甚至有一些欺诈等不规范的市场行为。也正因为制度的漏洞,而给一些不良企业留下了可乘之机。

其次,在执行已有的法规时执法不严。执法不严问题,是人民群众极为关注的问题。这既有政府公共行政能力低下的原因,更重要的是政府执法意识和观念的缺失。

再次,一些地方政府对严重破坏市场秩序的地方保护主义放任自流,甚至同流合污,极大地阻碍了我国统一市场体系的建立。如生产假冒伪劣产品,如企业排污,如房地产市场等,在一些地方,政府成为他们的保护伞和合伙人。

(三)政府和市场的关系这一关键还需认真改善

宏观调控是政府这只"看得见的手"调节经济的重要职能,也是市场机制不可能完全替代的领域。目前,我国宏观经济长期呈现出有效需求不足的现象,但投资的增长却非常快,作为拉动经济的"三驾马车"要同时转动才能使经济健康、持续的增长。若投资单方面过度增长,在出口面临压力的情况下,必然导致产能过剩,接下来就会导致对投资收益率的悲观预期,伴随大量失业的经济发展缓慢就会随之而来。随着我国经济的进一步发展,市场失灵问题会不断影响市场机制效率的发挥,引起宏观经济的波动,这不能不使我们表示强烈的关注。这些问题依靠市场内在调节机制是无法解决的,必须依靠政府的宏观预测和政策加以调节。如2013年,我国政府针对全球经济形势，提出以扩大内需为主的经济政策，就是实施宏观调节的应对之策。

目前，我国许多的宏观调控政策还依赖于行政性手段，宏观调控的市场基础还没有真正形成。如货币市场、投融资体制、财政支出、税收和转移支付体系还需要进一步法制化和规范化等。在我国2003年以来的宏观调控中，房地产市场的走势一直成为货币政策决策的重要参考指标。从央行121号文件，一直到2005年3月17日调整商业银行自营性个人住房贷款政策，均是如此。应该说，我国的房地产市场是在低利率的摇篮里诞生的，尚未经历过一次非常完整的利率波动周期的洗礼，开发商和购房者的利率风险意识远比西方国家投资者淡漠，而且房地产业对银行贷款的依赖程度很高，积累了大量的风险。因此，房地产价格一旦存在着背离基本面价值的倾向，就会对脆弱的金融体系形成潜在压力，这就要求政府必须提前干预。再如，在资本市场上，由于不公平的制度规则而使广大投资者的财富转移到上市公司、金融中介等手中。有统计表明，2001年6月到2004年11月，沪深市场新增上市公司145家，募集资金3767亿元，但股票流通市值却从18866亿元下降到12774亿元，这意味着流通股股东的实际损失为9859亿元。因此，宏观政策体系如何适应需要从需求管理转向供给管理，创造更有利于生产力和竞争力发展的宏观政策环境也是一个新课题。

（四）公共产品和公共服务仍然短缺

应由中央政府提供的邮政、铁路、水利、生态环境和其他区际性基础设施，医疗、养老、失业和其他社会保障服务，应由各级地方政府提供的城市公用事业服务如公交、水电气供应、公共性文体卫生服务等，这些"公共物品"仍然短缺，不能满足企业和人民群众日益增长的需要。例如，在国内绝大部分产品都供过于求的情况下，我国政府所提供的基础设施等公共产品的供给却显出不足。改革开放30多年来，我国初步建立了市场经济体制，比较好地解决了私人产品的供给问题，如吃、穿、用等，我国已由"生存型"阶段进入"发展型"阶段。这一阶段的一个重要表现就是全社会对公共产品和公共服务需求的全面增长，因此，从某种意义上说，与私人产品短缺时代的改革相比，公共产品短缺时代的改革任务更重、挑战也更大。

（五）产业竞争力还不够强

尽管当今世界不同国家和企业在全球分工格局中的地位各不相同，但谁拥有核心技术、掌握关键产品和零部件的生产能力，谁就占据了以核心技术垄断为基础的国际竞争的主动和有利地位。目前，我国经济总量虽位居世界第二，但竞争力落在第29位；2013年5月31日，根据瑞士国际管理发展研究院最新公布的《2013年世界竞争力报告》，中国在全球的竞争力排名从2012年的第23位升至第21位。在科技投入上，研究和开发占GDP的比重，在以色列，2008年为4.77%，2009年为4.46%，2010年为4.40%；在瑞典，2008年为3.70%，2009年为3.60%，2010年为3.40%；在韩国，2008年为3.36%，2009年为3.56%，2010年为3.74%；在芬兰，2008年为3.70%，2009年为3.93%，2010年为3.88%；在日本，2008年为3.47%，2009年为3.36%；在美国，2009年为2.90%；在德国，2009年和2010年均为2.82%。① 我国由先前的0.5%增至2012年的1.97%。2012年我国研究与试验发展经费支出10240亿元，比上年增长17.9%，占国内生产总值的1.97%，其中基础研究经费498亿元。全年国家安排了1701项科技支撑计划课题，1165项"863"计划课题。② 在上述这些方面，我国仍存在明显差距。另外，长期以来，一些企业的核心技术和核心技术设备不得不依靠进口和仿制，一些产品开发和创新能力较差的企业将面临着严峻的生存和发展的挑战。尽快摆脱中国产业在技术上对外依赖、受制于人的局面，提高中国产业竞争力应成为当务之急。作为政府更需要调整经济职能，在符合WTO规则的前提下，如何通过国家创新计划的制度支持市场经济主体的发展，特别是扶持国家重点产

---

① 《世界银行数据研发费用占GDP百分比》，Research and Development Expenditure（% of GDP），http://data.worldbank.org/indicator/GB.XPD.RSDV.GD.ZS。

② 《中华人民共和国2012年国民经济和社会发展统计公报》，新华网，2013年2月23日。

业，提升国际竞争力等方面，拿出一套行之有效的政策措施来，更是政府经济工作的重点。

（六）中央和地方的责权利关系需进一步理顺

首先，中央和地方的责权利关系还需进一步理顺。国家财政在中央和地方间的分配关系尚不合理。国家税收立法权过于集中于中央，税权划分缺乏稳定的法制基础，难免导致地方政府变通国家税法、越权减免税和滥用收费权；行政性集权——分权——收权的框框还没有根本突破，还没有确立市场经济下"分权优先、集权居后"的观念；地方政府角色错位，行为失范，而中央权威削弱、宏观调控乏力、财政汲取能力降低，产业政策、金融政策、投资政策在执行中严重失控失真的状况，仍在不同程度上存在。

其次，经济体制改革的方案以及国家制定的优惠政策，大多按行政层次、行政区划进行试点再逐步推广，或者限制在一定行政区划的范围内实施，这样往往增加行政层次。政府经济职能之所以出现越位、缺位和错位现象，除了社会主义市场经济还处在建立阶段，市场机制本身的发育还有明显不足外，问题的症结主要是：上层建筑的改革滞后于经济基础的变化。如"用人"制度模式在很大程度上还是传统的，人事组织安排还带有比较明显的计划经济时期的特色。

第三，政府工作人员的观念仍带有计划经济观念的痕迹。这个观念的突出特征是，认为政府的职责就是"管"，就是管人、管企业、管社会、管市场，这种"管"的观念淡化了"服务"的观念。

我国政府职能转变中存在的上述问题，不是一朝一夕形成的，因此，纠正起来也不可能一蹴而就。许多问题需要在改革不断深化的进程中逐步加以解决。我们应该看到，经过30多年来的改革开放，我国市场蓬勃发展、经济繁荣、国家实力日益增强，政府经济职能已经发生了明显转变，提供公共产品的责任、公共服务的理念日益明确。在此基础上，党的十八大报告明确提出了下一步政府宏观调控的任务：健全现代市场体系，加强宏观调控目标和政策手段机制化建设。加快改革财税体制，健全中央和地方财力与事权相匹配的体制，完善促进基本公共服务均等化和主体功能区建设的公共财政体系，构建地方税体系，形成有利于结构优化、社会公平的税收制度。建立公共资源出让收益合理共享机制。深化金融体制改革，健全促进宏观经济稳定、支持实体经济发展的现代金融体系，加快发展多层次资本市场，稳步推进利率和汇率市场化改革，逐步实现人民币资本项目可兑换。加快发展民营金融机构。完善金融监管，推进金融创新，提高银行、证券、保险等行业竞争力，维护金融稳定。国家行政机构改革和职能转变也提到了更加重要的议程。政府职能的进一步转变与完善，必将有利于社会主义市场经济体制的建立健全，有利于经济社会的全面进步。

第五节 正确认识市场和政府经济职能之间的关系

一、正确地理解市场和政府的共生关系

市场经济是人类迄今为止所发现的较为有效的配置资源的形式，选择市场经济作为中国经济体制改革的目标模式，其正确性是无可争议的。与此同时，我们应当认识到，市场经济并不是万能的，不应当把它加以神化。这需要我们超越"看不见的手"的自由市场经济的范式。在现代市场经济体系中，市场调节与政府干预，自由竞争与宏观调控，是紧密相连、相互交织、缺一不可的重要组成部分。由计划经济向市场经济转变是个历史性的趋势，但并不意味着可以自然而然转变成功。在转型过程中通常会出现通货膨胀率攀升，突发性失业高潮，财政赤字突然扩大，国际收支不平衡，一部分人生活水平降低，公共服务、社会秩序、法律等被忽视的现象。美国著名经济学家斯蒂格利茨在比较中国和俄罗斯转轨过程时指出，苏联以及大多数前苏联国家转轨失败的深层次原因是对市场经济基本概念的误解，以及对机构改革进程基本情况的误解，陷于"华盛顿共识"主张和基于传统的新古典主义的改革模式，从而低估了市场经济中的信息问题，实行休克疗法，虽然被休克了，但却未能得到疗效。相反，中国的改革选择了渐进主义道路（摸着石头一步一步过河），坚持社会主义改革方向，市场经济不断发育并不断完善。

作为西方经济理论代表的两大基本流派自由主义和国家干预主义争论，几乎贯穿于资本主义发展的整个过程，并且总是随着经济现实的变化而此消彼长。两者既相互对立，又相互影响，并在一定程度上互相吸收和融合。我国在建立社会主义市场经济过程中，应当寻求市场和政府的合理分工，正确地认识政府应该发挥的作用。西方发达国家的发展史表明，一个有效的政府是经济与社会持续发展的必要条件，它能够对市场经济和个人活动起催化作用、促进作用和补充作用。

在向市场经济转型过程中，需要重新界定政府的作用和干预内容。这包括干预的范围应当缩小，从"无所不管"转向"有限领域"，从"过度干预（越位）"转向"适度干预（定位）"，从公共服务的"缺少干预（缺位）"转向"加强干预（到位）"；干预手段要从计划、行政手段为主转向经济、法律手段为主，从直接控制为主转向间接控制为主，干预基于"人治"转向"法治"，干预本身是接受法律监督和法律制约的；提高干预的有效性，充分利用市场机制，积极应对各类挑战；提高干预的透明度，减少干预过程中的"寻租"现象。

国家在向市场经济过渡过程中应当发挥积极的作用。即使在成熟的发达的市场经济国家中，政府在纠正市场失灵和组织有效市场方面的作用也是不可缺少的。市场转型本身产生的不稳定、不公平和多种痛苦，没有政府支持，既不可能建立市场机制，也不可能减少转型成本和社会风险。中国是最大的发展中国家，面临诸多发展挑战，必须由政府出面应付这些挑战。因而中国政府的职能应该是多重的，既要具有一般市场经济国家政府的基本职能，又要具有对市场失灵领域干预的职能，同时还要有在中国国情条件下的多种特殊职能。

弥补政府缺陷，在于政府自身的变革。首先，决策者面临信息不完全和不对称问题，一些地方政府的理想规划由于缺乏前期科学论证，最终使规划误入不切实际的"妄想"，一些地方投巨资留下的"烂尾工程"并不鲜见。就中国计划经济的实践来看，"计划赶不上变化"就是真实的写照。其次，公共机构或政府从业人员是公共利益或国家利益的代表，但一些部门却更加关注部门利益目标，关心领导个人的"政绩"与升迁、形象以及其他个人利益，当这些部门利益或个人利益与国家利益发生矛盾或冲突时，他们往往选择前者。再有，各种利益集团利用寻租方式影响政府政策以谋私利，从而将其所获收益以及成本转嫁他人或其他集团利益。最后，政府从业人员仍存在缺乏责任意识、工作效率低下、滥用职权等弊端。政府改革的目标就是力克上述弊端，建立一个廉洁、高效、守法、为人民服务的政府，建立一支具备"五种执政能力"、能够经得起新时期的"四个考验"、防范"四种危险"的政府从业人员队伍，实现党的十八大提出的"干部清正、政府清廉、政治清明"的目标，显然，这是当今中国经济社会发展的迫切需要。

二、科学地认识市场机制与宏观调控的相互关系及其机理[①]

中国改革开放的总设计师邓小平说过："计划和市场都是经济手段。"[②]这是相对于社会主义本质而言的，但不是一般的可有可无的手段，不是"表层关系"，而是与社会主义制度存在着内生的联系，而且计划（可理解为宏观调控的简称）与市场又是配置资源相辅相成的"两只手"，其基本机理也适用于一般发达市场经济。

从市场经济表现生产社会化的观点看，市场调节是第一性的，是优化资源配置的基础。按照马克思的说法，"市场是流通领域本身的总表现"[③]。这是一切经济关系的总结合部，集中了下述几个基本的关系：生产与消费的关系、生产企业与消费（即供给与需求）的关系、各种生产要素（资金、技术、信息、劳务及一切生产资料）重新配置的关系。由于价格机制功能也会表征分配关系，包括积累和消费比例及其相应的物质形态（生产资料和生活资料）的关系、劳动者消费资料的分配关系以及社会消费、团体消费与个人消费之间的关系等。这些关系集中地表现为总供给和总需求

[①] 杨承训：《中国特色社会主义经济学》，人民出版社2009年版。
[②] 《邓小平文选》第三卷，人民出版社1993年版，第373页。
[③] 《马克思恩格斯全集》第49卷，人民出版社1982年版，第309页。

的关系及供需双方结构关系，而供需中的诸类关系又以价格的变动反映出来，并进行一定限度的自发调节，成为一种波动中的自然制衡机制。这种"无形的手"，表现了供求规律、价值规律和竞争规律的合力。可见，市场天然地承担着三种职能，是联结生产、消费以及分配的总枢纽，反映各种经济关系变动的温度计，调整各种比例关系的调节器。市场处于商品经济的枢纽部位，是商品经济的基本范畴。任何以社会化生产为基础的社会经济体制假如完全离开市场调节，就必然脱离实际，脱离基础，犹如神经系统脱离有机体，自然没有存在的依托和载体。

然而，市场调节的自发性又有很大的缺陷，会造成很大负面效应，特别是经济危机，必须用计划性加以弥补和制约。计划性也是生产社会化的要求，商品经济愈发达愈要求社会化，从而也就愈要求计划来调节。社会主义市场经济因其建立在生产资料公有制为主体的经济制度基础上，可以消除资本主义私有制造成的弊端，扫除私人集团为实行统一计划造成的障碍，能够在更大范围内实行自觉的调节，实现"全国一盘棋"、"集中力量办大事"。这种"自觉"主要表现在对市场调节的运用、疏导、节制、协调上，具体手段乃是有目的地利用经济杠杆、法律手段和必要的行政手段，统筹协调，形成强有力的完整宏观调控体系。

可见，宏观调控和计划不是社会主义市场经济之外之物，而有其内在机制，即市场调节和调节市场的双导向运动。就是说，自发的市场调节与自觉的调节市场之间形成互相制约、互相转化的关系和系统的循环运动流程。市场调节是调节市场的基础、出发点和归宿；调节市场是市场调节的升华、方向盘和调度室。调节市场不是随意性的调节，而是根据市场的运动规律、反映出来的各种指数、信号制定决策和计划，然后主要利用经济手段，自觉地利用市场机制对整个经济运行进行调节，其公式为：市场—计划（控制、协调）—市场。从市场中来，到市场中去，把市场机制自觉化，再通过市场调节整个国民经济，调节企业的行为、供求关系的变化、消费者的行为、扩大再生产的方向和规模等。

从运行系统考察，发达市场经济有它自身的金字塔形运行结构。所谓市场经济运行结构，是指市场经济运行大系统的构成要素及各种要素的功能和相互关系。市场作为交换关系的总和是生产社会化的产物，体现社会分工与社会联系的矛盾统一，并以价格信号作为资源的基础性配置动力，同时要求多种形式的宏观调控组织手段相匹配。这样，市场经济运行中就构成三个基本层次：①市场基础主体，即承担社会分工职能的生产经营主体企业与最终需求主体消费者；②市场枢纽主体，即交换（交易）的体系与场所；③宏观调控主体，即以政府为核心的行使协调、计划职能的组织及其拥有的手段。这三个基本层次是任何发达市场经济所不可或缺的。金融则处于第三层次和第二层次之间，是一个特殊的准层次，如图2.1所示。

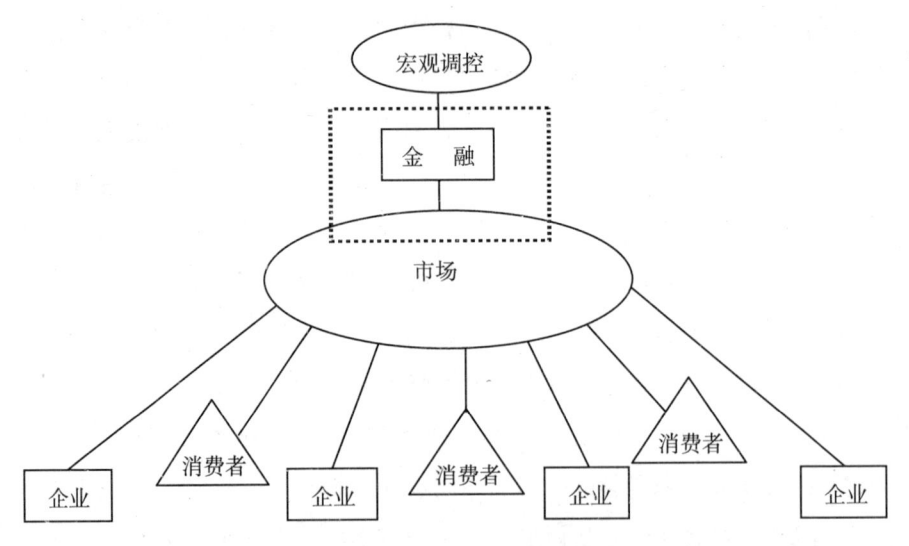

图2.1　市场经济运行结构图及金融的地位

金融之所以处在第二、第三层之间，是因为它是价值形态的独立组织，具有两重属性，既承担宏观调控的职能，又是从事金融贸易（包括作为经营货币的企业银行和各种证券及衍生品交易）的主体。前者属于调控功能，后者属于企业活动，它本身也需要宏观管理。列宁曾把金融视为"旧资本主义的上层建筑"①，它凌驾于整个经济之上，并起一定的支配作

---

① 《列宁全集》第三十六卷，人民出版社1985年版，第140页。

用。社会主义市场经济运行结构的特殊性在于以公有制为主体、多种经济成分共存，其上层建筑代表人民的利益，统筹协调能力有力。

有人把市场的本质说成是单纯的"自由化"，同计划手段对立起来。这是一种肤浅的、片面的认识，是为新自由主义所歪曲的观点。历史地看，市场经济作为社会化的一种交换方式，其调节配置功能随着社会化程度的提高，已形成三种梯级（简单商品经济除外）：第一种，以私有资本主义制度为平台主要靠自发调节，犹如生物界单细胞生物的个体性自我调节，属于低级的、原始的经济调节和资源配置；第二种，以大资本所有制为主宰、以个体自发调节为主，加上一定力度的宏观调控体系，犹如生物界的多细胞生物既有细胞层的调节，又增添了体液调节，但不能从根上克服自发性的残畸，属于中级层次，现代垄断资本主义市场经济就是如此；第三种，在宏观总体调节下充分发挥微观调节功能，把市场和计划两种配置资源的方式结合起来形成合力，犹如生物界的高等动物除了细胞、体液的调节之外，还须增添神经系统的总指挥，属于高级层次。事实表明，市场经济高级层次必须排除私有经济特别是大垄断资本对社会化运行的干扰，体现社会化生产力和社会化生产关系的辩证统一，依托公有制为主体的制度平台和政府的主导作用健全"神经系统"。正如胡锦涛同志所说，我国改革开放中"形成在国家宏观调控下市场对资源配置发挥基础性作用的管理制度"[①]。综合起来看，市场调节和宏观调控都是社会主义市场经济的组成部分，都是生产社会化规律的客观要求。全面地看，目前我国经济社会积累的矛盾不可忽视，有的相当尖锐，需要用科学发展观澄清和排除西方"市场原教旨主义"的干扰，统领社会主义市场经济继续优化，引导这个"高级形态"的"神经器官"不断完善与优化。

[①] 胡锦涛：《在纪念党的十一届三中全会召开30周年大会上的讲话》，《求是》2008年第12期。

第三章　政府经济职能行使中的特殊道德矛盾

政府经济职能转换与客观的经济市场化进程、管理体制、政府从业人员的素质等，都有着密切的关联性，可谓一个复杂的系统工程。因此，解决政府经济职能转换中存在的问题，同样需要方方面面的力量形成合力，同样是一个带有整体性、全局性的艰巨任务。从理论上讲，则需要多学科多视角的解析。针对这些问题，从伦理治理的角度，笔者认为，政府经济职能的科学、公正、有效地发挥，必须解决好存在其中的一对特殊道德矛盾，即政府经济职能的公共性与政府从业人员自利性之间的矛盾。之所以是特殊矛盾，是因为它是在政府与企业、政府与其他市场主体之间，以及政府与整体社会经济运行的特定关系中产生的，它的存在、发展与变化，在深层上影响着、规定着政府经济职能的发挥。由计划经济体制向社会主义市场经济体制转轨的实际进程出现的问题也表明，政府经济职能的公共性与其从业人员自利性之间的特殊道德矛盾，在很大程度、很多层面上影响着政府职能的发挥。揭示这一矛盾，既是加强政府从业人员道德治理的必然性根据，也是系统构建政府经济活动和政府从业人员行为道德准则的意义所在。

第一节　政府经济职能的公共性与自利性的理论探源

关于这一矛盾，国内从经济伦理学的视角系统研究的成果还不多。但经济学、政治学、公共管理学关于政府经济职能、政府失灵（也即公共失灵）、政府的公共性等方面的思想资源还比较丰厚，从而为研究提供了重要的理论支持。

一、关于政府的公共性

（一）从历史的纬度分析

英语词汇"common"源于古希腊词汇"Koinon"，意为人与人之间在工作、交往中相互照顾和关心的一种状态。在古希腊社会里，公共是一种所有成年男子都可以参加的政治共同体，其主要职责是建立一些永久的标准和规则，目的是为了获取最大之善。因此，从起源上看，"公共"更多地意指社会层面的非个体性，在古希腊政治社会里与早期民主制度相关联。

政治学家对政府的公共性的论述，最早源于柏拉图的《理想国》中的城邦正义精神。柏拉图认为，城邦起源于人们为满足需要而产生的相互合作，城邦成立的目的是为了实现全体人民的利益和正义，而不是为了一个阶级的幸福。正义即"每个人都作为一个人干他自己分内的而不干涉别人分内的事"[1]。城邦政治的本质在于"公正"。柏拉图从道德的角度阐述了城邦作为实现公共的"善"的手段和具体内容，在他那里，维护正义体现了政府的公共性。亚里士多德继承柏拉图的思想，明确指出，人们组成城邦的目的是为了过一种美好的生活，城邦是裁决有利于公众的要务并听断私事的团体，"当一个政府的目的在于整个集体的好处时，它就是一个好政府；当它只顾及自身时，它就是一个坏政府。"善或正义的概念是城邦所能提供的具有公益性质的意识形态。[2] 古罗马之于政府公共性的理论贡献，很大程度上要归功于思想家西塞罗。西塞罗认为，国家乃人民之事业，但人民不是人们某种随意聚合的集合体，而是许多人基于法的一致和利益的共同而结合起来的集合体。根据这个定义，西塞罗进一步认为，国家乃是人民的共同财产，政府的权力运行须以代表公意的法律为标准。古

---

[1] 柏拉图：《理想国》，商务印书馆1996年版，第154页。
[2] 罗素：《西方哲学史》，何兆武等译，商务印书馆2001年版，第245页。

代先贤有关政府公共性的宝贵思想在很大程度上是古典共和主义的反映，由于古代社会建基于等级社会基础之上，所以古代政府的公共性实质上是建立在奴隶制基础上的贵族共和制，而有别于建立在民主基础上的现代共和制，但却为近代政治转型提供了重要的思想武器。

中世纪神权政治统摄一切，政府公共性问题一度归于沉寂，然其社会内部深刻的结构变迁和宗教思想的相互激荡，催生了伟大的启蒙运动和宗教改革，近代政治转型气势磅礴地拉开了帷幕。在这个过程中，"国家"的概念随之发生了深刻的转变，"从'维持他的国家'——其实这无非意味着支撑他个人的地位——的统治者的概念决定性地转变到了这样一种概念：单独存在着一种法定和法制的秩序，亦即国家的秩序，维持这种秩序乃是统治者的职责所在。这种转变的一个后果：国家的权力，而不是统治者的权力，开始被设想为政府的基础，从而使国家在独特的近代术语中得以概念化——国家被看作是它的疆域之内的法律和合法力量的唯一源泉，而且是它的公民效忠的唯一恰当目标。"① 随着"国家"意义的转换，政府公共性的逻辑论证也随之展开并最终确立。

现代政治哲学的奠基人马基雅维利秉持功利主义理念，斩断了政治与基督教道德的千年姻缘，确立了政治对道德的优先地位。霍布斯同样摒弃了道德和法律的视角，从人的本性和能力出发，提出了"自然权利"和"社会契约"两个极其重要的政治理念。霍布斯认为，处于自然状态中的人们彼此之间基本上是没有差异的，这种无差异性表现在每个人都希望得到"对自己有好处的东西"，这种欲望即可称之为自然权利。人性的自私与贪婪导致了一种无休无止的冲突，酿成了一场"一切人反对一切人"的战争状态，但是，如果说思想上的冲动会导致战争状态的话，理性又会使人们回归平静，谋求和平。每一个人都应该放弃他在自然状态中对一切事务享有的那种权利，这是自然法的一个准则。契约就是一个人转让自己权

---

① 昆廷·斯金纳：《近代政治思想的基础》上卷，奚瑞森等译，商务印书馆2002年版，第2页。

利的一种法律方式，人们为了大家的共同利益而在一切具体的个人之上建立起一个共同的权力，一个政治实体或一个市民社会也就建立起来了。虽然"自然权利"和"社会契约"诸理念潜藏着激进的色彩，但是，由于霍布斯认为国内冲突的和解终归须依赖权威的确立，故最终还是求诸绝对专制君主。

随后的政治学家洛克、卢梭、边沁、密尔等，多从政府代表一种公共的契约精神去说明政府的公共性。洛克深受立宪主义影响，他从自然状态出发，论证了人在自然状态的诸多不便，如有人不断地受到别人的侵犯而受到侵犯后又缺少公正的裁判，如此容易进入战争状态，于是就有了契约，把自己做自己裁判的权力交给公共机构即政府去完成，政府的首要任务就是保护财产。"政治权力就是为了规定和保护财产而制定法律的权利，判处死刑和一切较轻处分的权利，以及使用共同体的力量来执行这些法律和保卫国家不受外来侵害的权利；而这一切都只是为了公众福利。"[①] 但是，洛克强调，公民只是勉强转让了自然权力，而绝非割让自然权力，政府的最终权力仍然牢牢地掌握在公民手里。洛克深信权力集中的危害，提出了著名的权力分立学说，分国家权力为立法权、行政权和对外权，最高权力属于为社会制定法律的立法权，但是罢免和更换立法机关的最高权力永远属于人民。如果政府滥用权力，危及公共利益，公民有权利重新把权力授予他们认为最有利于公民利益的人。人民主权理论的牢固确立，是政府公共性逻辑论证的重要成果。卢梭在这个问题上也作出了贡献。他认为，主权始终属于全体人民，全体人民行使主权，表现为一种公意，也即是这个政治实体的意志。按卢梭的主张，国家法律应由人民直接规定，是共同意志的体现。在他看来，公意与众意有别。在体现众意的国家中，是投票者的数目决定着共同的意志；而在体现公意的国家中，则是共同的利益使人民结合在一起。但是，政府的权力须来源于表现全体人民共同意志即公意的法律，人民制定法律决定政体并赋予政府权力，政府是人民的仆

[①] 洛克：《政府论》，商务印书馆1996年版，第4页。

从机关,是人民行使主权的工具,须绝对听命于人民。卢梭认为,"一切合法的政府都是共和国"①。因为,事实上,唯有在这里才由公共利益统治着。在他看来,公正与不公正的标准就在于公意,好的公正的政府必定是最符合公意的政府。"公意"深刻揭示出政治生活须依赖于整个社会的意愿和参与,如果没有体现社会的公共利益,没有社会共同精神的支撑,政治行为就很难成功实施。至此,政府权力归属问题获得了一个较为明确的解答,政府公共性得到了进一步的论证。

哈贝马斯考察了另外一种公共性起源。在哈贝马斯的理论中,公共性或公共领域不是指行使公共权力的公共部门,而是指一种建立在社会公与私二元对立基础之上的独特概念,它诞生于成熟的资产阶级私人领域基础上,并具有独特批判功能。关于公共性的演变,哈贝马斯认为,自古希腊以来,社会有明确的公私划分,公代表国家,私代表家庭和市民社会。例如在古希腊、罗马,公私分明,所谓的公共领域是公众发表意见或进行交往的场所,那时虽有公共交往但不足以形成真正的公共领域。在中世纪,公私不分,公吞没私,不允许私的存在,公共性等同于"所有权"。直到近代(17至18世纪)以来,在私人领域之中诞生了公共领域,才有了真正意义上的公共性。②

国内也有学者从社会领域分化的角度分析公共性的产生。他们认为,公共领域与私人领域,国家与市民社会,政治生活与经济活动具有对应的相关性。整个近代社会发展史的客观进程,都在于使公共领域与私人领域日益分化,这样一来,整个社会就成了公共领域与私人领域的整合体。在社会分化为公共领域与私人领域的过程中,国家的职能也开始了分化的历程,出现了国家职能的多样化趋势,其中统治职能与管理职能是最为基本的两大职能。由于国家统治职能是在统治集团和被统治集团的关系中实现的,所以,虽然它表现出一定的现代公共性的内容,但本质上是与公共性

---

① 卢梭:《社会契约论》,何兆武译,商务印书馆1997年版,第51页。
② 哈贝马斯:《公共领域的结构转型》,曹卫东等译,学林出版社1999年版,第80页。

相悖的。而在管理职能中，公共性则是其最为根本的特性，甚至可以断言：归咎于管理职能的是一个纯粹的公共性的领域。因此，社会领域的分化引发国家职能的分解，从而导致公共性的彰显。

由此可见，政府的公共性是历代思想家已经给予较多关注且有丰富论证的一个话题，并且一直是人类政治文明为之追求的理想。然而，由于历史的更迭，制度的差异与变迁，不同时代的人们对政府的公共性问题的理解既有相同或相通的方面，也有不同甚至对立的方面。

（二）政府公共性若干观点概述

一种观点认为，公共性指的是"一种公有性而非私有性，一种共享性而非排他性，一种共同性而非差异性"[1]。

另一种观点认为，政府的公共性必须体现公平和正义。如果说，效率与利润是私人组织天经地义的追求目标的话，那么维护公平和正义则是政府义不容辞的职责。丧失公共性的政府也就失去了存在的合法性。具体而言，公共行政必须秉承民主、法治理念，以社会公仆的服务精神，致力于维护和实现社会的公共利益。其次，公共权力的运作过程对于公共性的实现是至关重要的环节，只有在这一过程中，公共权力与公民发生真实的频繁互动，公共精神只有在这一环节中才能贯彻和体现。公共性要求公共权力职责范围明确、运作过程公开透明、行政的结果以公民的认可为归依。再次，作为重要的保障机制，政府的公共性还必须体现在公民的参与监督上，一方面，公民以权力的最终拥有者的身份积极参与公共行政的过程中去；另一方面，作为私人的公民聚合起来形成批判性的公共领域，对公共权力实行强有力的监督，克服或最大限度地减少公共权力的异化以实现政府的公共性。

还有许多学者从不同角度对公共性进行描述。

1. 作为一种分析工具的"公共性"

"公共性"是用于描述现代政府活动基本性质和行为归宿的一个重要

---

[1] 王保树、邱本：《经济法与社会公共性论纲》，《西北政法学院学报》2000年第3期。

分析工具。在一般情况下，是指政府作为人民权力的授予者和委托权力的执行者，应按照社会的共同利益和人民的意志，从保证公民利益的基本点出发，制定与执行公共政策。具体表现为：从基本理念上讲，"公共性"指政府组织应着眼于社会发展长期、根本的利益和公民普遍、共同的利益来开展其基本活动。由此，衡量政府活动是否达到公共性的基本标准是公共政策及其执行是否坚持和维护了公民的基本权利，是否在舆论中充分体现和表达了公民的意志，政策与执行的出发点是否超越了政府的自利倾向，而考虑更为普遍的社群利益和社会长远利益等。在道德层面上，"公共性"应是每一个政府公职人员的职业态度、观念和信仰。它要求公职人员以此信念竭诚为民服务，明确政府组织与公职人员的行为必须在道德上、伦理上满足公共性的基本要求，并在政策制定与执行过程中，防止部门和个人偏私的利益驱动。在政治过程层面上，"公共性"意味着在涉及公共物品提供等集体行动上，存在着有效的决策参与通道和决策选择机制。在这里，"公共性"的获取及其保证，具体化为政府政策利益导向的选择过程，它包含政府的政策制定与执行是否具有开放性，以使公民能够充分了解有关政策的信息，并能够与政策制定者进行磋商；公民的利益能否通过民主的程序得到表达与整合；公民依靠怎样一组规则来决定政治决策的选择，决定政府公共物品或服务的提供等。在政府的财政活动中，评价"公共性"价值是否满足的核心要素，应是政府提供各种类型的公共物品行为和与此相关的政府收支行为的基本取向和政策目标，以及相关的财政制度和规则的安排。[①]

2. 作为一种公共精神的"公共性"

公共行政的"公共性"内涵可以归结为公共精神。现代公共行政的公共精神应包括四个方面：民主的精神，即人民的意愿是政府合法性的唯一来源；法的精神，它意味着政府的一切活动应受到预先确定并加以宣布的规则制约；公正的精神，即承认社会公民应具有平等的权利并不受公共权

[①] 孙柏瑛：《公共性：政府财政活动的价值基础》，《中国行政管理》2001年第1期。

力所侵害；公共服务的精神，即政府的公共服务应尽可能公平分配，政府的施政过程应平等、公正和透明。

3. 作为一种最新理念的"公共性"

把"公共性"看成是公共管理的最新理念：它揭示了管理目的的公益性，强调了为公众服务的出发点；它明确了管理的范围是那些公共事务，揭示了管理所依据的权力为公民所授予，因而其行使必须接受公民的监督，以公民认定的是非为是非，不能违背公民的意志；它体现着行政过程中的责任，要求行政行为必须对其后果无条件承担责任；它强调了行政过程中必须有公民参与，强调注意听取公民的意见，这就要求行政过程中的公开性与透明性；它强调公共行政的结果必须取得公民的认可，这就要求有向公民报告的制度，工作一定周期后，政府应按程序向公民报告，以接受公民审查并予以通过。①

4. 作为一种价值基础的"公共性"

由于行政体系的价值基础是其公共性，因而政府的制度安排所要重建的价值观念就在于明确公共行政的公共性。也就是说，政府把自我表达存在的公共性作为至高无上的原则，政府的组织机构、行为方式、运行机制、政策规范等，都无条件地体现出其公共性。政府组织是掌握公共权力的实体，但这个实体却没有自己的独立的利益要求和政治愿望，也不是任何一个社会集体的利益要求和政治愿望的代表，它所体现出来的是整个社会的公共利益和政治要求。政府价值公共性最直接的表现是政府的规范体系和行政行为系统的公正性，而且这种公正性是一种制度公正，是包含在行政行为机制之中的，由法律法规和公共政策体系提供的，是一种制度安排。②

5. 作为一种公平与正义的"公共性"

针对传统公共行政过分追求理性与效率的倾向，新公共行政主张：

---

① 刘熙瑞：《理念·职能·方式——我国地方行政机构改革面临的三个转变》，《人民论坛》2000年第7期。

② 张康之：《行政改革中的制度安排》，《公共行政》2000年第4期。

①社会公平。强调所有公民平等的政治和社会机会。它同样代表着对所有公民而不是对公共机构负责，以及对公共部门决策和实施项目负责。②代表性。尽管大众并没有影响代表决策的直接权力，但相信代表性肯定是新公共行政的重要组成部分。这不是唯一的激励因素，需要考虑其他价值观的积极参与。③响应性。主张政府需要更多地响应公众的需求。④参与。新公共行政提供在公共事务中广泛程度的公民与公务员参与。⑤社会责任感。公共管理者被视作以公众的利益而不是他们的自我利益去创造高效率同时又是平等的服务。①

6. 作为一种理性与法的"公共性"

这里指哈贝马斯重点探讨的资产阶级公共性的本质。他认为，公共性应当贯彻一种建立在理性基础上的立法，从而"公共性成为国家机构本身的组织原则"。他进一步提出，在资产阶级哲学那里（霍布斯、卢梭、洛克和康德），公共性等同于理性，甚至是良知，依靠公共舆论表达出来。而在法哲学那里，公共性需要法律和道德元素支撑，所以"康德所说的公共性是唯一能够保障政治与道德同一性的原则"。"在康德看来，'公共性'既是法律秩序原则，又是启蒙方法"②。由此我们不难看出，哈贝马斯指出了公共性作为市民社会独立领域的批判力量和促进资产阶级统治合法化的精神。

综合起来，有关"公共性"内涵的观点主要集中在以下方面：首先，在伦理价值层面上，"公共性"必须体现公共部门活动的公平与正义。其次，在公共权力的运用上，"公共性"要体现人民主权和政府行为的合法性。第三，在公共部门运作过程中，"公共性"体现为公开与参与。第四，在利益取向上，"公共性"表明公共利益是公共部门一切活动的最终目的，必须克服私人或部门利益的缺陷。第五，在理念表达上，"公共性"是一种理性与道德。总之，倾向于把"公共性"作为公共部门管理活动的最终

---

① 张梦中等：《寻求社会公平与民主价值》，《公共行政》2001年第3期。
② 哈贝马斯：《公共领域的结构转型》，曹卫东等译，学林出版社1999年版，第128页。

价值观，在此之下，才有公正、公平、公开、平等、自由、民主、正义和责任等一系列价值体系。

由此可见，政府公共性问题只有放到政府—公民关系结构之中去考察才能获得比较全面的阐释。从这一视角出发，政府的公共性主要体现在公共行政的伦理价值、公共权力的运作过程、公民的参与和监督三个层面。

现在，论及公共性在近代的演变时，国内外学者都倾向于用"公共性丧失"一词。一种观点认为，在近代功利哲学和市场经济的趋利倾向共同催生下，古希腊公共性的含义进一步丧失，现时情况是，通过集体的方式寻求更大的善已被个人的计算、功利以及成本和利益所替代。政府的目的在实践中已是私有的福利。这里没有公共的原初含义，有的只是原子个人的集合体；这里没有公共利益，有的只是许多私人利益的聚合体。虽然美国公共行政对于如何实现公共性有过几种理论，如有以公民权形式表现的、有以利益集团形式表现出来的、有以理性选择人形式表现出的公共等，其视角也呈现多元化态势。但这些理论都不能真正代表公共。真正的公共理论架构应是以宪法为基础，公共概念必须建立在公民权、仁慈和爱之上，此外还需要听证系统和程序的保持和发展及对集体公共群体和弱势群体的关怀等。

哈贝马斯也认为，随着资产阶级社会的发展变化，出现了公共领域的结构转型，由此导致公共性丧失。两种相关的辩证趋势表明公共性已经瓦解：它越来越深入社会领域，同时也失去了其政治功能，也就是说，失去了让公开事实接受具有批判意识的公众监督的政治功能。在这里，哈贝马斯把公共性的丧失归于公共领域与私人领域的相互渗透。在国内外理论界颇具影响的公共选择学派，因把"理性经济人"假设运用于政治行为的分析，从而对政府公共性理论提出新挑战。

事实是，从国内外的公共管理来看，政府公共性的缺失一直是困扰人类的政治痼疾。世界银行1997年发展报告《变革世界中的政府》明确指出："在几乎所有的社会中，有钱有势者的需要和偏好在官方的目标和优先考虑中得到充分体现。但对于那些为使权力中心听到其呼声而奋斗的穷人和处于社会边缘的人们而言，这种情况却十分罕见。因此，这类人和其他影响力弱小的集团并没有从公共政策和服务中受益，即便那些最应当从中受益的人也是如此。""政府即便怀有世间最美好的愿望，但如果它对于大量的群体需要一无所知，也就不会有效地满足这些需要。"[①] 可见，即使在政治文明进步最快的近现代社会，政府公共性的缺失仍然是没有得到很好解决的问题。

政府公共性的缺失主要表现为两个方面：第一，政府受社会强势群体的支配并主要代表强势群体的利益，从而使弱势群体的利益得不到保障。第二，政府自利性对社会公共利益的侵犯，公共权力非公共运用，导致公共资源成为政府及其公职人员的私有资源。这也印证了随着时代发展当代的"公共"概念已发生很大改变，公共成为政府和政治的同义词的观点。

概言之，所谓政府的公共性，即政府产生、存在的目的是为了公共利益、公共目标、公共服务以及创造具有公益精神的意识形态等。为此，政府必须保护国家安全，提供法律手段以惩治违规者，提供社会福利以及保护国民财产等等。当然，这是一般意义上的政府公共性特征。这些说明，任何时代、代表任何阶级的政府，都在不同的背景下体现出具有各自内容的公共性。社会主义的国家政府更有着自己特殊的利益背景和内容要求。

二、关于政府的自利性

（一）从历史的维度分析

卢梭提出政府代表三种意志。他认为，在行政官员个人身上，我们可以区分三种本质上不同的意志：首先是个人固有的意志，它只倾向于个人的特殊利益；其次是全体行政官的意志，这一团体的意志就其对政府的关系而言则是公共的，就其对国家——政府构成国家的一部分的关系而言则是个别的；第三是人民的意志或主权者的意志，这一意志无论对被看作是全体的国家而言，还是对被看作是全体的一部分的政府而言，都是公意，

[①] 世界银行发展报告：《变革世界中的政府》，中国财政经济出版社1997年版，第110页。

第三章 政府经济职能行使中的特殊道德矛盾　　73

"按照自然的次序，则这些不同的意志越是能集中，就变得越活跃，于是公意总是最弱的，团体的意志占第二位，而个别意志则占一切之中的第一位。因此政府中的每个成员都首先是他自己本人，然后才是行政官，再然后才是公民；而这种级差是与社会秩序所要求的级差直接相反的"。① 这段话说明，在卢梭看来，政府的自利性来自三个方面：一是来自于政府中官员及从业人员对个人利益的追求导致的公共利益与个人利益、公共目标与个人目标的价值冲突；二是来自于团体或部门的意志；三是来自于某一阶级的意志。自利性体现在上述三个方面，在其强度上，个人的自利性大于团体的自利性，团体的自利性大于阶级的自利性。马克思分析概括政府的自利性是从国家是代表阶级的意志的角度来分析的，他说："国家是文明社会的概括，它在一切典型时期毫无例外地都是统治阶级的国家，并且在一切场合在本质上都是镇压被压迫被剥削阶级的机器。"② "现代国家，不管它的形式如何，本质上都是资本主义的机器，资本家的国家，理想的总资本家。"③ 王亚南在分析旧中国官僚政府时指出："一句话，中国的官僚阶层，或者换一个表现方式，中国的士大夫阶层，不代表贵族利益，也不可能代表资产阶级的利益，而是陶希圣霁对了的那一句话：'自有特殊利益'。因为他们自己就是支配者阶级，自己就是一直同所谓'自由'农民处在对立者的地位。"④ 韦伯在描述现代官僚制时指出了六个特征：第一，固定的、正式的权限范围，这一范围一般是由法来加以规定；第二，权威由组织的层级结构和各种等级授予，有一种固定而有秩序的上下级制度；第三，管理有章可循；第四，管理人员专业化；第五，官员有较强的工作能力；第六，公务的管理遵循一般规律。这六大特征是现代政府区别于传统政府从而实现政府精确、速度、高效、权威、连续性的目的。但从事实层面看，现代政府恰恰是在部门行政过程中产生了区别于社会公共利益和

---

① 《社会契约论》，商务印书馆1996年版，第83页。
② 《马克思恩格斯选集》第四卷，人民出版社1995年版，第176页。
③ 《马克思恩格斯选集》第三卷，人民出版社1995年版，第629页。
④ 王亚南：《中国官僚政治研究》，中国社会科学出版社1993年版，第60页。

公共意志的部门利益与部门意志。

（二）关于政府自利性的观点

所谓政府的自利性，指政府并非总是为着公共目的而存在，它也要追求自身利益的最大化。利益总是隶属于一定的主体，不同的主体具有不同的利益。"政府本身有其自身的利益，政府各部门也各有其利益，而且中央政府与地方政府也有很大的区别。政府行为和国家公务员的行为与其自身利益有密切关系。"[①] 这就是说，政府作为社会组织同样追求自身的良性发展，政府作为一个整体，是其成员的共同利益代表。另外，作为地方政府为"造福一方"，追求地方利益的最大化，也会导致政府组织自利的发生。同样的道理政府职能部门乃至公务员个人为了追求部门利益的最大化，也会追求部门或个人的自利。在这一理解下，主要形成了下述五个方面的观点：

1. 政府是自利的

学者们指出，政府自利性表现出三种形式：其一是地方各级政府自利。地方各级政府在中央政府的领导下，实施本地行政管理职能。中央政府更多地考虑全国的利益、全社会的整体利益。而作为地方公共事务管理的地方政府则更多地考虑地方利益。地方各级政府的自利有多种表现形式：一是东西部地区政府利益之争；二是上下级政府的利益之争；三是地方政府为了实现政府目标而为本地企业争利；四是地方政府为了吸收外来投资而无原则地让利；五是地方政府为实现本地的经济社会管理职能而与中央争利。其二是政府职能部门自利。长期以来我国的政府管理体制采用的是条块分割，作为"条条"的政府职能部门与作为"块块"的地方政府之间常常出现摩擦。政府职能部门作为一个利益共同体，是其成员的共同利益的代表者，因而为了部门的利益而与国家或是地方争利益的现象并不少见。具体表现在：政府职能部门执法产业化。政府职能部门与地方政府争利。其三是政府组织成员的自利。政府组织成员的自利主要通过组织的

---

① 齐明山：《转变观念　界定关系——关于中国政府机构改革的几点思考》，《新视野》1999年第1期。

自利得到满足，公务员既是行政权力的行使者，又是普通公民，具有为自己谋取利益的优越条件。一些成员利用行政权力牟私利，干违法乱纪的事，那不仅是自利的扩张和膨胀，更是对社会的犯罪。

在对同一问题的论述中，也有学者用另一类词汇表达了相同的思想，认为政府官员的利益、政府部门的利益、政府组织整体的利益都是这种自利性的具体表现，其依据是政府是市场经济中的利益主体之一。他们认为，自利性与阶级性、社会性并存，政府的阶级性总是属于主导、核心的地位，社会性则是政府属性外在的主要表现，是为阶级性服务的，自利性通常只能在事实领域处于隐蔽状态，属于次要地位。

2. 政府自利性是合理的，有正负双重效应

因为普遍承认政府自利性的存在，所以在进一步的论述中，这些学者进一步分析了自利性的"有利影响"和"负面影响"。"有利影响"表现在"利益共容、内在驱动"，"负面影响"表现在"机构扩张、利益独立、行为示范"等方面。

3. 维持政府自利性必须有一定的"度"，适当的控制是必需的

政府的自利与他利行为都可以外化成政府的一种能力，自利行为主导下的政府能力表现出一种贪婪的占有状态，无论官员、公务人员、政府机构在占有欲的支配下侵占、控制、鲸吞公共财物的能力都呈现强势，并且通过诸如寻租等多种途径来实现目标。并且认为，自利行为不会自动消失，必须通过外在的强制性来克服，这种外在的力量来自于制度的重新安排和法制权威的树立。同时，通过界定合理的政府自利和控制不合理的政府自利，以此来实现控制和治理的目的。

4. 自利性是政府部门自我扩张行为的根源

政府本身不应有自己的私利，但操纵并组成政府的人却有着自身的利益，而且他们会借助政府的强制力来实现自身的利益，这时，政府权力就完全表现为同人民大众的"分离"，由此导致政府部门自我扩张行为。

5. 自利性不应是社会主义制度下政府的属性

"当前国内理论界存在一种倾向，即不加批判地将西方公共选择理论

拿过来，将西方经济学有关'经济人'的假设运用于政府人行为分析。""这种分析在理论上是不科学、不正确的，以此指导实践必然是有害的。它尤其不适用于社会主义制度下的政府行为分析，社会主义制度下的政府人应是公共人。"[①] 因此，不应将"经济人"假设作为一个不变的思维视角来评析和说明当前的中国政府行为。

运用"经济人假设"分析政府行为，即认为政府是追求利益最大化的理性经济人一说，来源于西方公共选择学派的理论。当前国内论证政府自利性的多数学者，主要的理论依据也是出自这里。我们知道，西方古典政治学家曾以朴素的心态从政府诞生的本质出发普遍认为政府源于人民的公意达成和公意授权，人们通过一定的契约关系建立公共组织管理社会，并认为政府是以保护私有财产为目的的。[②] 由此，政府是社会性的，没有自己的利益。但现代经济学家从"经济人"概念出发，否定了这种说法，他们把政府当作追求经济利益的个体看待，认为政府最大化地追求自己的利益也是政府的基本属性。公共选择学派的奠基者布坎南（James M. Buchanan）指出，在公共决策或者集体决策中，实际上并不存在根据公共利益进行选择的过程，而只存在各种特殊利益之间的"缔约"过程。[③] 同时认为在经济市场和政治市场上活动的是同一个人，没有理由认为同一个人会根据两种完全不同的行为动机进行活动；同一个人在两种场合受不同的动机支配并追求不同的目标，是不可理解的，在逻辑上是自相矛盾的。正是由于这种人性假说截然对立的"善恶二元论"，把政府官员也推向了自利性的一面。其中包含这样一个逻辑关系：同一个官员公共领域与私人领域的行为是一致的，官员是经济人并且是自利的，政府行为即政府官员行为，所以政府是自利的。

由上可见，对政府公共性存在及其内涵的认识，没有太大的争论和歧

---

① 刘瑞、吴振兴：《政府人是公共人而非经济人》，《中国人民大学学报》2001年第2期。
② 洛克：《政府论》，商务印书馆1996年版，第98页。
③ J. Bchanan, "A Contract ran Paradigm for Applying Economics", *American Economics Review*, 1975, No. 5.

义，只是因学科视角不同，时代不同，代表的阶级不同，在对公共性的内容理解上，稍有差别。而对政府自利性的理解，观点明显不同。但上述思想资料，为我们从伦理学科的视角来探索何为政府的自利性，以及经济行为的应当与不应当，提供了诸多方面的启发。

三、马克思主义创始人关于政府职能的公共性与自利性的思想

马克思主义创始人主要是从阶级分析的角度，认为政府的阶级性是国家或政府的本质特性，同时承认政府在全社会范围内有其公共性，主要表现在政府对经济与社会的管理方面。其主要观点：第一，国家是社会利益和阶级矛盾不可调和的产物。第二，公共权力与全体人民利益的分离。国家是一个历史范畴。社会的发展产生了它所不能缺少的某些共同职能，被指定执行这种职能的人就形成社会内部分工的一个新部门，这样，他们就获得了也和授权给他们的人相对立的特殊利益以及公共权力，随着社会分裂为自由民和奴隶、进行剥削的富人和被剥削的穷人，它已经不再与自己组织为武装力量的居民的利益直接符合了，而有着自己特殊的利益。第三，国家是阶级统治的工具。这是历史上阶级社会国家的主要职能。恩格斯讲："古希腊罗马时代的国家首先是奴隶主用来镇压奴隶的国家，封建国家是贵族用来镇压农奴和依附农的机关，现代的代议制的国家是资本剥削雇佣劳动的工具。"[①] 第四，"国家是属于统治阶级的各个个人借以实现其共同利益的形式"。黄亮宜先生在《国家全景观——中国现代化进程中的国家问题》一书中提出，这是从阶级个体与阶级整体之间的关系上对国家一般本质的概括，任何国家概莫能外。他论述到，在私有制社会中，剥削阶级的国家，乃是剥削阶级的各个个人为了实现其共同利益，必须借助的一种形式。从这一点出发，剥削阶级又必然是压迫被剥削阶级的机关。即使在现阶段的社会主义社会，作为阶级的剥削阶级已经被消灭，但阶级依然存在，国家就是组织成为统治阶级的工人阶级和其他劳动阶级，以及

---

① 《马克思恩格斯选集》第四卷，人民出版社1995年版，第172页。

社会主义事业的建设者和各类爱国者。上升为统治阶级的劳动阶级，仍然要把国家作为实现其共同利益的形式，利用国家来调节内部诸多利益关系，逐步达到共同富裕，并通过国家保护其共同利益免遭来自外部的侵犯。到了社会主义时期，统治阶级的人员组成有了根本性的变化，但国家被用来实现统治阶级的共同利益这一点，并没有发生变化。在揭示国家一般本质的基础上，他进一步概括了国家的属性。他认为国家的属性是：阶级性与社会性；独立性与统一性；集中性与辐射性；行政占有性与等价补偿性；自觉性与自发性；实物形态与势形态（二象性），从而全方位、多角度地勾画出"国家属性多元动态结构图"。① 这对我们认识当代中国的政府，以及上述特殊矛盾有极其深刻的启迪价值。列宁曾说过，国家问题是一个最复杂、最难弄清的问题。我国现阶段的社会主义国家，又是马列主义创始人所没有预见到的一种性质复杂的国家，我们尝试提出政府（国家）经济职能的特殊道德矛盾，期望从一个侧面将这一话题继续引向深入。

第二节 伦理学语境下的政府经济职能的公共性与自利性

应该说，关于政府公共性与自利性的相关思想，十分丰富，是我们从伦理学的角度研究政府经济职能的公共性与自利性可资借鉴的宝贵理论资源。但同时，也给我们留下了许多值得继续探索的领域和问题。

伦理学语境下的政府经济职能的公共性与自利性的内涵，概括地说，公共性究其实质就是政府经济职能的发挥，所遵循的价值原则充分反映社会整体利益的公平与正义；所运用的程序与手段的公共性，包括民主、公开、透明、公正、责任等，由此成为支撑经济发展和社会进步的有力手

---

① 黄亮宜：《国家全景观——现代化进程中的国家问题》，中共中央党校出版社 2004 年版，第 26—28 页。

段。因此，政府经济职能的公共性问题，只有放到政府—社会利益—公民利益的关系结构之中去考察，方能获得比较全面的阐释。自利性则是指政府从业人员个体生存与发展的必要条件，是人之为人普遍存在的欲望、需要和动机。

我们以为，伦理学语境下的政府经济职能的公共性与自利性，需要明确界定和阐述三个问题：一是政府从业人员的自利性不等于自私、利己，更不等于政府的组织属性；二是政府经济职能的公共性与其从业人员自利性特殊矛盾的现实展现；三是如何正确认识和把握社会主义制度下的政府经济职能的公共性与自利性问题。

一、政府从业人员的自利性不等于自私、利己

这是概念的区别，但却关系到对重要问题的认识。伦理学对自利与自私两个概念是有严格区分的。政府从业人员的自利性或自利意识源于个体生存与自保的基本需求，是人之为人普遍存在的欲望、需要和原始动机，如同马克思所说的"吃、喝、住、穿"等原始功利动机，也指我们今天所说的经济利益、政治利益与文化需求等，它有两种发展趋向：一是表现为个体的正当利益；一是发展为自私、利己。前者既被社会利益所规定，也是社会整体利益的最终体现和落实，在伦理上，通常称为个人正当利益，这是道德评价所肯定的一个范畴。自私则是指一些个体，仅仅着眼于个人的欲望和需要的满足，甚至于无限制的满足，不顾现实条件，任其泛滥，其行为就有可能走向损害他人利益和社会整体利益，甚至触犯法律这一底线。特别是在权力制约有缺陷的条件下，不断膨胀的个人需要，有可能将公权变为私权，成为谋一己私利的工具。自私表现为以自我为中心，损人利己、损公肥私、唯利是图的思想和行为，是不道德的，也是社会主义道德所强烈谴责的。显然，自利与自私不同。关于个人欲望、需要及利益的话题，我们应该坚持辩证唯物主义的观点。承认并肯定客观存在的个体基本需求的合理性，个体存在原始功利动机的合理性。身处履行经济管理的职责岗位上的政府官员，他们同样有自利的需要，他们应该是公共人，同

时还是自利人,是公共人与自利人的有机统一体。不能只强调其中的一个方面,而忽视另一方面。但基于其地位与职能,他们应该也必须成为公共人,成为承担其公共人的职责和使命、具有公共道德精神的执业者。公共选择学派对政府活动领域"经济人"的设定,以及提出的解决问题的方案,有启迪意义,有一定合理因素,但不是一条普遍适用的真理,也不完全符合中国的国情。我国计划经济时代形成的集体利益与个人利益关系的学说,淡化甚至不敢讲个体利益,不敢承认个人利益存在的正当性与合理性,也是缺乏科学依据的。社会利益与个体利益的关系是辩证的,是你中有我,我中有你,不是有你无我,有我无你的对立关系。马克思就曾经提醒人们,"首先应当避免重新把'社会'当作抽象的东西同个人对立起来。"① 当普列汉诺夫还是马克思主义者的时候也曾经强调指出,个人利益从来不是一个道德的诫命,而是一个科学的事实。个人利益有正当与不当之分。正当的个人利益是指人们在生活和工作中,通过诚实劳动或合法经营的途径和方式,所谋取的用以满足个人正常生活和有效工作的物质和精神需要的应得的利益。政府从业人员,不管地位有多高,承认各有自己的个人利益,并且应该通过制度设计,激励他们为公共利益谋更大福利。

政府的自利性,是指作为政府组织中的个体属性,不能理解为政府组织的属性。不同意上述的政治学、公共行政管理学、哲学等学科中的一些观点,认为政府的自利性除了表现在政府部门的、政府官员个人的,还有政府组织整体的自利性。之所以不同意,一是这些论点,看到了现象,但并没有抓住问题的本质;二是看到了普遍,忘却了特殊,没有从两者的辩证关系上阐述问题;三是离开社会主义国家或政府的本质,试图从一般的意义上解释具体问题,其局限性不言而喻。

二、政府经济职能的公共性与其从业人员自利性特殊矛盾的具体展现

如上所述的一种观点认为,政府公共性缺失问题主要表现为两个方

---

① 《马克思恩格斯全集》第 3 卷,人民出版社 2002 年版,第 302 页。

面：第一，政府受社会强势群体的支配并主要代表强势群体的利益，从而使弱势群体的利益得不到保障。第二，政府自利性对社会公共利益的侵犯，公共权力非公共运用，最终导致公共资源成为政府及其公职人员的私有资源。因此，政府的自利性是政府公共性缺失的根本原因。

另有一种观点则认为，政府的公利性是其属性的本质方面，自利性（追求利益最大化）是从属方面。现代政府的公利性是第一位的、决定性的。相比之下，政府的自利性，也就是非本质的了，是公利性的派生物。政府代表人民的利益，政府组织成员本身也是人民的一部分，政府的自利性是公利性的一个组成部分，具有从属性。一旦政府的自利与社会的公利相冲突时，政府的自利必须服从全社会的公利，不能将政府的自利置于公利之上。[①] 对于这种观点提出的如何解决公利与私利的冲突，是正确的，但认为自利性是公利性的一个组成部分以及对自利性的不同认识，这些观点都需要进一步探讨。

上述两种观点在对政府公共性缺失的原因分析方面是一致的，即都是由于政府的自利性所致，这一认识揭示了自利性对政府公共性的作用与影响。在现实中，政府经济职能的实施，或者是政府公共性的缺失，受制于政府经济职能的公共性与自利性这一特殊道德矛盾的运行与现实展现，在经济生活中集中表现为以政府为主体的三类关系的处理：主观意志与客观规律的关系，自利与公利的关系，他律与自律的关系的处理。

（一）主观意志与客观规律的关系

相对于市场配置资源的功能，政府的经济职能属于主观性的调节，确切地说，是客观见之于主观的功能，它表现一定主观意志的调节。形式上主观能动性比较突出，实际上则应当是客观经济规律的体现和要求。因此，政府经济职能的行使中必然存在主观意志与客观规律的矛盾，即如何使这种主观能动性符合客观经济规律要求的问题。符合者则成效明显，能

[①] 金太军、张劲松：《政府的公利性与政府的自利性》，中国农村研究网，2003年6月24日。

够促进经济的发展；违反者则事倍功半，增加矛盾，造成经济生活紊乱，乃至酿成严重后果。这两类情况，在世界各国都屡见不鲜。各国之间的经济发展之所以快慢不一，跨越式、平进式、缓慢式并存，原因固然很多，而其中政府经济职能的优劣是一个重要原因。恩格斯早就有精辟论断："政治权力在对社会独立起来并且从公仆变为主人后，可以朝两个方向起作用。或者按照合乎规律的经济发展的精神和方向去起作用，在这种情况下，它和经济发展之间没有任何冲突，经济发展加快速度。或者违反经济发展而起作用，在这种情况下，除去少数例外，它照例总是在经济发展的压力下陷于崩溃。"① 他思考历史上的各种类型的政府，总结说："一切政府，甚至最专制的政府，归根到底都不过是本国状况的经济必然性的执行者。它们可以通过各种方式——好的、坏的或不好的不坏的——来执行这一任务；它们可以加速或延缓经济发展及其政治和法律的结果，可是最终它们还是要遵循这种发展。"②

　　为使政府更全面更深刻地认识和把握客观经济规律，正确地行使经济职能，包括科学的决策、正确的法规、合理的税制、得力的措施、有效的服务等等，都需要能够反映客观经济规律的精神来引导，把它作为政府经济行为的灵魂，这就要求不断提高政府的经济理性。从辩证唯物主义认识论视角而言，要使政府经济职能的发挥有正确理念的指导，就必须了解和掌握现代市场经济运行的一般规律和本国经济发展的特殊规律，全面研究世界经济特别是本国乃至本地区经济的时空、定位、基本特点、矛盾，敏锐地洞察新时代经济发展的新趋势，正确确定自己的经济改革和发展的取向，选择自身中长期和近期的经济增长路径。人们统称市场经济的理念，实际上它又是独具个性的意识，既不能以就事论事的狭隘经验作依据，也不是教条式地照办外国、外地的现成模式，而是普遍性与具体情况相结合。尤其是社会主义市场经济条件下的政府经济职能，更富有自身的特

---

① 《马克思恩格斯选集》第三卷，人民出版社1995年版，第526页。
② 《马克思恩格斯选集》第四卷，人民出版社1995年版，第715页。

色。所以，不断提升政府解决经济管理活动中的主观意志与客观规律矛盾的能力，主要是一个认识论问题，不是价值观问题，不是由利益直接引发的问题。这就需要大力倡导学习型创新型的政府理念，不断学习、勇于创造，也允许在实践探索中出现暂时失误或挫折。如某些公共经济决策方面的失误，要分析原因，属于认识方面的问题，如因市场变幻莫测和经济环境剧烈变动所导致的，还是利益方面的问题。总之，不能一味地把经济方面的制度缺陷、决策失误统统归之于"追求利益最大化"的政府自利性这一道德缺失。如果说社会主义市场经济是一个学习型的经济制度，那么政府经济职能的公共性的良好彰显，更应当树立学习型政府的理念。这里的政府主观意志与经济客观规律的关系，实质上是政府公共理性的提升问题。

国内的一些学者提出了政府失败的几种类型：①公共政策失效；②公共物品供给的低效率；③内部性与政府扩张；④寻租及腐败。从这几种类型分析，"政府失败论"除了自利性失当外，还存在认知方面的原因。

（二）自利与公利的关系

自利是个体的欲望与需要，有约制在正当的个人利益范围的可能，也有发展到自私、损公的另一边界的可能，也即像一些学者所认为的政府从业人员是追求利益最大化的经济人。这就同政府经济职能所代表的社会公共利益（以下简称公利），形成尖锐的道德价值冲突。与社会上存在的自私、利己不同的是，政府从业人员手中握有一定的权力，如何处理自利与公利的关系，势必关系到一个地方人民的福祉乃至国家的整体利益。

政府的经济职能是从经济社会的全局出发，并代表社会公共利益的。斯蒂格利茨讲到政府与其他经济活动中的组织不同，"在这些不同之处中，政府有两大显著特性：第一，政府是一对全体社会成员具有普遍性的组织；第二，政府拥有其他经济组织所不具备的强制力。"[1] 强调了政府经济

---

[1] 斯蒂格利茨：《政府为什么干预经济——政府在市场经济中的角色》，中国物资出版社1998年版，第45页。

行为的所具有的普遍性、社会性、强制性特征。比如，政府通过公共财政，提供公共产品和服务，配置一部分社会资源，满足公共需求（简称提供公共产品的职能）。这一职能是基于市场无法配置的社会资源，需要政府的介入，弥补市场缺陷，即市场失灵的领域。在市场经济条件下，公共财政需要担负三个方面的职能，即资源配置职能、收入分配职能和稳定经济职能，重在解决市场资源配置所不能解决的科学、教育、卫生、文化等社会事业发展以及基础设施等公共物品或服务提供财力保证，通过税收和转移支付等手段，调节地区与地区之间、社会成员之间的收入分配格局，缩小贫富差距，实现社会公正。这就是政府经济职能的公利性特征的具体展现。当今，我国在进一步建立和完善市场经济体制的历史背景下，政府的公利性还特别表现在立足于社会全局和长远发展的战略考虑，如强调科学发展，强调生态文明建设，强调体制机制创新驱动，强调法治社会和道德治理等。其实质在于，把经济发展与环境保护结合起来，把经济增长效率与社会公平及其社会成员的心理承受力结合起来，把眼前利益与长远利益结合起来，统筹政府与经济、经济与生态、经济与社会、国内与国外等多种关系，从而在根本上维护好、发展好全体社会成员的利益。

政府经济职能的公利性还表现在正确处理中央与地方，政府的各个部门、各个层次之间的权责利关系。各自为政，地方主义，是现实经济运行中存在的突出问题。从部门来说，由于分工不同，必然有某一方面、某一领域的特殊任务和职责，比如主管农村部门的从农村事业的发展考虑，主管环保部门的主要从企业减排、保护环境和人民身体健康来决策等，各职能部门、各地方也主要基于职责来管理。但是，许多事情看来在本部门本地区有可行性，而从全局考虑则存在矛盾，或者因缺乏配套条件暂不可行，那就必须服从全局的部署和中央政府工作的重点，这样才能保证经济社会整体的协调运转。因此，正确处理局部与全局的矛盾，地方政府则应树立服务于社会整体的观念，在中央政府宏观调控指导下对本地区的经济运行进行中观调控，促进本地区的经济发展。不仅如此，政府各部门还要力避部门权力利益化的问题，杜绝政府从业人员过分地追求其自身利益以至损害社会公共利益的问题，解决好自利与公利这一政府经济职能行使中的一对价值关系。关于自利的问题，其中不只指政府从业人员的个人物质利益。一般而言，个人行为是受自己的物质利益支配的，并且通常的物质利益是指个人收入或财产的增加。这是对个人利益的狭义理解。广义上的个人利益包括物质利益和非物质利益或精神利益两大部分，个人心理上的愉悦、事业上的成功、道德上的满足、文化上的享受等，都属于非物质利益。在人们基本物质利益满足之后，个人的非物质利益因素将在更大程度上影响着人的行为，而且，根据动力并非全部来自个人的利益（包括个人物质利益和个人非物质利益）的假设，个人行为还要受到利益以外的因素影响，如对社会秩序的关心，对公共利益、公共目标的关心等，尤其是对于政府从业人员来讲，履行自己职责的动力除了满足正当的个人利益外，更多的是要考虑公职的要求。因此，处理好自利与公利的关系，必须依靠"为民"的"公仆"意识，始终将自己的利益保持在合理的边界内，不以权谋私，不以一己之私利损社会之公利。

公利与自利体现在价值目标上，就是个体价值目标与公共价值目标的关系。众所周知，政府从业人员的价值目标与政府公共组织的宗旨的有效配合、协调一致，才能产生强大的对社会经济的调控力量。如日本学者松义郎在《人际关系方程式》一书中认为当个体的方向与群体的方向一致，个体的才能才会得到充分的发挥，群体才能有最优的整体功能。从这一理论出发，有效政府就必须追求个体目标与公共组织目标的合理性与一致性，政府的公共性作为公共组织价值目标的体现，对政府从业人员的个体价值目标具有引导与规范功能，个体价值目标的形成应更多地包含社会公共利益的诉求，最终达致价值目标的协调。因此，公共价值目标的选择与确立至关重要。

（三）自律与他律的关系

人是在法律与道德的约束中走向自律的。在任何国家，无论其制度如何，一方面要通过法律赋予政府官员必要的权力，以便他们实现政府的目标，另一方面又要对这些官员进行约束与监督，以防止他们渎职、失职。

政府及其从业人员在经济活动中滥用权力，首先是对法律的违背，同时也是对道德规范的违背。因此，要约束与监督政府从业人员的行为，法律和自律都不可少。一般来说，法律规范是他律，道德约束是自律。

　　政府作为管理与服务社会的机构，它是由具体的现实的人组成的，它的职能行使在很大程度上取决于人的素质和道德觉悟。对于行政群体的规范来说，一方面要遵守法律法规、规章制度等，即他律，这属于硬约束；另一方面还需要自觉遵守道德，形成自律意识，这属于软约束。党的十八大报告强调的坚持依法治国与以德治国相结合，十分重要的现实意义，在加强政府组织建设与政府从业人员素质提高方面，同样应重视这一思想。法规的规范是强制性的，道德则是靠自觉自愿。即使对强制性的执法行为，也要有自律的人去执行，否则执法也会扭曲、走样。从政府经济职能发挥中表现的一些问题昭示出，不能忽视对政府行为道德上的治理和规范，特别是对作为公共利益人格化体现的各级领导者的道德要求，更是一个带有根本性的问题。事实上，包括体制改革的成功与否也有赖于道德。因为要从深层次上解决如何认识和使用权力，如何对待个人的利益，如何对待本部门的利益等问题，这些都涉及价值观的问题。历史上政府对社会经济的管理，经历了一个由随意性向规范化的完善过程。市场经济是法治经济，市场经济是道德经济，法律和道德成为维护市场秩序的"两手"，特别是进入发达市场经济阶段，更需要靠法制来维系，靠道德来引导和规范。政府经济职能的行使同样要以法规和道德为依据，这就要正确处理自律与他律的关系。从法律和道德的关系分析，政府依法办事，是最重要的"他律"，带有强制性，不管主观上愿意与否，都必须在法律的框架内行使职权，违者就要追究责任，受到惩处。但是，仅仅靠他律是不够的，或者容易陷入被动状态，执行不力，不能创造性地工作；或者执法中走样，有法不依，执法不严，曲解法律，利用法律中的某些空当行事，甚至知法犯法、执法违法。人是执法的主体，道德自觉是人主动遵法、执法的价值支撑。唯有形成敬畏法律的意识，才有可能提高道德自律意识，应该说，这是规范政府经济行为的治本之策。厉以宁先生作了概括，对政府从业人员而言，"自律至少包含两方面的含义。一是政府工作人员要严格要求自己，在任何情况下，尤其是在市场秩序不正常时，不违背政府工作人员的职业道德，遵守法律，奉公尽职；二是政府工作人员要谨慎使用手中的权力，切不可滥用权力来为自己谋取私利，也不可凭个人的好恶滥用权力。政府工作人员的自律，正是为了维护社会的公正。"① 从目前政府经济职能运行状态的深层次矛盾看，表现为他律弱化或不能完全到位，即制度规范的建立与执行问题，自律意识更存在一个亟待提高的问题，这需要从他律与自律两个方面思考治理对策。

三、社会主义制度下政府经济职能的公共性应有质的提升

公共性是政府的本质属性，是政府合法性的伦理基础。国家的产生，不是外部强加给社会的一种力量，它是社会的产物，是社会要求秩序的产物。"国家是社会在一定发展阶段上的产物；国家是承认：这个社会陷入了不可解决的自我矛盾，分裂为不可调和的对立面而又无力摆脱这些对立面。而为了使这些对立面、这些经济利益互相冲突的阶级，不致在无谓的斗争中把自己和社会消灭，就需要有一种表面上凌驾于社会之上的力量，这种力量应当缓和冲突，把冲突保持在'秩序'的范围以内；这种从社会中产生但又自居于社会之上并且日益同社会相异化的力量，就是国家。"② "所以亚洲的一切政府都不能不执行一种经济职能，即举办公共工程的职能"③。这些就是最初的国家或政府的公共性的体现。随着阶级社会的发展，国家和政府代表是占统治阶级的利益即特殊利益，唯有属于统治阶级的个人，这个政府或国家才是公共利益的代表。但同时，统治阶级在其发展的不同阶段，如经济的上升时期或鼎盛时期，他们也会或多或少地反映广大劳动群众的利益，特别是维护经济社会的稳定性与协调性，发挥公共

---

① 厉以宁：《超越市场与超越政府——论道德力量在经济中的作用》，经济科学出版社1999年版，第150页。
② 《马克思恩格斯选集》第四卷，人民出版社1995年版，第170页。
③ 《马克思恩格斯选集》第一卷，人民出版社1995年版，第762页。

职能。在现代经济社会，公共性是政府经济职能发挥的合法性基础和道义基础。随着现代文明的进程加快，随着经济全球化的日益发展，各国政府将会比以往任何时候更加关注经济职能公共性的发挥，包括联合国的改革和发展需求，体现了世界范围内国家和地区之间的公共关系的强化态势和"全球性"特征。总的趋向可以肯定，公共利益、公共理性、公共意志、公共需要、公共价值等，愈益成为现代政府的追求。因此，全球范围内的现代化进程的加速，不仅不会削弱政府经济职能的公共性，反而会愈加强化。

社会主义国家的政府，与旧国家"虚幻的共同体形式"不同，它以真实的共同体形式出现，这是历史上国家演进的划时代的变革。我国的社会主义基本经济制度是以公有制为主体、多种经济成分共存，政治制度实行人民民主专政，决定了政府在经济职能的发挥上，与发达的资本主义国家有相同的一面，更有从根本上不同的一面，这就是政府调控经济的权力来源于人民，最终服务于人民。这是历史上从未有过的公共性要求。然而，由于历史的、文化的、政治的特别是经济发展的原因，我国政府职能公共性的发挥、政府驾驭经济的能力正在经历一个由低到高、由不成熟到相对成熟的过程。应该说，改革开放的30多年来，经济发展目标体系由重视GDP到绿色GDP，在经济增长与生态建设关系上，更加重视生态文明建设。从构建社会主义和谐社会执政理念的提出到以人为本的科学发展观的提出，从关注经济发展速度到全面关注社会公平与民生等这一演进轨迹，都客观展示了中国政府经济职能公共性的进步历程，彰显了社会主义条件下公权的本质特征。

当然，毋庸讳言，我们处在社会主义初级阶段，政府经济职能的公共性的发挥从根本上还受制于一些条件，政府从业人员以及一些地方组织仍存在着突破自利性这一道德界限，延伸至自私性的客观可能性与主观可能性。这就给政府公共性的正常彰显带来隐患。依据我们的理解，自利性内潜着两种发展可能，作为正当的个人利益的自利性是法律和道德所允许的；如自利性发展为利用公权牺牲他人利益或社会公益，那么，正当的自利性就走向了失当,这不仅越过了道德底线,而且也违背了政府公职人员的职责要求,违背了公权的性质,严重者就有可能触及法律,最后成为人民的罪人。现实经济行动中,少数握有公权的政府从业人员,或盲目决策,或沦为谋私的工具,践踏公平与正义,这势必导致公权的滥用,政府职能的公共性就会发生根本性的改变。这些说明,政府从业人员的自利性对我国政府公共性的实现和提升,具有双重性。一是积极的、正向的,它会促进经济可持续的发展;二是消极的、反向的,它会阻碍甚至破坏经济社会发展。因此,即使在社会主义制度下,政府经济职能的公共性绝不是一个自然而然的实现过程,也即所有政府从业人员都能自觉遵守公共性的要求而去行为的,当然,也不是从社会主义的制度属性本身就能先验决定了的。在这一问题域或意义内,公共选择理论学派的观点对我们认识政府公职人员的动机、规范其行为,有一定的参照价值。但这一理论,把政府公职人员普遍设定为追求自身利益最大化的抽象经济人,排除不同社会制度属性的要求,无视思想、道德、信念的差异,也是需要认真厘清的,这就要求我们作出严格的区分。第一,社会主义政府组织中执业人员的自利性,是历史的具体的,也是客观存在的。它受制于社会主义经济关系、政治关系与社会关系。人不是抽象的,作为政府组织中执业人员的个人利益,以及如何对待个人利益,也是特定的具体的,它与资本主义或其他社会制度下的政府人员,是有着重要区别的。个人利益是由一定社会所决定的利益,是一定历史条件和社会关系的表现形式,不同社会条件和社会关系中的私人利益是不同质的。马克思说:"各个人的出发点总是他们自己,不过当然是处于既有的历史条件和关系范围之内的自己,而不是玄想家们所理解的'纯粹的'个人。"[①]"理性经济人"假设的理论失误,就在于它抽掉人的现实历史条件和社会关系,把个人利益抽象化、绝对化,设定每个人都是为自己私人利益算计的"理性经济人"。第二,没有抽象的且永恒不变的人性。自私是私有制历史阶段的产物,追求利益最大化的自私人

[①] 《马克思恩格斯选集》第一卷,人民出版社1995年版,第119页。

设计，恰恰反映的是资本主义私有制条件下资本的本性在市场经济中的人格化的理论形式，是资本主义的价值观和主流意识形态。当下，资本主义私有制在全球经济中占主导地位，其"理性经济人"的影响在长时期内还会广泛而深刻地存在。这一理论，之所以在我国包括政府部门有较大影响，更深刻的原因还在于我国正在建立的市场经济本身，在于我国的以公有制为主体、多种经济成分并存的经济制度有直接关系。但国家与政府公职人员，是担负特殊使命的特殊职业，必须有特殊的行为要求，如日本的《国家公务员法》和《地方公务员法》。我国 2006 年 1 月 1 日施行的《中华人民共和国公务员法》和《国务院办公厅关于转发人力资源和社会保障部 国家公务员局 2011—2015 年行政机关公务员培训纲要的通知》（国办发［2011］14 号）要求加强公务员职业道德培训。国家公务员局制定发布了《公务员职业道德培训大纲》，要求在"十二五"期间对我国全体公务员进行职业道德培训，培训时间不少于 6 学时。显然，关于重视公务员的行为规范问题，不同制度下的国家在要求上具有一定的共性。作为社会主义国家和政府的公职人员，应有更高的价值标准和要求，这就是真正把社会公平放在价值体系的首位；作为个体，其思想、行为应与政府的职责、使命、任务相适应，必须以国家利益为重，以工作大局为重，以人民的福祉为最高利益。第三，社会主义国家是建立在个人利益与社会利益根本一致基础上的，社会利益包括了个人的正当利益，在日益增进的社会整体利益中，也包括了政府从业人员个人利益的提高。中央反复提出，让广大人民群众共享改革发展的成果，要特别关注民生，解决人民群众最急迫解决的难题等。这种先进的制度和思想道德，已经在我国的意识形态占主导地位，且因有经济的政治的文化的基础，一定会有更深厚、更广阔的发展空间。当然，我们也清醒地看到，多种经济成分、多元文化与多元价值观的存在，之间的价值冲突给这一思想的生存与发展带来挑战。政府公职人员居于社会管理的上层，公权的运用处处都会面临着权力关、利益关的考验。因而，政府经济职能的公共性与其从业人员自利性的关系，将是我国经济生活中长期存在的一对特殊矛盾，处理得好，就会有利于宏观经济调控，就会给微观经济以活力，经济社会就会健康有序发展；反之，经济就会受阻，政治生活就会出现不稳定，社会就难以实现和谐。

概括来说，我国政府经济职能的公共性集中表现在：经济制度、政策体现公共利益，体现公民意志，彰显制度的公正性；有效调节区域间的利益关系，调节群体间的利益关系，调节人与人间的利益关系，形成整体协调发展的利益格局；提供公共产品和优质服务，维护市场经济秩序，增进微观经济活力，推动经济社会稳定协调发展。这既是科学发展观和构建社会主义和谐社会对政府经济职能提出的要求，也是其中应有的要义。

第三节 政府经济职能行使中特殊道德矛盾的表现与治理思路

我国是社会主义国家，与以私有制为基础的国家与政府具有本质的不同。当前，个别政府从业人员特别是地方政府从业人员，从自利发展到自私，甚至沦为人民的罪人，政府经济职能的公共性的缺失现象备受人们关注。

一、政府经济职能行使中特殊道德矛盾表现出来的主要问题

（一）利用权力与民争利

权力占有性在一些地方一些官员身上膨胀。表现形式多样，如权力部门互相争利、乱收费、随意侵占和伤害群众利益等。如：黑龙江省政府法制办派出行政执法监督人员，对全省公安交警、交通、工商、国税、地税等系统的行政执法状况进行明察暗访。暗访组走访了398户工商业户，用针孔式摄像机拍摄下数百个执法违法的场面，录了62盘录像带，总时长70多个小时，由此剪辑成一个小时的《行政执法暗访纪实》一片，详细地反映了各种行政执法过程中违规现象。当参加黑龙江省加强党风廉政建设和工作作风建设会议的500多名各级领导亲眼目睹这部录像片中那一幕幕交警、工商、税务等执法违法的真实画面时，大家还是感到了震惊。

近些年来，地方政府存在的乱收费和乱罚款问题受到人民群众的质疑

与批评。我国包括税收等预算内资金无论从收缴和管理上，相对来说还是比较合理和规范的。而乱就乱在预算外资金这一部分。这其实是给乱收费、乱罚款开了一个巨大的口子。从预算外资金的收取方来说，管理十分混乱，只要设立一个所谓的行政执法部门，就可以拟订乱收费办法，就有乱收费的权力。这样，就出现了收费的"庙宇"越来越多，供养的人员越来越庞大，乱收费乱罚款的额度越来越高，在社会上的影响越来越大。教育乱收费、公路乱收费、医疗乱收费、城管工商防疫以及一些乡镇政府为解决人员工资的乱收费等都是这个口子的产物。从预算外资金的缴纳方来说，百姓、企业、个体工商业户、运输车主等负担越来越重。在一些地方的房屋拆迁、土地审批、拖欠农民工工资，还有引起全国热议的上海市等地出现的"钓鱼式执法"等出现的不法行为，更是直接损害了群众的切身利益和政府的形象。另外，关于备受人民群众不满的公款吃喝、铺张浪费问题，我们不禁要问，资金从哪来？这些资金又如何管理？显然，行政经费使用上存在明显的管理漏洞。

（二）缺乏道德责任，导致公共政策和制度流于形式

食品安全、药品安全是最大的民生，还有安全生产问题。2011年"7·23"甬温线特别重大铁路交通事故，造成39人不幸遇难。惨痛的事实再一次警醒我们：人的生命至高无上，安全生产一刻也不能松懈。安全生产事关人民群众生命财产，事关改革发展稳定大局，事关党和政府的形象和声誉。重视安全生产，怎样强调都不为过。抓好安全生产，任何时候都不能疏忽。近一段时期，我国一些地方接连发生煤矿和非煤矿山矿难、道路交通事故、建筑物和桥梁垮塌事件，给人民群众生命财产带来严重损失，也暴露出一些地方、部门和单位安全生产意识淡薄，安全责任不落实，防范监管不到位，制度和管理还存在不少漏洞，教训极其深刻。[1] 守住安全生产这条红线，不要带血的 GDP 成为人们的强烈诉求。自 2002 年全国人大常委会通过《安全生产法》以来，以这部法律为中心，我国形成

---

[1] 《中国要发展但不要带血的 GDP》，《人民日报》2011 年 7 月 28 日。

了一整套和安全生产相关的比较完整的法律体系。据粗略统计，全国人大所立的与安全有关的法有 10 多部，国务院制定的各种条例达 50 多部。此外，国务院还发布了 30 多个加强安全生产的通知，各部委的规章有 100 多个。用时任国家安全生产监督管理总局局长李毅中的话说，"这些法律法规，加起来，一寸厚的装订本有 3 大本。"然而，为什么上百个法律法规都管不住"官煤勾结"，管不住"安全生产事故频发"。一方面，制度在不断健全，专业机构业已建立，可以说对"安全生产"在法理上、条文上有着完整的建制；另一方面，制度与实际的背离，理论与实际的脱节，使得制度在运行中往往被架空。既然在社会运转中制度的运行被形式化了，自然就需要其他"替代品"来代替制度的实际功能，这就给"潜规则"的运行创造了发育的土壤和成长的空间。另外，还有因监管责任缺失，中央企业对外投资、借款、担保等造成的经济损失，主要原因就是由于不按程序决策、违规决策和管理不善造成的。我们的制度给"决策失误"预留了发育的土壤和成长的空间。桥塌了、楼倒了、企业亏损了、国有资产流失了，大多数可能都是决策失误造成的。然而，凡是重大的决策失误，又往往很难找到真正的责任人。决策者的自由裁量权越大，决策失误存在的潜在可能性也就越大。因而从结果和程序上规范与监督官员决策的自由裁量权，比起事后追究责任的审查模式，更具有现实意义。

《新华每日电讯》2012 年 8 月 20 日以《"黑漆"铺路失败是决策失误的"标本"》为题报道，2010 年亚运会前，广州市政府去华东考察，学到用黑漆替代沥青的方法，耗资 4920 万元将市内 16 座高架桥的路面刷黑。司机们反映涂装后的路面雨天易打滑。2012 年 8 月 16 日，广州市建委宣布，经过两年试验，发现黑漆涂路不能满足广州实际要求，将停止使用，任其自然脱落，改铺沥青。广州黑漆路试验失败，近 5000 万元的财政打了水漂，无疑又是一个决策失误的"标本"。近几年，不少地方都有因决策失误而把"好事"办成了"败家子项目"。政府部门出现决策失误，一方面，有政府官员个人决策能力和决策水平的问题；另一方面，更重要的是现行决策体制存在问题。如人们可以事后很容易地对一个决策失误的案例作出它"不科学"的判断,但是,事前这些决策往往因不具备监督程序,由个别人"包办",或者部门话语权强势,导致潜在的"不科学"性难以引起足够的重视。目前政府项目的投资建设机制还欠完善,也是决策失误的一个诱因。像在现行财政管理体制下,公共投资项目的决策、执行、管理、监督等每项责权,几乎都被分割在不同的政府部门之中,"要钱大张口、花钱大撒手"司空见惯,从而导致公共投资失误频繁发生。所以,要从根本上遏制这种现象,更需要加快政府管制改革的进程,从制度选择上解决防范公共投资失误的机制问题。像类似广州桥面改造这样的重大市政工程,关系到公共利益,与公民出行息息相关,不仅应保证民意时刻在场。同时,对于项目的决策、执行要有科学性。但该项目一开始就是在盲目试验,不仅让巨额公共财产打了水漂,也让政府的公信力在一定程度上打了折扣。诚然,既是"试验",就应当允许"失败",也允许合理地交"学费"。但问题在于,"试验"不能披着创新的外衣,更不能拍脑袋行事。

(三) 个别地方的公权蜕变为保护私人不当利益的私权

我国的改革推动了经济社会发展,也在改变着旧有的利益关系格局。官商勾结,部门利益化、权力金钱化问题,在一些地方政府和部门较为突出。有学者研究了近几年因房地产开发迅速暴富背后的原因。中国的房地产商为什么在短期内涌现出一大批所谓的富豪,如中国的百富排名中有一半以上的人是房地产开发商。这些房地产商在短期内成为富豪,是凭正常的市场竞争、是凭他们个人的市场能力与市场智慧吗?其中存在的房地产商靠利用地方政府权力对城市弱势民众及农民土地资源的掠夺,绝非个案。中央农村工作领导小组成员陈锡文用数据谈及我国的土地财政与同期的房地产相关的地方税收问题,"据有关部门统计,全国土地出让金收入,2008 年是 10375 亿元,2009 年是 13965 亿元,2010 年是 29110 亿元,2011 年是 33166 亿元。同期与房地产相关的地方税收收入分别为:2008 年 5880 亿元,2009 年 7687 亿元,2010 年 10417 亿元,2011 年 8379 亿元。将此两项合计作为土地财政收入,从 2008 到 2011 年分别占地方财政收入的比重为 25.12%、28.11%、37.19% 和 31.59%。考虑到省、区政府并无直接的土地出让收入，因此，市、县两级政府土地财政收入的比重显然更高。"①这里，涉及三方面的问题，一是土地财政，二是地方政府与房地产商的"联姻"，三是政府官员腐败。近年来屡屡报道的因不断扩张的城市、过度使用化肥以及各种工厂的肆意排污，中国的水资源现状不断恶化，近半数河流和湖泊严重污染。2013年初，中国环境保护部公布了一份报告，首次承认癌症村的存在同时也表达治理水污染的意愿和决心。然而，近几年因企业污染而致病的几个癌症村出现了一个共同的现象，那就是农民多次反映或集体上告当地的主管部门，有的推诿、拖延，没有实质性进展，有的甚至充当了污染企业的保护伞。②国家权力代表的是公共利益与公众意志，地方政府作为下属机关，同样应该不折不扣地贯彻和落实。然而，在市场经济条件下，面对资本者与劳动者的矛盾，面对自己的"政绩"，个别地方政府从业人员选择了不问是非曲直，不顾广大劳动者的切身利益，一味地迎合甚至充当不法利益的保护神，使权力运作性质发生变化，这应该引起我们的高度关注。

（四）政府职能部门与地方政府利益之间的博弈，直接扭曲了政府经济职能的公共性

长期以来，我国的政府管理体制采用的是条块分割，作为"条条"的政府职能部门与作为"块块"的地方政府之间常常出现摩擦。政府职能部门作为一个利益共同体，是其成员的共同利益的代表者，因而为了部门的利益而与国家或是地方争利益的现象并不少见。改革开放以来，政府职能部门逐渐成为一个独立的利益群体。各个部门都在增加本部门职工的收入，而增加部门福利收入的主渠道就是创收，包括向下属各单位收取各种各样的费用。拥有下属部门数量是其创收量大小的一个重要方面，因此，职能部门与下一级政府争抢管辖下一级部门和单位的权力。同时，各种职能部门为了部门利益也到同级政府去与别的部门争夺资源的管辖权，使地

---

① 陈锡文：《我国城镇化进程中的"三农"问题》，《国家行政学院学报》2012年第6期。
② 参见《湖南土产村变癌症村 环保局不着急》，《三湘都市报》2012年6月28日；《中国因污染所产生"癌症村"被指向中西部转移》，《京华时报》2013年2月22日。

方政府的管理工作量增大,地方政府要不断地在各部门之间做协调工作。

地方保护主义是经济体制转型时期的地方政府职能畸形化的表现之一。个别地方政府不执行国家的统一法规,不重视维护统一的市场秩序,却致力于保护一些企业的违法经营。如对于污染环境、破坏资源的经营不但不制止,反而百般袒护,以致水污染、空气污染屡禁不止,且愈发严重;或以保护地方经济为名,不准外地商品进入,更有甚者,官员、执法人员同黑老板、黑势力勾结,保护嫖娼、制假走私、虚开税票等违法活动。地方保护主义的盛行,是当前我国市场秩序和公共生活秩序混乱的重要原因之一。

市场经济条件下,政府是公共理性的代表,是公共秩序的象征。如果地方政府与政府职能部门缺乏理性上的自觉和科学决策,缺乏行为上的自律,不仅难以正常地行使其经济职能,而且还会成为社会生活中各种矛盾的焦点。政府与组织、政府与公民、政治与社会等关系,将会出现不和谐。因此,经济社会生活迫切需要政府公共性的切实发挥,需要政府从业者行为规范并恪守职业道德,维护社会主义市场经济秩序,保持经济社会的健康可持续发展。

二、尽快建立政府经济职能正常运转的伦理治理机制

自利性从其内在属性来讲,存在着向自私发展的可能,特别是在制度设计有明显缺陷和漏洞的情况下。个别官员、个别地方出现腐败不可怕,但个别官员的自私欲望尤其是身处要位的高官,又会影响到一个部门、一个单位,乃至一个地方的经济社会发展,进而影响到政府的信用和整体形象,直至危及政府的执政能力。政府经济职能的公共性与其执业人员的自利性,是政府面对的深层的特殊的道德矛盾。这是由政府代表公共意志、公共利益、行使公共权力、生产公共物品的公共性与其执业人员的多种意志、多元动机、各种利益形成的复杂关系所决定的,这一矛盾将存在政府经济职能行施的全过程。因此,针对政府从业人员自利性有向自私转化的可能与现实,迫切需要建立相应的治理方案。

建立健全有关法律法规和制度，逐步完善道德教育与社会管理、自律与他律相互补充和促进的运行机制，综合运用教育、法律、行政、舆论等手段，更有效地引导和规范政府公职人员的思想和行为，这些都是十分重要的。霍布斯曾断言，契约，没有刀剑，就是一纸空文。依法规范政府公务员的行为，势在必行。为了加强依法治政，国家出台了《行政法》、《公务员法》，从而给公务员的行为设置了底线，为保障政府公共性的发挥提供了环境。应该说，此举意义重大而又深远。诺贝尔经济学奖获得者斯蒂格利茨在《政府为什么干涉经济》一书中提出，政府也是经济组织的观点，认为有必要建立一个价值规范系统，以便对政府的经济角色应当是什么的规范性问题提供新见解。公共选择理论的经济人假定理论是有缺陷的，但在治理机制建设方面，对我们有启发。这就是说，我们今天讲道德治理，也应该从低处或者从行为底线入手。

（一）走出制度建设的"怪圈"，加快民主政治建设

随着我国市场化进程的不断加快，政治体制改革也在不断向前推进，制度建设提上了重要议程，并取得了明显效果。但由于制度建设尚待完善，特别是有了制度、有了法律而不能很好地贯彻执行的问题愈来愈突出，制度扭曲、棚架、制度形式主义等在从根本上在消解、破坏着制度。在制度建设上，先前是制度的供给不足，当下是有了制度不能照章办事，由此陷入制度怪圈。如何走出这一困境和怪圈？黄炎培先生向毛泽东提出的周期率问题，是人们最为熟知的。当时毛泽东对他说："我们已经找到新路，我们能跳出这周期率，这条新路就是民主；只有让人民来监督政府，政府才不敢松懈；只有人人起来负责，才不会人亡政息。"[①] 黄炎培认为："这话是对的。"只有大政方针公之于公众，个人功业欲才不会发生。只有把每一地方的事，公之于每一地方的人，才能使地地得人，人人得事。用民主来打破这周期率，怕是有效的。历史是面镜子。政府公共性只有在民主与法治之下才可能得以实现。民主是公民意志得以体现的途径，

---

① 《十六大以来重要文献选编》上，中央文献出版社2005年版，第144页。

法治是政府官员私利得以遏制的屏障。政府经济职能的公共性不只是经济利益分配是否公正的问题,更是政治问题,因此必须要到时代的政治学中去寻找答案,到一个国家的政治制度中去寻找公共性实现的途径,到成熟的公共领域去寻找有效而有力的批判力量。罗尔斯认为,"公共理性是一个民主国家的基本特征。它是公民的理性,是那些共享平等公民身份的人的理性。他们的理性目标是公共善,此乃政治正义观念对社会之基本制度结构的要求所在,也是这些制度所服务的目标和目的所在。于是,公共理性便在三个方面是公共的:作为自身的理性,它是公共的理性;它的目标是公共的善和根本性的正义;它的本性和内容是公共的。"① 也即是说,公共理性是民主社会的公民们决定正义这一实质性原则是否正当合适、是否是最能满足他们的社会政治要求的理性推理规则和公共"质询指南"。公共理性不仅是一种社会道德理性,而且还是一种社会的政治理性。"在民主社会里,公共理性是平等公民的理性,他们——作为一个集体性的实体——在制定法律和修正其法律时相互发挥着最终的和强制性的权力。"② 显然,"公共理性"是一种社会的政治权力及其使用。因此,重视民主政治建设,规范政府行为,维护社会秩序,最终实现国家意志与公民愿望的和谐,将是事关国家稳定的战略抉择。

(二) 依法治理与以德规范政府公务员的行为,力戒"经济人"行为损害国家利益

关于美德之于政府公共性的意义早已为古希腊先哲们所认识。柏拉图认为,完美的城邦须受哲学王统治,须具备智慧、勇敢、节制和正义四种美德。亚里士多德则认为城邦是一种道德性的结合,也自然重视美德之于实现城邦"最高的善"的意义。在近代政治转型时期,伴随着人文主义的兴起,古典价值得以恢复,"美德"重新获得了在国家生活中的重要地位。人文主义者"对人的美德作了令人鼓舞的叙述,认为这是一种创造性的社

---

① 约翰·罗尔斯:《政治自由主义》,万俊人译,学林出版社2000年版,第225—226页。
② 约翰·罗尔斯:《政治自由主义》,万俊人译,学林出版社2000年版,第227页。

会力量，能够左右他自己的命运并按照他自己的愿望来改造他的社会力量"①。当然，人文主义者纯粹诉诸统治者美德以实现政府公共性的梦想最终破灭，历史证明，专制君主并不可能尊重维护公民的权利，必须德法并举。我国提出的依法治国与以德治国相结合的治国方略，也是有效治政的战略之举。

当前主要解决的问题应该是公务员个体的道德素质问题，这就要正确处理从政与谋利的关系，杜绝国家公务员蜕变为"理性经济人"。

(三) 强化公共服务意识，提升公共道德精神

公共需求的深刻变化与公共服务的严重不适应，已经成为现阶段我国经济社会发展中的突出矛盾，着力推进政府职能转型，培育政府从业人员的公共道德精神，就成为新时期政府经济职能公共性的内在要求。公共道德精神是指引政府公共行政的价值导向，是保障政府公共性的道德理念。尽管在现代社会，制度安排对于保证政府的公共性具有根本意义，但是政府官员的信仰与政德也是不可或缺的因素。特别是对于社会主义国家和政府的人员来讲，代表广大人民群众的根本利益，代表先进道德所要求的公共服务精神，就必须树立"公仆"意识，以高度的责任意识为社会提供更充足的公共产品，为公民提供更优质的公共服务。

通过分析可知，政府经济职能转换中的公共性与自利性这一特殊矛盾，不但贯穿于我国政府经济职能转换的全过程，而且对这一特殊矛盾的调节与治理效果，同样影响着政府经济职能转换是否能真正到位。在这一特殊道德矛盾的治理上，政治改革是关键，法制建设是保证，而道德建设则是根本。因此，从道德上引导和规范政府组织机构及其从业人员的自利性，形成正确处理个人利益、部门利益与社会整体利益的道德认知与价值观，就成为解决这对特殊矛盾的治本之策。唯有运用政治制度、法律与道德的综合治理，这一特殊矛盾的走向才能更有利于中国特色社会主义的伟大事业。

---

① 昆廷·斯金纳：《近代政治思想的基础》（上卷），奚瑞森等译，商务印书馆2002年版，第155页。

第四章 建立健全政府经济行为的道德规范系统

在社会主义市场经济体制下，政府经济职能的有效发挥关键在于政府经济职能的转变和政府自身的改革，这是保证经济健康有序发展的必要条件。因而建构调节和引导政府经济行为的道德规范系统，就显得尤为迫切和重要。

第一节 建立政府经济行为道德规范系统的必要性

一、政府的经济行为也必须有规范约束

政府属于一定的群体组织，它由一定的组织机构和所属的各类人员构成。政府是执行行政权力的机关，政府的行为不是随心所欲的，必须在法定的范围内依照法律的规定来进行。"徒善不足以为政，徒法不能以自行。"对政府经济行为的控制，一方面需要法律规制，另一方面也需要道德规范，两者形成互补态势，缺一不可。因为道德与法律有着不同的作用机理和功能。法律是一种外在性规范，而道德则是一种已被内化的规范；法律不可能也不应该覆盖人的行为的所有领域，而道德则可能影响人的所有行为；法律依靠强制性命令而运作，道德则依靠内心自觉而行为；法律的实施存在着被抗拒的可能，而道德则会被主动遵循。

经济学家厉以宁认为，在市场经济中，习惯与道德调节是一种超越市场和政府调节的第三种调节，即使在市场经济中，在市场调节和政府调节都起作用的场合，在法律产生并被执行的场合，习惯与道德调节不仅存在着，而且它的作用是市场调节与政府调节所替代不了的，也是法律所替代

不了的。他特别强调了道德调节在经济活动中的重要意义,强调了政府机构工作人员需要有道德的约束(自律)与道德的激励。他说:"对政府及其工作人员的权力的限制,意味着任何一个政府职务和担任这一职务的政府工作人员在行使权力时,既要受到制约,又要受到监督检查,以免滥用权力或利用权力谋取私利,为此,就要求权力的行使规范化、公开化。"[①]诺贝尔经济学奖获得者斯蒂格利茨在《政府为什么干预经济》一书前首先指出,本文力图对经济角色作一新的透视,对有关政府角色演化的描述性问题和有关政府的角色应当是什么的规范性问题提供一个新的见解。高度重视政府在经济活动中"应当是什么的规范性问题",提出政府应该成为最优经济角色,而优秀政府就是"信任政府"。[②] 他们都提出了应该建立健全政府经济行为的价值规范系统的深邃见解。

二、道德规范的特殊功能和意义

道德规范具有认识、调节、引导、凝聚、激励等功能,对于维护人类社会生活秩序有着特殊的意义,因此历代统治者都十分重视道德规范的建构。道德规范在政治治理中,也具有极其重要的作用。我国古代思想家管仲的论述十分深刻,他说:"国有四维,一维绝则倾,二维绝则危,三维绝则覆,四维绝则灭"。"何谓四维?一曰礼,二曰义,三曰廉,四曰耻"。[③] 管仲的"礼义廉耻"四维,主要是从政治上来讲的,可以说是维护政治安定和社会有序的四项准绳与规范。

首先,国家权力和官员的权力除了必须有合法性依据外,还需要有道义基础,有社会道德舆论的支撑。为政者其身正,不令则行,其身不正,虽令不从。其身不正,其令不行,纵有威权,而无道德威信,无人格感召力,就不足以为政。而威信是否能建立,在民心的向背,亦即人民对执政

[①] 厉以宁:《超越市场与超越政府——论道德力量在经济中的作用》,经济科学出版社1999年版,第191页。

[②] 斯蒂格利茨:《政府为什么干预经济》,中国物资出版社1998年版,第108页。

[③] 《管子·牧民》。

者善恶好坏的道德评判。所谓"得道多助，失道寡助"，"多行不义必自毙"，说的都是政权存亡兴衰的道德根源。其次，道德是一种无形的巨大社会力量，它一旦形成公众舆论，或形成风俗与习惯势力，就会具有强大的社会影响力和强制力，并可以直接地或间接地影响到政治治理。像中国古代的"清议"、现代各类媒体的"曝光"，都具有较强的道德力量，其作用有时甚至强过法律的功能。我国古代从孔子的"道之以政，齐之以刑，民免而无耻；道之以德，齐之以礼，有耻且格"[①]，到荀况的"隆礼重法"，再到唐朝的"德礼为政教之本，刑罚为政教之用"，均认识到法律的功能局限和道德的特殊功能，强调德法并举、相互补充。总之，对于政府发挥职能的平台，我们应当有更深一层的认识，即从以人为本的原理上加以探索。人们常说，国家是一种机器，但它又不是真实意义上的机器，而是由人组成的机构，它的职能行使在很大程度上取决于人的素质和道德觉悟。对于行政群体及其个体的行为规范来说，一方面要有他律，即法规、规章制度等的作用；另一方面还需要靠自律，即道德规范。法规的执行是强制性的，道德则要靠自觉。即使对强制性的执法行为，也要有一定思想觉悟和道德水准的人自觉去执行，否则执法也会走样、扭曲。从政府经济职能发挥中表现出的种种问题也告诉我们，不能忽视对政府经济行为道德上的治理和规范，特别是对作为公共利益人格化体现的各级领导者的道德要求，更是一个带有根本性的问题。事实上，包括体制改革的成功与否也有赖于道德。因为要从深层次上解决如何认识和使用权力，如何对待个人的利益，如何对待本部门利益，如何对待公共利益，怎样正确处理它们的关系，必须诉诸道德。

在现代社会，政府所代表的是公共利益和社会意志，是作为公众的代言人而出现的。但公共利益的实施主体是众多的现实的人。在一般情况下，政府公职人员既是"行政人"，是职位高低不同的公务员；又是"自利人"，关注与追求个人利益，但多数能做到以职业操守为重。另一方面，

---

① 《论语·为政》。

在资源稀缺的现实世界中，政府公职人员作为理性的个体，其对自身利益的关注与追求是正常的，难以消除的；政府公共权力作为社会配置资源的一种方式，也必然长期存在，如海尔布鲁纳指出："要知道，没有政府，作为一种制度的市场将维持不到两分钟。"① 政府公职人员作为公共利益代表的成员，掌握一定的权力，可以以某种方式配置资源；同时他们有自利心，关注与追求个人利益，如果失去约束，政府经济职能的公共性与其执业人员追逐私利相结合，便会产生公职人员的腐败。公职人员的自私、利己心，则是腐败产生的内在驱动力。纳依（J. S. NYE）认为，腐败是由于考虑私人的金钱或地位利益而偏离作为一个公共角色所具有的正式职责的行为，或者是违反那些旨在反对谋求私利的规则的行为。② 因此，在市场经济条件下，治理政府公职人员腐败可谓一项艰巨的任务。

特别是在我国经济体制转型过程中，各种利益关系错综复杂，由利益矛盾引发社会冲突特别是政府与社会之间的冲突的原因中，政府从业人员滥用权力和腐败，则是最具危害性的因素。因为滥用权力总是表现为对私人领域中各项权利的直接侵害，而腐败则是更加直接地造成资源配置和利益分配的不合理。虽然腐败总是表现在个别人身上的，但它却是存在于政府中的腐败，是政府担负公共职责过程中的腐败。只要存在着腐败，就会严重影响政府承担的社会责任。政府的存在是出于维护社会公正和社会秩序的需要，由于腐败，个别地方的政府有可能演变为破坏社会公正和社会秩序的因素，进而丧失公众对它的信任；由于腐败，造成了社会利益分配的不公平，造成了贫富差距的扩大，加重了社会的负担，并使一部分人处于生存危机的状态；由于腐败，使法律制度扭曲变形而失去了权威性；由于腐败，破坏了政府与社会公众之间的信任关系，使公众把发生在个别官员身上的腐败误读为政府的腐败。有人认为，腐败是由于权力制约机制不健全而造成的，是制度性的腐败。可是，当前的权力制约机制与若干年前

---

① 罗伯特·海尔布鲁纳：《世俗哲学的终结者》，《国外社会科学文摘》2000年第1期。
② 纳依：《腐败与政治发展——一个成本收益分析》，《美国政治学评论》1967年第6期。

相比要相对健全多了，但是为什么腐败却愈演愈烈？毫无疑问有道德方面的问题。总之，腐败在普遍的意义上破坏了公平和正义的原则，造成私人领域对公共领域普遍的不满，造成公众政治信仰的迷失。

三、政府从业人员的道德建设被提到重要议程

应该肯定，我国在社会主义市场经济体制的建立过程中，中央对于这一问题始终保持着清醒的认识，发布了若干重要文献。比如，中国共产党在第十二届六中全会和第十四届六中全会上，分别公布了两个关于加强社会主义精神文明建设的重要决议，系统阐述了社会主义道德的原则与规范，强调加强社会主义精神文明建设的重要性，要求把精神文明建设包括思想道德建设与经济建设、民主政治建设与法律制度建设放到同等重要的地位上来认识。之后提出的加强政治文明建设，依法治国与以德治国相结合的治国方略，《公民道德建设实施纲要》的颁布，《行政法》、《中华人民共和国公务员法》等相关法律法规的出台等都说明了这一点。特别是党的十七大报告中第一次提出，要求共产党员特别是领导干部要"讲党性，重品行，作表率"，率先践行社会主义道德，加强个人品德修养，这是我们党着眼新形势、新任务，对党员干部的政治品格、思想境界、精神状态和工作作风提出的新要求，作为一名党员干部必须深刻理解，努力践行，率先垂范，用自身的模范言行，展现共产党人的时代精神风貌。要求各级政府及其工作人员在监管市场、管理社会公共事务时，必须以为人民服务为宗旨，把国家的人民的利益放在第一位，依法行政，以德行为，决不能用个人的小集团的、短期的利益损害国家整体的、长远的利益。

下边是一则报道，类似相关报道与新闻自2004年以来更是明显增多，这一现象令人深思。

公务员报考冷热现象是面镜子[①]

据有关统计表明，2004年广州市的公务员报考，出现了极大的冷热不

---

① 龚明俊：《公务员报考冷热现象是面镜子》，《信息时报》2004年12月11日。

均现象，有的达到二三百人取一的比例，有的竟达不到开考要求。有专家认为，一些职位报名火爆，不能排除报名者抱着到该职位获取"灰色收入"的心态。

理论上讲，公务员的职责是为人民服务，待遇吸引没有错误，而凭着"灰色收入"吸引人就不可思议了。"灰色收入"也是做"公仆"的"潜条件"，已远远背离了公务员的根本宗旨，持这种心态的人要是做了官，我们这些"主人"怎么放心得下？说报考的冷热现象是一面镜子，原因就在这里：首先是照出了社会对公务员的心态，然后是照出了公务员的生存状态，再往里层，就照出了体制与制度等方面的漏洞，而这一切，又照出了未来的隐忧，特别是群众对相关改革要加快速度、提高质量的热切企盼。这种报考现象再一次提醒我们：体制改革，规范行政，是一项艰巨的工程。

进入 21 世纪以来，被喻为"天下第一考"、"国考"的公务员考试热潮一浪高过一浪。2009 年度中央机关及其直属机构考录公务员，通过审核的报名人数创纪录地超过 105 万人，而国家公务员拟招录人数为 13500 余人，这意味着各职位平均竞争比例已达 78 比 1，而这一比例在 2008 年为 60 比 1。更令人咂舌的是，在 2009 年的报考中甚至出现 4723 人竞争中残联 1 个职位的火爆场面。2010 年年底的国家公务员考试，共有 141 多万人报考，比 7 年前的 8.7 万人高出了 16 倍，相当于每个岗位有 64 名竞争者，最热门的职位创下了 4961 比 1 的纪录，"国考"再次出现千军万马过独木桥的场面，人人争抢公务员这个"铁饭碗"。2013 年度的国家公务员招录，共有 140 多个中央机关及其直属机构和参照公务员法管理的单位参加，计划招录 2 万余人。从 2012 年 10 月 15 日 8 时起，网上报名正式启动，在短短 3 天时间里，报名人数已经突破 12 万人，远远超过了 2011 年这一时间内的报名人数。2012 年，山西招录公务员 2014 人，结果逾 10.3 万人报名参加考试，为历年之最。近年来，大学生就业的排序是：公务员始终居首，其次是事业单位、国企、外企，私企居末，选择自主创业者不足5%。

从上面我国的求职状况和人们的就业取向可以看出，政府公务员已经成为当今中国社会最为关注的职业，成为多数求职者的首选目标；求职者不乏抱着因该职位具有收入稳定、"高福利"等而报考的动机。这些现象提醒我们，应该从制度与法律上严格规范公务员的各种行为，重视对公务员的道德培育，造就一支人民信得过的"公仆"队伍。

第二节　构建政府经济行为的道德规范体系

基于经济伦理研究的视野分析，作为调控市场的主体、代表公众利益行使管理职能的政府，其经济行为本身，同样是伦理评判和规范的对象。这就把研究的视角，从具有必然性的经济生活领域转向了应然的伦理研究领域。对政府经济行为的道德规范系统的建构，主要包括三个方面：一是对经济制度的伦理分析与评价，包括政府制定的经济政策、法律法规等；二是政府行使经济职能应该具备的经济伦理理念与责任意识；三是政府从业人员经济行为的系统规范与德性养成问题。

一、经济制度的价值基础：公正

制度公正是评价制度的首要价值标准，也是体现一个政府执政水平的重要标志。如斯蒂格利茨所说："政府处于一特殊的位置，由此带来的受委托责任不仅影响了政府的就业政策，而且还影响着政府的支出政策，而此政策的核心原则就是确保公共计划得以公正的实施。更通俗地说，公平乃是评估政府计划可行性的核心原则。"[①] 他结合美国的情况指出："近年来，人们对有关公共支出计划公平性的关注与日俱增，至少在美国是如此。较早期的公平观集中于不利者的待遇得以改善，而较近的公平观则转

---

① 斯蒂格利茨：《政府为什么干预经济》，中国物资出版社1998年版，第54页。

向于确保穷人富人之间的待遇没有差别。"① 因制度不公，会导致社会权利与义务的不平等，从而引发社会利益分配失衡或利益矛盾，并为各种不法行为提供滋生和蔓延的土壤。

制度公正原则，主要体现在政府所制定的路线、方针、政策，符合广大人民群众根本利益的要求，这是制度伦理的基本价值观。党的十六届四中全会《决定》这样指出："坚持把最广大人民的根本利益作为制定政策、开展工作的出发点和落脚点，正确反映和兼顾不同方面群众的利益。"胡锦涛同志2005年2月在中共中央举办的省部级主要领导干部提高构建社会主义和谐社会能力专题研讨班上强调：必须注重社会公平，正确反映和兼顾不同方面群众的利益，正确处理人民内部矛盾和其他社会矛盾，妥善协调各方面的利益关系；并详细阐述了公平正义的内涵，就是社会各方面的利益关系得到妥善协调，人民内部矛盾和其他社会矛盾得到正确处理，社会公平和正义得到切实维护和实现。这些论述，表达了我们党和政府对制度公正的重视，阐明了社会主义执政者的执政宗旨。因此，坚持科学发展观，处理好"五个统筹"的关系，提高"五种执政能力"，集中解决分配公正、司法公正、教育公正等群众特别关切的突出问题，弥合权力不对等、起点不公平、信息不对称、事实上的不平等等制度设计缺陷，就成为政府工作的重中之重。《公民道德建设实施纲要》也指出：各项经济、社会政策，对人们的价值取向、道德行为有着直接影响。各地区、各部门在制定政策时，不仅要注重经济和社会事业发展的需要，而且要体现社会主义精神文明和公民道德建设的要求。既要保护和支持所有通过正当、合法手段获取个人和团体利益的行为，又要提倡和奖励多为他人和社会作奉献、道德高尚的行为，防止和避免因具体政策的不当或失误给社会带来消极后果，为公民道德建设提供正确的政策导向，充分说明了制度与政策对社会道德生活的影响。

当然，符合社会公正的制度，最终要通过各级政府去实施，其实施的状

---

① 斯蒂格利茨：《政府为什么干预经济》，中国物资出版社1998年版，第55页。

况又直接影响到执政者的形象。如现实中制度棚架、执法走样，或执法不严造成的不公正问题，导致群众对执政者的认同度和信任度的降低，并极大地冲击着社会主流价值观。因此，政府必须重视公正制度的设计并抓好公正制度的落实，提高执政水平，通过公正制度的实施来营造清廉的政风。

二、政府的道德责任：弥补市场缺陷

市场调节作为资源配置的一种方式，是一种基础的机制，通常被喻为"无形之手"。政府调节作为配置资源的另一种方式，通常被称做"有形之手"。市场调节之所以被称为"无形之手"，是因为市场调节所依靠的市场供求机制，从性质上讲是一种自发的、不依人们的意志为转移的调节，是市场上供给和需求两种力量反复较量、反复起作用的结果。"政府调节之所以被称做'有形之手'，因为政府调节是政府部门运用各种手段对社会经济生活所进行的调节，它依靠的是法律法规和政策措施，从性质上说是一种人为的、有意识的调节，是市场外部的行政力量对经济起作用的结果。"[①]这一论述说明了政府调节的特点及其所必须承担的道德责任。

自发的无意识的市场调节的缺陷突出表现在：市场不会致力于解决两极分化和实现社会公正，也无能力解决失业、建构自身运行的秩序、关注环境和生态、克服道德滑坡以及满足人们对公共品的需求等问题。市场缺陷反映出的是经济社会中的重大伦理问题，这也正是政府发挥经济职能的必要性和本质所在。在我国社会主义市场经济体制建立与完善的阶段，政府既承担着培育市场的特殊使命，又担负着弥补市场缺陷的道德责任，从而使政府有效发挥经济职能面临复杂的境域。政府弥补市场缺陷的方式，主要有法律手段，也即运用法律法规来引导和规范各类经济活动主体的行为，如利用《产品质量法》来保护名优产品，打击假冒伪劣产品和各种非

---

① 厉以宁：《超越市场与超越政府——论道德力量在经济中的作用》，经济科学出版社1999年版，第22—23页。

法经营；运用《反垄断法》来维护市场的公平竞争和市场秩序；运用《环境保护法》来加强环境治理等。除了法律手段外，政府还运用经济手段，也即通过经济制度和政策来惩罚不法行为，如罚款、赔偿等，以整顿损害社会公共利益的行为等。同时，政府通过税收制度等正确处理社会的公平与效率关系，主动调节分配领域中出现的利益悬殊问题、不法收入、保障最低生活标准的问题。此外，政府通常还需运用必要的行政手段。2006年7月6日，中共中央召开党外人士座谈会，就改革收入分配制度和规范收入分配秩序听取各民主党派中央、全国工商联领导人和无党派人士的意见。胡锦涛主持座谈会并发表重要讲话。提出要通过改革完善收入分配制度，进一步理顺分配关系，着力提高低收入者收入水平，扩大中等收入者比重，有效调节过高收入，取缔非法收入，努力缓解地区之间和部分社会成员收入差距扩大的趋势。近些年来，党和政府十分重视分配领域出现的贫富差距过大的问题。党的十八大报告提出，实现发展成果由人民共享，必须深化收入分配制度改革，努力实现居民收入增长和经济发展同步、劳动报酬增长和劳动生产率提高同步，提高居民收入在国民收入分配中的比重，提高劳动报酬在初次分配中的比重。初次分配和再分配都要兼顾效率和公平，再分配更加注重公平。……规范收入分配秩序，保护合法收入，增加低收入者收入，调节过高收入，取缔非法收入。充分表明了党和政府对社会主义市场经济条件下公平与效率关系问题的重视。需要特别注意的是，市场缺陷带来的伦理问题，集中在不能正确处理暂时利益与长远利益的关系、局部与全局的关系、公平与效率的关系、先富与共富的关系、经济发展与环境保护（生态文明）的关系等等，为克服市场的盲目性、短期性、局限性缺陷，政府调节就必须从整个社会的利益出发，制定中长期发展规划，以此作为整个经济社会发展的价值导向。实践证明，只有科学运用"无形之手"和"有形之手"这两只手，互补互促，功能协调，经济社会才会健康有序发展。其中，政府承担弥补市场缺陷如何又具有关键作用。

三、职能之本：维护社会公共利益和公民合法权益

政府作为宏观经济层面的调控主体，其发挥经济职能的根本在于：维

护社会公共利益，保障每一个公民的合法权益。

在当前，需要高度重视和解决的主要问题有：第一，公共产品和公共服务仍然短缺。如应由中央政府提供的邮政、铁路、水利、生态环境和其他区际性基础设施，医疗、养老、失业和其他社会保障服务，应由各级地方政府提供的城市公用事业服务如公交、水电气供应、公共性文体卫生服务等，这些"公共物品"仍然短缺。当下中国突出的三大新的民生问题，买房贵、上学贵、看病贵，也亟待政府出台有效方案来解决。第二，个别地方政府的公权蜕变为少数官员谋私的工具。劳资矛盾随着市场改革的深化日益尖锐。媒体多次报道一些地方因受生产企业的污染而出现的癌症村、有引起儿童重金属超标的突出健康问题等。农民集体上告事件，之所以问题长期得不到合理解决，就是因为一些地方政府的环保部门充当了这些污染企业的保护伞。还有近年来不时出现的房地产商与当地群众之间因拆迁引发的利益冲突，并致群众死亡的恶性事故等等，其原因是当地政府处理不力甚至庇护房地产商。国家权力代表的是公共利益与公众意志，地方政府作为下属执行机关，同样应该不折不扣地贯彻和落实。然而，面对资本所有者与劳动者之间的利益矛盾，个别地方政府为了自身的政绩，或为了地方利益，不顾劳动者的切身利益，一味地迎合甚至保护不法利益，致使权力运作的性质发生变化。第三，政府职能部门与地方政府利益之间的博弈，直接扭曲了政府经济职能。长期以来我国的政府管理体制是条块分割，作为"条条"的政府职能部门与作为"块块"的地方政府之间常常出现摩擦，为了部门的利益而与国家或是与地方争利益的现象并不少见。这就是当前我国政府改革的深层矛盾与问题。这些问题严重扭曲了政府职能，从根本上危害了社会公共利益和人民群众的合法权益，也损害了政府的形象。因此，对于政府机构和从业人员必须强化全心全意为人民服务的宗旨教育，强化公仆意识，并致力于政府自身的改革和法治政府建设。"全心全意为人民服务"、"权为民所用，情为民所系，利为民所谋"，"八荣八耻"荣辱观中的"以热爱祖国为荣、以危害祖国为耻，以服务人民为荣、以背离人民为耻"等，都是这一道德要求的精辟概括，旗帜鲜明地阐明了祖国、人民的利益高于一切的执政宗旨和共产党人的价值追求，要求政府从业人员必须遵守这一道德准则。这将会大大提高政府自身的素质与执政水平。包括西方政要也十分注重这一问题。如赫尔穆特·施密特在《全球化与道德重建》一书中曾谈到对政府官员的道德约束问题。他认为英国在1995年提出的适用于公职人员的行为规则非常有意义。其中有两点他特别认同：一是试图排除个人利益对政治决定的影响；二是告诫政治家们即使在非正式的和非公开的会议上也要始终意识到自己对选民、对国家利益所承担的重大责任。这些思想值得参鉴。

四、政德建设的重点：提升政府的公信力

随着我国民主政治的推进和诚信道德建设的深入，公民格外关注执政党和政府行为的信用问题。信用是市场经济的基础。政府信用关系到社会主义市场经济体制的完善。

马克思在《资本论》中指出，信用是整个资本主义商品生产和资本运动的基础，是市场经济的灵魂。信用在全部经济运行环节中的作用，归纳起来主要是：第一，通过信用可以使全部复杂的经济活动主体和社会关系联系起来，使市场经济流通过程各个环节上的主体都以信用为媒介而存在和活动。第二，信用制度和银行体制加速了商品流通，减少了流通中占用的货币资本，节省了流通费用，同时加速资本运动和资本形态变化的速度，促进了社会再生产规模的迅速扩大。第三，信用加速了资本积累和资本集中，促成资本所有者的联合，使私人资本逐渐走向联合的股份资本（这种股份资本如恩格斯所说"其完美形式通向共产主义"）。可见，马克思从经济学意义上对资本主义市场经济信用的分析，也包含着一般市场经济的信用原理和原则，对于建设社会主义市场经济信用体系，仍有重要指导和借鉴意义。

社会主义市场经济是建立在稳定的信用关系基础之上的法制经济、道德经济。但我国目前的状况是，与社会主义市场经济相适应的企业信用制度、个人信用制度尚处于建立阶段，令广大人民群众更加关注的政府信用

也面临着一些新的问题,因此,信用缺失是我国经济健康持续发展的一个"瓶颈"性的制约因素,是依法治国和以德治国中的突出问题。

构建完善的社会信用体系,首先需要建立法律框架基础。通过法律法规来确立信用体系,通过审计、会计制度来确定权责关系等。其次是通过市场惩罚和政府约束。市场惩罚主要是针对市场参与者的失信、违约行为,通过市场的优胜劣汰机制使劣币在市场竞争中败出。政府约束主要是通过法律手段、行政手段、经济手段对失信者的惩罚与警示。最后是道德约束。这是建立社会信用体系的治本之策。重在运用道德规则来引导与规范人们的行为,旨在唤起人们的道德自觉,通过道德这一"内在的法"做到"从心所欲不逾矩"。这三个方面相互支持,缺一不可。显然,在信用体系建设的三个方面中,都离不开政府的作用。市场不是掌管道德的机构,在我国社会主义市场经济体制的完善进程中,市场的缺陷、公共危机、道德风险,都是市场自身无力解决的。分配中的公平、农民负担、就业、市场秩序、环境保护等,都要依靠政府的力量。而政府不仅是信用体系和制度的制定者和组织者,而且也是信用体系建立的监督者和协调者。因此,政府信用的好坏、各级政府机构的从业人员的行为与道德素养,就直接影响着全社会信用体系的建设。民无信不立,政府无信也不立。我们应在不断加深对社会主义市场经济规律认识的基础上,在科学发展观的统领下,认识政府自身的言与行对于社会信用体系和诚信道德建设的特殊意义。

概言之,社会信用是基于政府信用来支持和推动的,政府作为示范者具有重要的引领作用。同时,政府作为调控经济、管理经济的主体,它自身首先存在着一个讲信用的问题,其经济活动和行为也要受到法律、道德的监督与制约。因此,无论是信用制度和信用体系的建立,还是信用活动和信用规范的践行,政府信用都处于一个核心而又突显的位置。它决定着社会信用体系的建立与完善,它自身的信用又直接影响到全社会信用制度的建设。因此,建设诚信政府是事关社会信用体系能否最终建立的全局性问题。

第五章 政府经济职能的价值目标：实现制度公正

在从计划经济向市场经济的转换过程中，因制度建设的滞后及不完善，经济社会生活出现了一些有失公平公正的问题，并且引发了一些社会矛盾，这不仅直接影响了民生的改善，而且导致社会的不稳定因素增多。

第一节 制度缺陷引起一些领域的不公

改革开放以来，因制度缺陷引起的社会不公突出表现在分配、教育、司法等领域。

一、分配领域存在的贫富差距

经历30多年的改革开放，我国人均GDP达到5500美元，多数群众确实得到了看得见摸得着的实惠。然而，我国收入分配差距的日益扩大，却远远超过了经济增长速度，其中相当一部分是合理的，问题在于差距已经过大，超出社会主义制度完善和生产力健康发展的应有界限。用什么指标来衡量这种现象呢？虽然基尼系数有不科学成分，尤其不能完全套用于我国二元经济结构的实况，不过作为一个参照系还是可以反映收入分配差距的一般情况，并从主要层面反映现实的问题。20世纪80年代，我国的基尼系数为0.20左右（过分平均，以0.30—0.35为宜），1993年变为0.42，1999年又上升为0.437，2005年约达到0.47，13年每年平均增长0.0028

个点，我国成为世界上收入差距最大的国家之一。①据中国社会科学院经济研究所《中国城乡收入差距调查》显示，中国城乡收入差距已为"世界最高"，东部和西部贫富差距增大，富人和穷人差距增大，城市和乡村差距增大。还有，我国目前城市中10%的高收入者占有全部财富的45%，10%的低收入者仅占有1.4%，还有1.5亿贫困人口（绝对贫困近3000万，相对贫困人口加城市低收入者约1.2亿）。2012年9月15日，北京国际城市发展研究院联合中国社会科学文献出版社发布了首部《社会管理蓝皮书——中国社会管理创新报告》。报告指出，我国改革开放丰硕成果背后正隐藏着种种复杂多变的不稳定风险：贫富差距正在进一步扩大，逼近社会容忍线；官民冲突、警民冲突现象加剧。蓝皮书指出，20世纪80年代初，我国基尼系数为0.275，而2010年已达到0.438。20世纪90年代以来，基尼系数在以每年0.1个百分点的速度提高，并且有进一步扩大的可能。蓝皮书援引的调查数据显示，当前我国城乡居民收入比达到3.3，国际上最高在2。依照这份蓝皮书提供的数据，我国行业之间职工工资最高与最低相差15倍左右；上市国企高管与一线职工收入差距在18倍左右，国有企业高管与社会平均工资相差128倍。收入最高的10%人群与收入最低的10%人群的收入差距，已从1988年的7.3倍上升为2007年的23倍。北京国际城市发展研究院副院长朱颖慧研究员指出，收入差距的扩大不仅表现在收入上，同时也反映在财富的占有上。朱颖慧分析，土地、资源、资本等三种生产要素发挥了巨大的财富调整力量，房地产、矿产、证券成为"最赚钱"的暴利行业。"财富向少数人集中，污染向大多数人扩散"的趋势愈演愈烈。朱颖慧担心，收入的差距和财富拥有的不平衡，正在将我国定型为一种两极分化的社会结构。中间阶层缺失正成为社会不稳定的潜在根源。②

城乡之间收入分配差距现状（参见表5.1）。城乡居民收入差距是中国

---

① 世界银行：《中国：推动公平的经济增长》，清华大学出版社2004年版，第1、47页。
② 《新京报》2012年9月15日。

现阶段居民收入差距的主要表现,这一因素对中国经济的影响最为深刻。

表 5.1　1978—2011 年中国城乡居民收入变化

年份	城镇居民家庭人均可支配收入（元）	农村居民家庭人均纯收入（元）	城乡居民收入比
1978	343	134	2.56
1979	412	160	2.58
1980	478	191	2.50
1981	492	223	2.21
1982	527	270	1.95
1983	564	310	1.82
1984	651	355	1.83
1985	739	398	1.86
1986	900	424	2.12
1987	1002	463	2.16
1988	1181	545	2.17
1989	1376	602	2.29
1990	1510	683	2.21
1991	1701	709	2.40
1992	2027	784	2.59
1993	2577	922	2.80
1994	3496	1221	2.86
1995	4283	1578	2.71
1996	4839	1926	2.51
1997	5160	2090	2.47
1998	5425	2162	2.51
1999	5854	2210	2.65
2000	6280	2253	2.79
2001	6860	2366	2.90
2002	7703	2476	3.11
2003	8472	2622	3.27

续表

年份	城镇居民家庭人均可支配收入（元）	农村居民家庭人均纯收入（元）	城乡居民收入比
2004	9422	2936	3.21
2005	10493	3255	3.22
2006	11760	3587	3.28
2007	13786	4140	3.33
2008	15781	4761	3.31
2009	17175	5153	3.33
2010	19109	5919	3.23
2011	21810	6194	3.52

资料来源：根据历年《中国统计年鉴》整理。

从图5.1、图5.2可以看出，我国城乡居民收入差距变动大致经历了三个阶段：第一阶段（1978—1984年），为城乡居民收入水平迅速提高、增幅显著上升，二者收入差距逐步缩小阶段。城乡居民收入比由1978年的2.56缩小为1984年的1.83，缩小近30%。第二阶段（1985—1991年），为城乡居民收入水平继续提高但增速下降阶段。这一阶段城乡居民收入增速较缓，由于农民收入水平较之城镇居民绝对数提高缓慢，年均增长率下

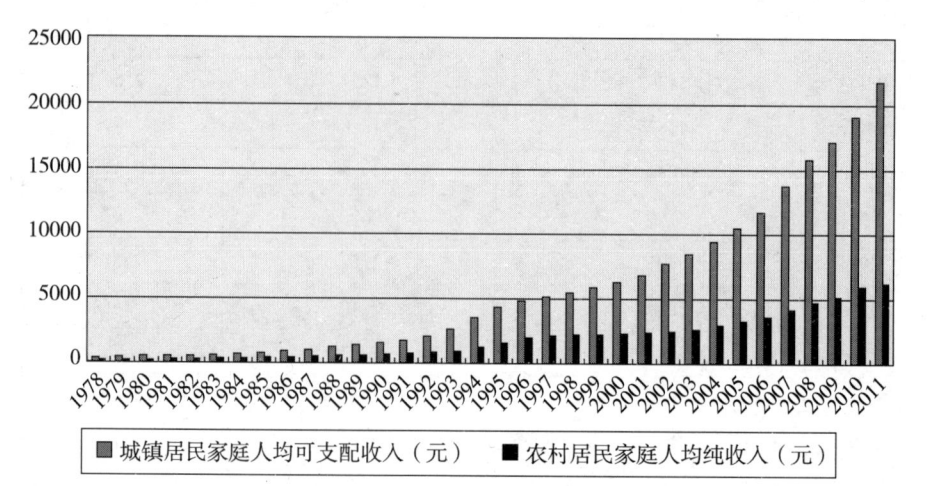

图5.1　1978—2011年中国城乡居民收入变化情况

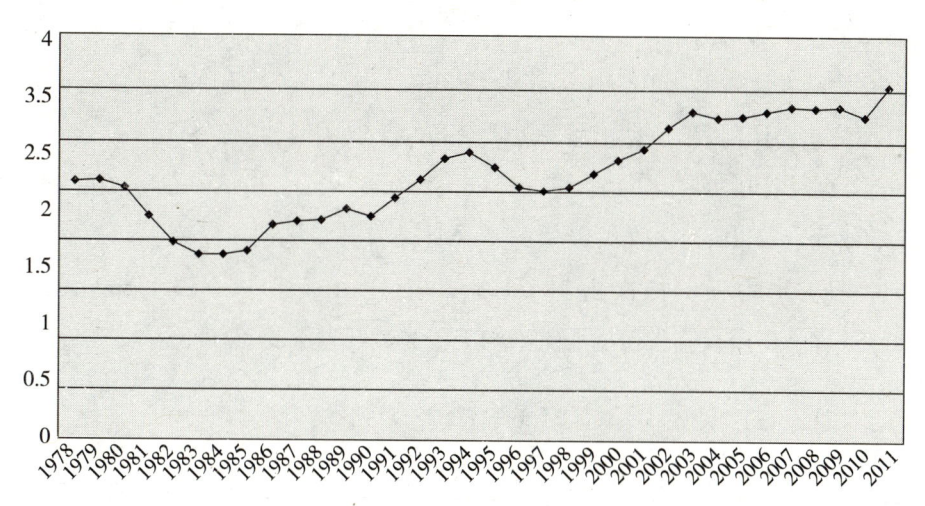

第五章　政府经济职能的价值目标：实现制度公正

图5.2　中国城乡居民收入差距

降幅度大，城乡居民收入差距又逐步拉大。城乡居民收入比由1985年的1.86扩大到1991年的2.40，差距拉大了22.5%。第三个阶段（1992—2011年），为城乡居民绝对收入额迅速提高，但绝对收入差距迅速拉开，相对收入差距进一步扩大阶段。这一阶段城乡居民收入差距比迅速扩大，基本维持在2.5以上（除1997年为2.47），从2002年以来，这个比例超过了3。2004年国家相继出台粮食直补、良种补贴、农机补贴和降低农业税税率等一系列政策措施，使得这一比例有所下降，但从今后几年城乡收入差距比仍然有扩大的可能。①

另外，在城市不同阶层居民收入分配上，财富迅速向高收入阶层集中，如占城市10%的高收入者占有了城市全部财富的45%，而占城市10%的低收入者仅占有城市全部财富的1.4%。在城乡收入分配上，财富迅速向有利于投资的城市集中，城乡收入差距2005年已达3.22∶1，在全部居民储蓄中，80%集中在城市。

在区域收入分配上，财富向具有较高投资回报率的东部集中，如在社会消费品零售总额中，东部11省市所占份额从2003年的58.3%提高到

---

① 李炳炎：《共同富裕经济学》，经济科学出版社2006年版，第26—27页。

58.8%，中部则从 25.3% 降为 24.1%，东北从 10.1% 降为 9.2%。只有西部在大开发战略下从 16.3% 提高为 17.0%，这显示了政府在实现公平分配方面的重要作用。① 从城镇居民收入最高的 5 省（市、区）是西藏、上海、北京、浙江和广东，职工平均工资依次为 30873 元、30085 元、29674 元、23506 元、22116 元；收入最低的 5 个省是吉林、贵州、河南、江西和湖北，职工平均工资依次为 12431 元、12431 元、12114 元、11860 元和 11855 元，工资最高省份的职工平均工资为最低省份的 2.60 倍。②

表 5.2 部分行业工资水平比较

单位：元

年份	合计	农林牧渔	电力、煤气、供水	交通运输、仓储、邮政	金融业	科研技服	批发零售业	最高：最低
1978	615	470	850	694	610	669	551	1.81
1985	1148	878	1239	1275	1154	1272	1007	1.45
1990	2140	1541	2656	2426	2079	2403	1818	1.72
1995	5500	3522	7843	6948	7376	6846	4248	2.23
2000	9371	4832	12830	12319	13478	13620	7190	2.82
2001	10870	5741	14590	14167	16277	16437	8192	2.86
2002	12422	6398	16440	16044	19135	—	9398	2.99
2003	13969	6884	18574	15753	20780	20440	10894	3.02
2004	15920	7497	21543	18071	24299	23351	13012	3.24
2005	18200	8207	24750	20911	29229	27155	15256	3.56
2006	20856	9269	28424	24111	35495	31644	17796	3.83
2007	24721	10847	33470	27903	44011	38432	21074	4.06
2008	28898	12560	38515	32041	53897	45512	25818	4.29
2009	32244	14356	41869	35315	60398	50143	29139	4.21
2010	36539	16717	47309	40466	70146	56376	33635	4.20

资料来源：根据历年《中国统计年鉴》整理。

---

① 黄泰岩、崔万田：《经济增长转型中的居民收入分配调节》，《求是》2006 年第 13 期。
② 李炳炎：《共同富裕经济学》，经济科学出版社 2006 年版，第 31 页。

从图5.3中可以看出，1978年以来，处于最高工资水平的是垄断地位的电力、煤气、供水及交通运输、金融、保险业，处于最低工资水平的为社会服务业和农林牧渔业。近年来，最高与最低行业的工资差距仍呈扩大趋势。

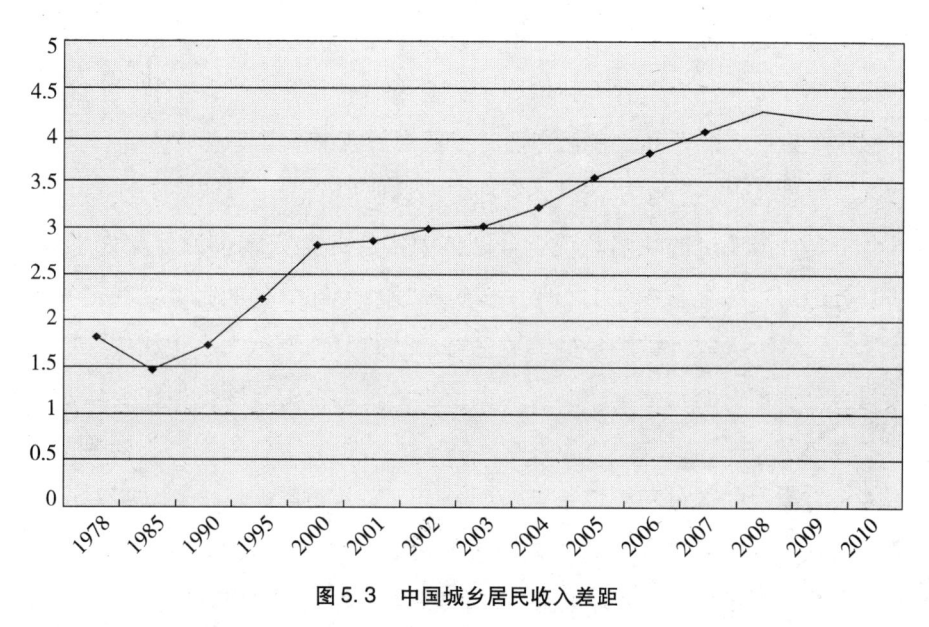

图5.3　中国城乡居民收入差距

分配领域出现的居民收入差距、行业差距以及地区经济和社会发展差距的扩大，其主要原因在于：

一是市场缺陷或市场失灵，制度建设滞后。我国市场经济尚处于发育阶段，市场缺陷、失灵问题严重，而政府又没有建立相应的制度及时纠正这些缺陷，而这些缺陷是造成居民收入差距扩大的重要因素。主要表现在：第一，价格形成机制的不合理影响。由于在价格之间存在着可以被利用的"黑洞"，手中握有权力或通过各种途径能充分利用权力的中间商，人为地增加流通环节，谋取利润。第二，市场垄断的存在。就收入分配而言，行业垄断企业由于国家改革滞后，其垄断所获得的垄断利润还缺乏相应有力的调节手段，这些垄断行业就业者的个人收入就必然大大高于非垄断就业人员的收入。第三，要素市场、劳动力市场不成熟，劳动力不能自由流动，均衡工资率便不能形成，因而市场对工资水平的调节作用不能得到充分发挥；资本市场还不成熟，投资方向和投资信息受到限制，必然存在大量的投资过度投机行为。

二是市场管理体制不健全、法制建设滞后，也是导致我国居民收入差距扩大的重要原因。如初次分配中难以贯彻按劳分配原则，工人的合法利益得不到保障，加之监管不到位等多种原因而导致公平的缺失；再如存在的偷逃税款、走私贩私、制假售假、权钱交易或谋取"黑色收入"、"灰色收入"等非法收入，依法治理还存在一些薄弱环节。

三是分配制度的缺陷。现行分配体制实施的是完善按劳分配为主体、多种分配形式并存、各种生产要素按贡献参与分配的分配制度。在这种分配体制下，个人收入量的多少，不仅与自己的劳动贡献大小正相关，而且还与自己所拥有的物化生产要素多少正相关。是否占有物化生产要素及其量的多少和质的高低，便成为影响人际收入差距的重要因素，不同要素所有者占有要素的数量和质量差异，对个人收入差距影响巨大。如果在劳动收入大致均等的条件下，收入差距主要由财产性收入高低而拉大。此外，形形色色的不规范收入、非法收入如腐败等，也与分配制度有密切关联。据统计，2011年，全国纪检监察机关共接受信访举报1345814件（次），其中检举控告类960461件（次）。初步核实违纪线索155008件，立案137859件，结案136679件，处分142893人。其中，给予党纪处分118006人，给予政纪处分35934人。通过查办案件，为国家挽回经济损失84.4亿元。2011年纠风和执法监察工作中，全国共查处违法违规强制征地拆迁问题1480个，责任追究509人；查处食品安全问题5975件，责任追究3895人；药品安全问题9084件，责任追究3680人；参与检查保障性住房项目2.6万多个（次），查处违纪违法问题307件；查处乱收费、乱罚款、乱摊派等损害农民利益问题2821件，责任追究1982人；查处各级各类学校乱收费问题涉及金额5.1亿元，已清退违规收费金额3.8亿元；查处挤占、截留、挪用、骗取医改资金问题5588个，涉及金额3289万元；查处公路"三乱"问题1303个，责任追究1734人；纠正土地违法违规问题2.3万个，立案 1.17 万件，结案 1.05 万件，给予党纪政纪处分 4166 人；纠正水利违法违规问题 5949 个，立案 376 件，结案 314 件，给予党纪政纪处分 156 人。2011 年，监察部直接参与调查处理了 13 起特别重大生产安全责任事故案件。①

针对分配制度中存在的突出问题，2006 年 7 月 6 日，中共中央召开党外人士座谈会，就改革收入分配制度和规范收入分配秩序听取各民主党派中央、全国工商联领导人和无党派人士的意见。胡锦涛同志主持座谈会并发表重要讲话。他指出，对收入分配问题，中共中央一直高度重视，强调要完善按劳分配为主体、多种分配方式并存的分配制度，坚持各种生产要素按贡献参与分配，在经济发展的基础上，更加注重社会公平，加大调节收入分配的力度，规范个人收入分配秩序，着力提高低收入者收入水平，扩大中等收入者比重，有效调节过高收入，取缔非法收入，努力缓解地区之间和部分社会成员收入分配差距扩大的趋势。② 这一段话，明确提出了中央下一步解决分配不公的方针和任务。

2010 年"两会"，收入分配问题成为热点之首。"收入差距"首次写入政协工作报告；"改革收入分配制度"首次出现在政府工作报告之中。"十二五"规划纲要中，关于收入分配制度改革是最大的亮点。

二、教育公共资源分配中的突出问题

近些年来，随着改革开放的日益深入，市场经济体制的逐步建立，我国的教育事业蓬勃发展，可以说发生了翻天覆地的变化，与此同时，急剧拉开差距的教育资源又造成了教育的不平等、不公正现象日趋严重，引起了国人的格外关注。党和政府已经出台了相关措施，积极应对出现的教育不公问题。

教育不公主要反映在以下几个方面：一是地区和城乡之间教育资源分

---

① 周英峰：《中纪委监察部通报 2011 年查办案件工作情况》，《检察日报》2012 年 1 月 7 日。
② 胡锦涛：《要扎扎实实把改革收入分配制度工作做好》，《人民日报》2006 年 7 月 7 日。

配不公平；二是国家投资建造的重点大学在省际严重分布不均；三是教育资源分配的结构性不公平。如本来就不充足的教育拨款，大量被投向非义务的高等教育，而最需要政府投资的义务教育、基础教育，反而得不到应有的保障。还有，即政府的资源更多地投向好学校，尽管这些学校已经得到市场的追捧，并不缺钱；相反，亟待政府扶持的普通学校，却得不到很好的帮助，于是，学校之间的差距被政府的政策日益扩大。

以地区和城乡间教育资源分配不公为例。据袁振国教授带领的课题组对我国东部三个典型地区北京、上海、天津和西部五个典型地区广西、云南、贵州、甘肃、青海教育生均预算内教育事业费研究发现，从1996年到2002年，我国教育差距不断拉大。东、西部小学教育生均预算内教育事业费的差距从1996年的3.5倍扩大到2002年的3.85倍；东、西部普通初中教育生均预算内教育事业费的差距从1996年的3.0倍扩大到2002年的3.39倍；东、西部高中教育生均预算内教育事业费的差距从1996年的2.8倍扩大到2002年的2.92倍。以最典型的上海和贵州为例，2002年教育预算内事业费小学生均上海为4390元，贵州为580元，上海为贵州的8.25倍；初中生均上海为4257元，贵州为532元，上海为贵州的7.17倍；高中生均上海为5411元，贵州为1100元，上海为贵州的4.92倍。①

从文盲半文盲人口的分布上来看，我国城市、县镇和乡村人口之间文化素质方面有明显差别。2000年，我国15岁及以上人口中仍有文盲8699.2万人，其中属城市常住人口的占12.8%，属县镇人口的占9.7%，而属乡村人口的占77.5%。也就是说，超出3/4的文盲半文盲分布在农村地区。②

从上述材料看，目前的教育政策确有失衡与不公正之处。教育机会不可能绝对平均地被所有人享有，教育资源也不可能绝对地公平分配，这样的失衡在任何国家都难以避免。教育发展的失衡和不公问题并不可怕，只要政府确立教育公正的价值理念，实施公平的教育资源配置政策、公平的财政分配

---

① 《人民政协报》2004年3月3日。
② 《中国教育报》2004年3月13日。

制度，这一矛盾总会化解。总之，实现教育公平，关键在于政府。

三、司法领域存在的执法不公

当前我国司法特别是执法领域，仍存在政府权力运用不当的问题，执法犯法、权大于法、以情代法等现象引起司法不公，人民群众反映强烈。如何让人民群众在每一个司法案件中都感受到公平正义，就成为我国司法改革的目标任务。对司法不公的问题，我们应当从结果是否公平、过程是否正当和司法内外体制是否合理三个角度进行考察。

（一）司法腐败（即司法结果的不公）

司法人员因专业知识欠缺而导致的过失误判（即渎职）。又有司法人员道德低下的徇私舞弊、枉法裁判。地方各级司法机关的人事关系仍受地方行政机关的严格管辖，对人事关系的处理没有权力，现行制度设计难以挡住不合格的人员混进检察、审判机关。

（二）司法专横

即司法行为在过程和程序上不开放、不民主，单纯追求实体真实而不顾程序正义。体现为诉讼参与人的合法权利被践踏，如刑讯逼供、暴力取证、不审而判、限制上诉、虐待被监管人等。之所以有司法专横，是由于司法制度内部欠缺民主机制、专断所造成的。

（三）司法软弱

即司法人员应当履行职权而不履行，如对公民或者法人提起的民事诉讼以无法律依据为由拒绝受理，导致纠纷不能解决、权利不能保障，再如由于地方保护主义的干涉，使一些损害国家利益无损地方利益的案件（如增值税发票犯罪和走私犯罪）得不到处理，使秩序无法维护。之所以有司法软弱，主要源于司法体制的欠缺，即司法的不独立导致司法不能抵抗外来非法干涉，从而严重限制了司法人员主观能动性的发挥，使司法失去了应有的权威和活力，进而放弃职守。

通过以上分析可以看出：司法不公的三种表现司法腐败、司法专横、司法软弱，与制度的不健全、制度的扭曲与执行不力，不规范的行政有直接关系。

综上所述，分配、教育和司法领域存在的社会不公问题，制度不公是其重要原因之一，对此，我们应该有充分的认识。制度的不公，会引发各领域的不公，从而激化社会矛盾，导致经济活动效率下降，破坏社会的安定秩序，制约社会进步。因此，应从制度创新入手，通过理性的制度设计和安排，重点解决好制度公正问题。当然，有些制度的缺陷以及不健全，不是人为的，而是受制于经济社会发展的程度与速度。因为制度总是针对一定条件来设计的。这些说明制度的完善与健全也是相对的。对此，也应当有个全面认识。

第二节 制度公正：政府决策的价值目标

我国是一个发展中国家，有着特殊的国情，因而我们不能照搬一些发达国家实现现代化的路子。社会主义市场经济仍需要依靠政府的引导与推动，以社会公正为价值目标的制度设计就放在了一个突出的地位。邓小平同志总结历史教训曾深刻地指出，"我们过去发生的各种错误，固然与某些领导人的思想、作风有关，但是组织制度、工作制度方面的问题更重要。这些方面的制度好可以使坏人无法任意横行，制度不好可以使好人无法充分做好事，甚至会走向反面。""克服特权现象，要解决思想问题，也要解决制度问题。""制度问题不解决，思想作风问题也解决不了"。①

一、何谓制度公正

公正观是人们依据公正标准（准则）进行公正评价的观点与看法。在历史上，由于人们的社会地位不同、立场不同，所以，选择的公正标准就不同。不同的评价标准，体现着人们不同的利益观和价值观。历史上公正观，内容上各有所异。从不同的公正观出发，人们所理解和确认的公正各

---

① 《邓小平文选》第 2 卷，人民出版社 1994 年版，第 332—333、336、328 页。

不相同，甚至是彼此对立的。

从历史的发展来看，具有代表性的公正观有以下几种：第一，平均主义公正观。在生产力水平极其低下的原始社会，有利于保障大多数成员基本生活条件，维护本氏族部落的生存、延续和发展。但由于忽视人的能力、贡献和需要的差异，因此推行这种公正容易导致整体社会缺乏效率和竞争。第二，等级主义公正观。在当时特定社会历史条件下，对于稳定社会秩序、巩固新兴的生产关系和促进生产力的发展起了一定的积极作用，但是这种以牺牲广大劳苦大众的利益为前提的公正观，显然极不公正。第三，功利主义公正观。将利益分配同个人的功过、业绩挂钩，它对于调动人们的生产积极性、弘扬人的进取精神等有积极意义。但不能扩大到所有领域并推向极端，如社会中一些没有劳动能力或丧失劳动能力的特殊群体，按此原则就得不到社会起码的公正。第四，人道主义公正观。声称人人具有与生俱来的天赋人权，因此人人就应该无条件享有平等的政治和经济、从业、受教育、医疗卫生权利等等。人道主义公正对于抑制强者利益的过分扩张，具有极其重要意义。不足之处在于如果把它推向极端或加以普遍化，极易倒向平均主义。第五，德性公正观。麦金太尔在《谁之正义？何种合理性？》提出了德性正义论的思想。在他看来，德性正义就是按照道德的功过、道德的优劣与应得赏罚来实施分配正义的，也就是把应得作为社会分配的原则。他指出把应得作为分配伦理的原则要以个体的善的观念与共同体的善的观念的相容性为背景条件，并且按照每个人对社群共同利益的贡献的多少来分配。麦金太尔认为在社会共同体中社会的善和每个人的善应该是一致的，主张的德性正义理论认为道德的功过、道德的优劣与应得赏罚应作为社会分配的终极原则。

诺贝尔奖获得者阿马蒂亚·森认为，功利主义虽注重效果，但它过分夸大了效用和工具的价值。森也高度赞赏了罗尔斯的分配公正思想，但也同时指出，罗尔斯把最大最小原则的适用范围限定在基本物品的范围之内。基本物品的定义虽然消除了个人间效用的比较，但同时也放弃了对人们利用这些基本物品的能力差异的关注。森的能力理论就是试图弥补这一点而提出的。他的能力概念不仅包括一个人所拥有的权利和物品，而且包括这个人使用这些权利和物品的能力。森强调能力平等原则要优于效用原则和物品的平等原则。能力平等原则强调"他们实际上能够做什么或成为什么"。森在《以自由看待发展》一书中还特别强调了"基本能力"，"包括免受困苦——诸如饥饿、营养不良、可避免的疾病、过早死亡之类——基本的可行能力，以及能够识字算术、享受政治参与等等的自由"。[①]

从以上分析中可以看出，公正的标准在不断地变化，应该说是一个具体的、历史的范畴，根本不可能为公正制定某种凝固不变、万世通用的标准或尺度。

二、判断公正的基本标准

马克思主义的公正观认为，公正的本质是一种价值观念（是现存经济关系的观念化表现）。"价值观念"是人们在长期认识事物价值的基础上，从内心形成的评定各种价值的主观标准。公正作为人类社会最高的一种价值观念，是人们评价社会关系的标准。公正标准就是现实社会利益关系的合理性，因而属于评价范畴。

评价标准是主观性的标准，那么怎样才能确定它的正确可靠呢？根据马克思主义基本原理，就是要做到主观和客观的统一，即主观评价标准与客观价值标准的统一。如果评价标准本身没有客观依据，是主观随意的，那么依据评价标准所作的评价也就不可能是客观的。实践证明，客观的价值是有客观的标准和界限的。这个标准不是评价标准本身，而是在评价标准的背后、作为评价标准的基础起作用的东西，即客观的价值标准。客观的价值标准，实际上是主体的客观存在，即主体的现实利益、需要和能力。如人的文化心理结构使各种精神现象和行为区分为美的和丑的，善的和恶的等等，这些区分不依赖于主体的兴趣和愿望，而依赖于主体历史地形成的客观现实。所

[①] 阿马蒂亚·森：《以自由看待发展》，任赜等译，中国人民大学出版社2002年版，第30页。

以，主体本身的存在和规定性就起着一个客观标准的作用。它使来自客体的一切作用都客观地构成一定的价值事实，显示出它们的价值性质和程度。主体本身的客观需要、利益和能力从根本上决定着价值标准的形成和改变。所以，评价主体要使自己的评价标准准确可靠，就必须找到自己的客观价值标准，即"评价标准的标准"。要做到这一点，就要深刻全面地了解主体的客观利益、需要和能力。只有真正懂得了主体需要什么，能接受什么，才能准确地判断客体对主体的价值。公正作为一种评价，它的评价主体是人，评价客体是社会关系（主要是社会利益关系）。公正一般是人们对现实社会关系的评价，是人们对现实社会关系（主要是社会利益关系）合理性的确认。所以，这一意义上的公正标准就是现实社会利益关系的合理性。那么怎样确定利益关系的合理性呢？这也是一个争论不休的问题。马克思在《〈政治经济学批判〉序言》中说："一切社会变迁和政治变革的终极原因，不应当到人们的头脑中，到人们对永恒真理和正义的日益增进的认识中去寻找而应当到生产方式和交换方式的变更中去寻找；不应当到有关的时代的哲学中去寻找，而应当到有关时代的经济中去寻找……用来消除已经发现的弊病的手段，也必然以或多或少发展了的形式存在于已经发生变化的生产关系本身中。"[①] 这段话说明公正的社会利益关系首先是与该社会生产力发展水平相适应的生产关系的表现形式。

所以，特定时代的公正，就是同社会发展规律和方向相一致的主体对现实利益关系合理性的确认。特定时代的公正标准，从根本上看，就是与社会发展规律相符合，与现实生产力发展水平相适应的社会关系，这是公正的根本标准，另外，不同时代还有不同时代的公正的具体原则。

三、制度公正的基本内容

现代社会中，在平等、自由与社会合作等基本理念的支撑下，在现代化和市场经济这两个现实因素的推动下，现代社会公正的具体内容和原则

[①] 《马克思恩格斯选集》第三卷，人民出版社1995年版，第617—618页。

也发生了很大变化。具体来看，主要有以下几个方面：

(一) 基本权利的保证，即保证原则

只有对社会成员的基本权利予以切实的保证，才能够从最起码的底线意义上体现出对个人缔结社会的基本贡献和对人的种属尊严的肯定，才能够从最本质的意义上实现社会发展的基本宗旨。

(二) 机会平等，即事前原则

机会直接影响着未来的分配状况，机会的不同将导致未来发展可能结果的不同，因而从分配的意义上讲，机会的条件是一种事前就有所"安排"的原则。机会平等有两个层面的含义：一是共享机会，即从总体上来说每个社会成员都应有大致相同的基本发展机会；二是差别机会，即社会成员之间的发展机会不可能完全相等，应有着程度上的差别。

根据平等的理念，每个社会成员应当具有相同的发展权利，因而在发展机会面前，也应是人人平等。共享机会的平等固然很有道理，但如果将之推至极端，而否认差别机会的合理性的话，则难免有所偏颇。在实际生活中，由于存在以下问题，使得绝对化的机会平等成为不可能。第一，机会作为一种资源而言是有限的，无法充分满足社会成员对于机会的各种需要。第二，迄今为止，社会机体尚缺乏一种足够周密的机制对于机会进行均等化的处理。第三，看上去是同样的机会但对于不同的人来说，有着不同的甚至是很不相同的意义。比如，证券市场非常强调机会平等，但这对于处在绝对贫困中的社会成员几乎没有什么意义。第四，社会成员在先天性因素如自然禀赋、发展潜力、出身的家庭环境、财产继承等方面的差别往往是很大的，这就造成了不同的发展起点和发展潜力。这些因素是难以消除的，因此，在机会方面绝对均等的设想是不可能实现的。诚如恩格斯所指出的那样，"两个意志的完全平等，只是在这两个意志**什么愿望也没有**的时候才存在；一当它们不再是抽象的人的意志而转为现实的个人的意志，转为两个现实的人的意志的时候，平等就完结了"[①]

---

① 《马克思恩格斯选集》第三卷，人民出版社 1995 年版，第 443—444 页。

差别机会的主要依据是自由理念和现实原则。在承认个人的种属尊严和平等的前提下，应进一步承认个体之间的差别。这既符合自由的理念，又符合现实的原则。自由理念的重心在于尊重个体的选择，鼓励个体充分开发自身的潜能，鼓励社会成员最大限度地使用各种机会以实现自身的价值。

在某种意义上讲，现实的原则是承认现实起点与现实环境的合理性，要求社会成员适应市场经济的现实，充分把握各种机会，进行有效的独立决策和独立发展。现实原则不寻求过于理想化的规则而一概地否定社会成员所面临的各种现实机会。自由理念和现实原则所造成的，必定是社会成员在机会方面的种种差距。只要这些差距在总体上没有达到极端化的地步，尚未损害公正的保证原则和共享机会，它们就有助于社会总财富的积累、有助于激发整个社会机体的活力、有助于推进社会的进步。

（三）按照贡献进行分配，即事后原则

按照贡献进行分配，是把个人对社会的具体贡献同自身的切身利益紧密地结合在一起。从实际效果来看，这有利于调动每个社会成员的积极性和激发整个社会的活力。这是与现代社会完全相适应的一种分配原则，也是符合市场经济的现实原则。

在是否将按照贡献进行分配作为分配的一项原则方面，没有多少歧义。问题在于对这一原则的重要程度看法不同。罗尔斯的看法带有明显的福利社会主义的色彩。他在谈论分配时的重心明显地放在"最少受惠者"的一边，而对在分配过程中居于优势的社会成员有着一种本能的防范。例如，其"差别原则"主张在许可的范围内使社会利益的分配做到使最少受惠者得到最大利益。这种看法得到了不少人的称道。如何看待罗尔斯的这种见解？可以肯定，罗尔斯的看法有一定道理，但他是在现代化程度较高、市场经济相对成熟的背景下提出这一见解的，因而这种看法并不见得适应大多数发展中国家的实际情况。

问题的关键在于如何理解社会合作的作用。因为反对在分配过程中出现明显差距的学者如罗尔斯等人往往都坚持这样一种理由：社会财富等社会资源的形成,都离不开社会合作,而且在社会合作过程中每个社会成员的作用难以区分大小。因而自然就得出了结论:在社会合作基础之上的分配就不应当有过于明显的差距。

社会财富等社会资源的形成离不开社会合作。但应当注意的是:在同样一种社会合作中,每个社会成员的作用不可能是完全一样的。有的社会成员起着一种创造性的、组织的主要作用,有的社会成员则仅仅起着一种参与的相对次要的作用。显然,即便是从社会合作的角度来谈论分配,也应充分地将个人在社会合作中的不同贡献反映出来,不应以每个社会成员在社会合作中的不可或缺性为理由,而将每个社会成员的作用一概地予以平均化的处理。

(四)进行必要的一次分配后的再调剂,即调剂原则

这一原则的主要内容是,立足于社会的整体利益,对于一次分配后的利益格局进行一些必要的调整,使社会成员普遍地不断得到由发展所带来的收益,进而使社会的质量不断有所提高。这就是我们今天讲的让广大人民群众共享改革开放的成果。

为了实现有效的社会合作,每个社会成员对于社会整体而言,不仅具有一定的权利,同时也必须履行一定的责任和义务。具体到分配方面,社会责任理应包括对在初次分配过程中出现的差距进行必要的调剂,以推动社会的整体化发展。

通过调剂原则,可以使为数众多的已得到保护原则支援的那部分社会成员进一步改善自身的生活环境,提高自身的发展能力,并使整个社会的发展能力与整个社会机体的质量得以提升,进而实现社会的整体化发展。而且,通过调剂,可以使初次分配中出现的差距程度得到缩小,因而群体与群体之间、阶层与阶层之间许多由物质利益而引发的抵触和冲突也可以程度不同地得到缓解,从而使整个社会实现相对稳定的正常运转。

第三节 实现制度公正的路径

我国社会主义基本经济制度、政治制度和文化制度的建立,从根本上

铲除了几千年来私有制所形成的人剥削人、人压迫人的社会制度，就其社会价值目标取向来说，无疑达到了迄今为止人类历史上社会公正的高度，为人们追求和拥有社会公正提供了巨大的社会可能性。但从社会现实生活的层面来分析，体现社会主义根本制度的体制以及具体的规章制度方面，还存在一些缺陷，离社会公正的要求还有差距。

我国从计划经济向市场经济体制的转型过程，将涉及社会经济、政治和文化结构的整体变迁，是社会体制的根本转轨，不可避免产生某些制度真空和制度漏洞，所以，特别容易引起人们的行为失控、利益分化等社会各种矛盾的冲突和加剧。我国当前社会生活中出现大量问题和矛盾，就充分说明了这一点，这就要不断加强政治、法律、经济、道德、生态等领域的制度建设，实现制度保障社会公正的功能。概括起来，主要有以下几点：

一、发扬民主

在现实中，我们要通过制度建设和创新，进一步拓宽公众民主地参与管理国家事务和社会事务权利的渠道，提高公众的参与程度，抑制经济社会运行、基层社区管理中权力的个人垄断。通过制度建设，积极探索不同阶层参与社会管理、经济管理的实现方式，以保障公共政策的公正性；通过积极稳妥推进民主政治和文化制度建设，依据社会公正原则制定和颁布经济、政治、法律等各项制度，保障社会成员在社会生活的各个方面处于平等的地位，享有同等的权利和机会，坚持人人平等，根除一切特权。"最大腐败是用人腐败"，干部队伍中屡禁不止的不正之风、腐败之风，与当前的用人制度有一定的关系。切实推行民主选举制度，是检验民主政治的一个重要标尺。目前，村民自治在这方面迈出了可喜的一步。除了逐步推行民选制外，还要建立起行之有效的监督、罢免、任期等一整套民主制度和程序，再加上正在完善的国家公务员制度，将有力保障公民在政治领域平等权利的实现。

二、维护法制，切实保证司法公正

司法公正是一种形式公正，是指立法、司法机构及其运行程序的公正。在秉公执法意义上也叫执法公正。

（一）提高立法质量

重点建立和完善适应社会主义市场经济体制的法律体系，做到社会政治、经济、文化和社会事务等各方面都"有法可依"。然而，如果没有公正的真正代表民意的立法机构，并且遵循民主、科学的立法程序，就不可能制定出公正的法律。如何保证法律内容的公平，从而更好地体现社会与社会成员对社会公平的基本要求呢？

一是保证立法程序的民主化，使法律内容能集成更多社会阶层与社会成员的意见。二是深入分析与把握社会公平的内在因素与结构层次，使其更好地体现在法律的内容之中。另外，适时修改法律。因为，社会公平本身就不是一个"永恒"不变的价值范畴。所以，按照不同时期和不同条件下社会公平的不同价值内涵，对法律的内容进行适时的修改，才能保证法律自身内容更加趋于公平。

（二）解决地方司法机关的财政、人事独立问题

在财政制度方面，可以考虑通过立法方式，确保各级司法机关的经费在地方生产总值里的比率，由中央财政部门与最高司法机关联合核定下达地方各级司法机关的年度经费指数，确立由中央财政部门直接下拨。

在人事管理方面，地方各级司法机关的人事关系仍受地方行政机关的严格管辖，人事关系的受制势必影响司法执法的力度和深度。近年来，我国相继修订了《法官法》、《检察官法》，加上原有的《人民法院组织法》、《人民检察院组织法》，对司法系统的用人制度、人事制度作出了最大幅度的规范。目前的统一司法考试，为法院、检察院的司法人员加入法官、检察官队伍设置了较为严格的"门槛"，已从制度设计上使得只有素质高、能力强的人才能加入司法队伍行列中来。相比于诞生于计划经济时代的那一套全社会划一配置人才资源的人事制度，上述相关法律规定所设计出

的司法系统人事制度，有助于解决现时司法系统的人才资源配置问题，司法系统的人事关系从地方行政人事管理部门独立出来已具备成熟条件。提高法制权威的前提是提高法官、检察官的素质。必须严格按照相关法律的规定，从严审查法官、检察官的任职资格，使不合格的人员进不了检察、审判机关或者离开检察、审判岗位。

（三）维护司法的独立性

司法独立，指审判意义上的司法独立，是司法机关在法律范围内自主公正地行使司法权，不受任何非法因素的干预。维护和保障司法的权威性、公正性，必须坚持司法独立这一原则。这一原则要求司法机关在行使司法权时不受行政机关、社会团体和个人等因素的干涉。就法院内部管理体制而言，要求重视司法职业本身的技术化、专门化特征，强调人民法院的法官能够依照国家法律独立自主地进行审理。当然这不排斥和否定国家权力机关的监督，也不排斥社会的民主监督。司法独立与司法民主原则并不矛盾。司法独立首先应当以承认公民、法人和其他组织独立的权利为前提条件。在当前的司法实践中，仍存在法官审案缺乏独立性和主能能动性的现象，这是滋生腐败、产生司法不公的一个内因。因此，确立司法职权的独立性便显得十分重要。

（四）扭转重"实体公正"、轻"程序公正"的错误倾向

实体公正意味着公正的法律得以正确地实施，正义得以伸张。程序公正与实体公正相比较，具有内在公平与外在公平之别。司法程序公平合理，运用得当，就能保证当事人外在的公平。长期以来，我国司法界普遍重"实体"轻"程序"，还有人认为，只要对破案和判案有利，就可以采取一切手段和方法，哪怕是违法的手段。从现实情况看，当前的司法不公和腐败现象的症结大都出在不按程序办案上。因此，应该全面认识和理解司法公正的概念和内涵，在实践中坚持实体公正与程序公正二者并重的原则和方向。

（五）强化监督制约机制

监督的手段是多方面的，有党纪、人大权力机关的、司法机关之间

的、司法机关内部的、人民群众的、新闻媒体的舆论监督等。在强化监督约束机制上,尤其要加强人大权力机关的监督。人大权力机关的监督要抓住要点,将督办权、决定权、人事任免权综合起来运用,采用质询、撤销和罢免职务等手段,切实加大监督力度。

此外,还要在全社会加强宣传和普及法律知识,以增强公民的法律意识、规则意识。这是传统人治社会给当代建设法治中国留下的一个大课题。

三、保护合法收入,杜绝一切非法收入

在经济生活领域,坚持按劳分配为主、多种分配方式并存的原则,鼓励多劳多得,勤劳致富,保护一定限度的合法非劳动收入,反对一切非法收入。既要反对落后的小生产者的平均主义观念,又要反对任何超越历史阶段的"公正"要求。值得注意的是,多年以来引起民众不满的"社会分配不公"现象主要表现在三个方面:利用行政权力进行"权钱交易";依靠行政垄断获得垄断利润;造成机会的不均等获得不平等的收入。这三个问题引起的收入分配不公,多与政府行为有关,亟须政府加强自身改革和建设,进一步规范收入分配关系,建立公正的分配制度。

(一)推进政府体制改革,避免行政权力转化成不平等收入

"权钱交易"的腐败行为是引发收入分配不公的重要原因之一。自改革开放以来,政府一直在积极推进经济体制的转轨,市场机制的调节作用越来越重要,但计划经济的惯性依然存在,市场配置资源的功能尚不完备,政府在资源配置中仍起着举足轻重的作用。一些拥有行政权力的政府官员,并不把自己作为市场经济的服务者,而是作为管理者,利用手中的权力,向企业寻取租金,提供不公平的竞争环境。"权钱交易"成为少数政府官员收入的重要来源。

针对各种寻租行为和腐败现象对收入分配制度的冲击,政府只有通过自身的体制改革,加强政府职能转变,从市场能够配置资源的领域退出,才可以从根本上避免行政权力转化为不平等收入,完善收入分配制度。具

体来讲，政府需要做好两件事情：一方面，政府要向服务型政府的方向发展，逐步取消各种行政审批权，彻底清除计划经济残留思想的影响，进行市场化操作，减少政府官员寻租的机会；另一方面，政府要建立健全各项法律法规，提高腐败及其他非法行为的成本，阻截寻租行为的发生，防止"权钱交易"获得非法收入者逍遥法外，以维护公正的分配秩序。

（二）消除行政垄断，避免垄断利润转化为不平等收入

在经济体制转轨过程中，政府逐步放开很多领域的经营权，促进市场竞争，但在某些行业，政府的行政垄断仍然严重干扰甚至限制市场的作用，造成许多不平等竞争现象。电信、电力、铁路运输、自来水等行业，政府控制着大量资源，进入门槛很高，通过行政力量进行垄断经营，获得高额的垄断利润。以中国电信为例，在没有引入其他电信运营商之前，电话的初装费需要5000元，而随着中国铁通等公司的成立初装费就取消了，可见垄断利润之高。这些行政垄断部门和企业中的成员，将企业获得的垄断利润转化为自身的高额收入。据统计，我国进入21世纪以来，行业收入水平排在前列的是金融保险、电力、电讯、交通运输，这些行业职工收入水平比全国平均收入水平高出30%左右。

针对行政垄断带来的收入分配不公，政府只有不断消除对非自然垄断性行业的行政垄断，引入竞争，积极推进市场化进程，才可以打破垄断利润，使所有人处在相同的收入分配起点，完善收入分配制度。具体来讲，政府要做好以下几件事：一是加强垄断企业的股份制改造，建立健全法人治理结构，通过企业内部机制规范收入分配行为；二是制定消除垄断引入竞争的法律法规，监督和约束企业行为，确保良好的外部竞争环境；三是加强对特殊行业的监管，审计企业利润，规范员工收入，完善企业所得税和个人所得税的征收。

（三）解决机会不均等带来的人们收入的不公平问题

中国是一个人口众多的国家，伴随经济的快速发展，只有部分人可以首先占据稀缺资源富裕起来，他们一旦起步将占据更多的资源，而更多的人尤其是农民在经济发展中处在后发位置，在这种情况下，政府是否能够

合理有效地协调资源,给每个人提供一个平等发展的机会变得至关重要。

要想改变机会不均等带来的人们收入的不平等,仅仅依靠没有得到公平对待的人们进行呼吁,或者期待机会拥有者主动放弃一些不平等的机会是不现实的。政府必须加大投入力度,促进各项制度的完善,为所有人提供平等的机会,这也正是政府的职能所在。具体来讲,政府要做好以下几件事:一是积极推动全国义务教育的普及,确保所有人拥有平等的受教育机会;二是政府应该把教育资源向教育基础差的地区、学校投入,使公民都能拥有均等的受教育的机会;三是纠正教育中的乱收费及招生中的不正之风,给弱势群体的孩子以机会均等的待遇;四是逐步取消城乡分割的户籍制度,为农民提供平等的就业机会;五是加快社会保障体系的建立,逐步实现所有人拥有平等的社会保障机会;六是进一步完善投融资体制,为所有人提供平等的融资机会。

(四) 坚持区域平衡发展

我国东西部的区域发展存在明显的差距,它直接影响经济的协调与可持续发展。然而,西部大开发的难度很大,甚至比改革开放的初期发展东部和沿海更加困难。因此,西部的开发,一定要统筹兼顾,做好规划,不能急于求成。要有步骤、有重点地推进,要从实际出发,按照客观规律办事,因地制宜,有所为有所不为。此外,西部大开发应着眼于未来,要和国际的发展接轨,要坚持经济和社会协调发展的方向,要始终坚持可持续发展的道路,最好少走弯路,少付成本。从近期看,西部大开发的势头良好。

四、最大限度地调整财富分配不公

党的十七大报告指出,要坚持和完善按劳分配为主体、多种分配方式并存的分配制度,健全劳动、资本、技术、管理等生产要素按贡献参与分配的制度,初次分配和再分配都要处理好效率和公平的关系,再分配更加注重公平。分配公平问题关系到经济发展活力和社会稳定,是世界各国都十分关注的热点问题。十七届五中全会通过的《中共中央关于制定国民经济和社会发展第十二个五年规划的建议》（以下简称《建议》）。《建议》提出，要规范分配秩序，加强税收对收入分配的调节作用，有效调节过高收入，努力扭转城乡、区域、行业和社会成员之间收入差距扩大趋势。完善公务员工资制度，深化事业单位收入分配制度改革。《建议》强调，要合理调整收入分配关系。坚持和完善按劳分配为主体、多种分配方式并存的分配制度。初次分配和再分配都要处理好效率和公平的关系，再分配更加注重公平。努力提高居民收入在国民收入分配中的比重，提高劳动报酬在初次分配中的比重。创造条件增加居民财产性收入。健全扩大就业增加劳动收入的发展环境和制度条件，促进机会公平。逐步提高最低工资标准，保障职工工资正常增长和支付。党的十八大报告指出，"要千方百计增加居民收入"，提出"实现发展成果由人民共享，必须深化收入分配制度改革，努力实现居民收入增长和经济发展同步、劳动报酬增长和劳动生产率提高同步，提高居民收入在国民收入分配中的比重，提高劳动报酬在初次分配中的比重。初次分配和再分配都要兼顾效率和公平，再分配更加注重公平。多渠道增加居民财产性收入。规范收入分配秩序，保护合法收入，增加低收入者收入，调节过高收入，取缔非法收入"，提出了解决我国收入分配不公的重要指导思想。

在道德公正领域内，按照总体受益原则、总体承受能力原则和"最少受惠者"以及利益补偿的原则，在社会财富分配制度上最大限度调整社会利益冲突。因为"社会和经济的不平等，只要其结果能给每个人，尤其那些最少受惠者的社会成员带来补偿利益，它们就是公正的"[1]。虽然收入差距过大与收入分配不公相比不是收入分配的首要问题，但收入差距过大问题绝对不能忽视。面对我国收入差距过大的现状，政府首先要正确地认识和判断，引导社会形成积极的舆论导向，采取一些有效的公共政策缓解过大的收入差距。

（一）推进社会保障体系的完善，为低收入者提供"低保"

过大的收入差距会引起人们生活水平的过大差异，高收入者可以将收

---

[1] 约翰·罗尔斯：《正义论》，中国社会科学出版社1988年版，第12页。

入转化为各种消费，甚至是享受型消费，而低收入者的收入连生活都难以维持，更不用说教育、医疗方面的消费了。这时，社会保障体系显得尤为重要，可以促进社会公平，缓解收入差距过大带来的社会问题。社会保障的本质就是通过制度安排，促使人们互助互济，保障人们一些最基本的需要，比如说，最低生活保障、最低教育保障、最低医疗保障等。现阶段，受收入差距影响最大的群体，是广大低收入者，比如说下岗职工、农民工等，他们是社会中的弱势群体，生活、教育、医疗等得不到基本保证。对于这些人，完全依靠自身能力很难改善现状，政府必须向他们提供最低保障，为他们的生活"兜底"，只有这样，才可以防止收入差距过大引起这些人生活情况恶化。

长期以来，我国的社会保障制度建设及其工作主要限于城镇地区。农民主要是靠土地、靠子女或者靠自我积累为自己提供保障。农村社会保障建设体系中，无疑包括农村养老保险制度、新型农村合作医疗制度、农村社会救助制度等内容。其中的农村合作医疗是农村最基本的医疗保险制度，这一保障制度的建设是实现我国"人人享有卫生保健"目标的需要，更是发展生产、摆脱"因病致贫"、"因病返贫"的需要。根据第五次全国人口普查数据，我国城乡人口比例大约为36%和64%，而城乡公共卫生资源占有的比例大约为60%和40%。在基本医疗保障投入方面，政府的投入只有10%多一些，社会集体投入约为25%，个人要掏60%以上。由于个人负担过重，在城市有超过50%的人"有病不愿看"、农村有超过80%的人"有病不敢看"。从目前正在全国310个县（市）进行的新型农村合作医疗试点来看，总体运行良好，但要全面建立完善的农村医疗保障制度，实是一件不易之事，甚至压力很大、困难重重。

2007年，政府开始出台一系列政策来化解这些问题。如温家宝同志在2007年的全国"两会"上就提出，各地要根据实际，合理确定低保对象范围和标准，中央财政对困难地区给予适当补助。在全国城乡建立最低生活保障制度，对于促进社会公平、构建和谐社会具有重大而深远的意义。继续落实好优抚政策，妥善解决优抚对象的实际困难。切实抓好防灾减灾救灾工作，妥善安排受灾群众的生产生活。2013年2月22日，国家统计局授权发布《中华人民共和国2012年国民经济和社会发展公报》指出，年末全国参加城镇职工基本养老保险人数30379万人，比上年末增加1988万人。其中，参保职工22978万人，参保离退休人员7401万人。全国参加城乡居民社会养老保险人数48370万人，增加15187万人。其中享受待遇人数13075万人。参加城镇基本医疗保险的人数53589万人，增加6246万人。其中，参加城镇职工基本医疗保险人数26467万人，参加城镇居民基本医疗保险人数27122万人。参加城镇基本医疗保险的农民工4996万人，增加355万人。参加失业保险的人数15225万人，增加908万人。年末全国领取失业保险金人数204万人。参加工伤保险的人数18993万人，增加1297万人，其中参加工伤保险的农民工7173万人，增加345万人。参加生育保险的人数15445万人，增加1553万人。2012年末，2566个县（市、区）开展了新型农村合作医疗工作，新型农村合作医疗参合率98.1%；1—9月新型农村合作医疗基金支出总额为1717亿元，受益11.5亿人次。2012年，按照农村扶贫标准年人均纯收入2300元（2010年不变价），年末农村贫困人口为9899万人，比上年末减少2339万人。[①]

中央在制定"十二五"规划的指导思想中提出：坚持把保障和改善民生作为加快转变经济发展方式的根本出发点和落脚点。完善保障和改善民生的制度安排，把促进就业放在经济社会发展优先位置，加快发展各项社会事业，推进基本公共服务均等化，加大收入分配调节力度，坚定不移走共同富裕道路，使发展成果惠及全体人民。"十二五"时期经济社会发展主要目标之一就是：城乡居民收入普遍较快增加。努力实现居民收入增长和经济发展同步、劳动报酬增长和劳动生产率提高同步，低收入者收入明显增加，中等收入群体持续扩大，贫困人口显著减少，人民生活质量和水平不断提高。

（二）完善收入调节机制，为高收入者提供多样化的捐钱渠道

一是政府要完善以税收为主的收入再分配制度，同时加强宣传。一方

[①] 统计局：《中华人民共和国2012年国民经济和社会发展统计公报》。

面，政府要建立公平合理的税负机制，保证纳税比率与人们的实际收入挂钩。加强审计和监督力度，防止各种方式的偷税漏税。建立健全转移支付制度，保证税收收入可以真正地改善低收入者现状。另一方面，政府通过宣传要使高收入者认识到，主动纳税是每个公民的义务，通过税收的再分配，可以提高整个社会的福利水平，使低收入者的生活得到保障，社会变得更加稳定，他们的权益会得到更好的保证。二是政府要开通多样化的捐钱渠道，让高收入者高兴地自愿地拿出钱来帮助低收入者。仅仅依靠税收这种强迫性的调节手段，往往会受到高收入者的反感，政府不如提供更多的非强迫性的捐钱渠道，供高收入者自己选择。如从事慈善事业、资助失学、成立非营利性基金、对低收入者的资助项目等。对于从事这些捐钱方式的高收入者，政府可以考虑适当地减免税收。这些方式在发达国家是非常常见的，我们应该吸收和借鉴其中比较好的方式，为高收入者提供多样化的捐钱渠道。三是正确选择调节收入差距的公共政策。针对过大的收入差距，政府往往会运用公共财政手段，采取一些公共政策来缩小差距，尤其当经济发展到一定程度，政府拥有了一定的经济实力，就会考虑实施一些福利政策来改善低收入者的现状，促进社会公平。

政府决策的基本依据是制度公正。由于公正是一个具体的历史的范畴，不同社会的不同发展阶段，其公正的原则和内涵都有差异，具体到我们国家来说，特殊的社会转型是影响公正内容实现的一个重要变数和因素。所以，现阶段中国的公正问题，有着不同寻常的特殊性和复杂性，不能一味简单地套用国外的公正理论和实践。我们坚持的制度公正所把握的原则，就是同社会发展规律和方向相一致的主体对现实利益关系合理性的确认。我国当前社会公正的基本内容是：基本权利的保证原则、事前机会平等原则、事后按贡献进行分配原则、分配后的再调剂原则。这四项原则应该是依次优先。但是特殊的社会转型期，中国现阶段的公正问题极富特殊性与复杂性。它决定了政府经济职能在转换过程中解决这些特殊道德矛盾，所运用的实现时序应该是：四原则并行，在某个时期可以有所侧重和优先。

在我国政府经济职能转换的关键时期，公正已经成为人们关注的社会问题。我们应该在党的十八大精神的指引下，认真对待并逐步解决现阶段这一领域的突出难题。十八大报告指出"必须坚持维护社会公平正义。公平正义是中国特色社会主义的内在要求。要在全体人民共同奋斗、经济社会发展的基础上，加紧建设对保障社会公平正义具有重大作用的制度，逐步建立以权利公平、机会公平、规则公平为主要内容的社会公平保障体系，努力营造公平的社会环境，保证人民平等参与、平等发展权利"。并指出："共同富裕是中国特色社会主义的根本原则。要坚持社会主义基本经济制度和分配制度，调整国民收入分配格局，加大再分配调节力度，着力解决收入分配差距较大问题，使发展成果更多更公平地惠及全体人民，朝着共同富裕方向稳步前进。"这是指导我国解决社会公平正义的指导思想和目标任务，应该予以高度重视。

第六章　公平：公共财政收支活动的伦理原则

公共财政就是市场经济体制下政府按社会公众的集体意愿提供市场机制无法有效提供的公共物品，满足社会公共需要的经济活动或分配活动，而公共财政收支活动就是确保政府按社会公众的集体意愿提供公共物品满足社会公共需要的经济活动或分配活动的过程。[①] 对于政府来说，倡导用公平伦理理念来引领公共财政收支活动十分必要。党的十八大报告这样指出：加快改革财税体制，健全中央和地方财力与事权相匹配的体制，完善促进基本公共服务均等化和主体功能区建设的公共财政体系，构建地方税体系，形成有利于结构优化、社会公平的税收制度。从体制、体系、公平多侧面进行了阐述。

第一节　我国实行公共财政的必然性

一、公共财政的产生和发展

公共财政产生的前提是市场经济，它产生与发展的过程事实上也就是市场经济的产生与发展的过程，是人们对于政府在市场中的作用的认识过程。公共财政概念最早产生于资本主义自由放任时期，17 世纪中叶至 18 世纪中叶，西欧从封建社会末期过渡到自由资本主义初期，经历了一个从自然经济向自由市场经济转化的过程。公共财政理论的发展经历过两个阶段：第一阶段为古典学派和庸俗学派，其代表人物是亚当·斯密和大卫·

---

① 张鑫：《当代财政与财政学主流》，东北财经大学出版社 2000 年版。

李嘉图，18世纪中期亚当·斯密《国富论》的发表创立了财政学，首次提出了公共财政概念，探讨了与政府活动直接联系的税负、支出和公债，强调了政府本身所具备的"公共"属性，并指出政府只是经济活动的"守夜人"。第二阶段是现代资产阶级学派，将财政赋予了三重含义：一是福利经济学派，认为国家财政应以增加社会公共福利为目标，考虑财政收支对社会公共福利造成的影响；二是凯恩斯主义，从理论上阐述了国家干预经济的必要性，国家干预经济的主要手段就是财政政策，这一理论被认为是公共财政的思想基础和理论发端；三是马斯格雷夫的财政定义，将财政看作是公共部门经济，而且还不仅仅是公共经济的问题。

公共财政概念的提出，其背后根本的文化和政治原因就是在整个社会和经济环境中，个体或个人地位的上升。换句话说，就是社会的发展要求个体在社会和经济发展中以积极主动的姿态发挥主导的作用，即强调"以人为本"。市场经济给了每个经济主体进行自主选择和决策的自由与权利，那么每个主体就要对自己的每一项社会和经济选择承担应有的责任，同时伸张应有的财产权利和社会权利，在此背景下，政府也就应从"家长式管理"转变为"服务型管理"。此时，社会个体根据各自的利益选择形成利益集团，各个利益集团面对公共利益与特殊利益、公共利益与个人利益的选择时会产生冲突，道德的选择就成为难以回避的问题。这时，摒弃特殊利益和个人利益，维护公共利益是唯一正确的选择，也是对各方最基本的伦理要求。因而，公共性成为公共财政的本质特征。

市场经济是以市场机制为基础配置社会资源的经济形态。在市场经济条件下，市场是社会资源的主要配置者。弗里德曼说，市场交易和货币制度是人类在制度方面的创造。市场对资源配置起基础作用，市场交易的确是社会资源配置的极好方式，但不是所有资源都可以通过市场配置的。市场是一种有效率的运行机制，但是，市场的作用是有限的，不是万能的，市场机制是有缺陷的，市场机制有时是会失灵的。随着市场经济的发展，特别是20世纪30年代资本主义经济危机的爆发，人们日益认识到市场经济并非尽善尽美，市场经济也存在失灵或有缺陷的领域。

对市场失灵问题私人经济部门无法解决，此时需要以非市场方式，即以政府为主体的公共经济部门，或者说公共财政的介入来弥补市场本身的缺陷，满足社会公共需要。"市场失灵"决定着公共财政存在的必要性及其职能范围。因为只有市场失灵的领域，政府部门的介入才是必要的；只要市场做得好的，政府就不必干预。18世纪英国经济学家亚当·斯密，在他著名的经济学著作《国富论》中将政府财政的管理范围和职能限定在公共安全、公共收入、公共服务、公共工程、公共机构、公债等范围，基本确立了公共财政理论的框架。公共财政建立在"市场失灵"理论基础上，是与市场经济相适应的一种财政模式。它是以国家为主体，通过政府的收支活动，集中一部分社会资源，用于履行政府职能和满足社会公共需要的经济体制。

可见，财政天然具有公共性。从国家和财政的起源和形成上看，财政一开始就是在经济上占有统治地位的集团和分配活动，并且服务于该集团的利益，集团的"集体性"或"公共性"首先赋予了财政区别于财务的"私人性"。更为根本的还在于国家在建立政权以后，出于维护政权的需要，必然要介入社会经济领域，参与社会经济管理活动，一方面维护社会经济秩序的稳定；另一方面提供社会公众所不愿提供或不能有效提供的公共产品，而由于这些活动是服务于社会公众的公共需要的，因此，服务于这类活动需要的财政行为就天然具有"公共性"。财政的"公共性"是国家财政本身固有的性质，财政的"公共性"具有历史发展的阶段性特点。在封建专制时期，财政的公共性为封建君主的私人性所取代；在计划经济时代，财政的公共性为政府的计划性所掩盖；只有在市场经济下，公共领域与私人领域的分野才得以完成，公共财政不再介入私人领域而转制于公共领域，公共财政的公共性随之凸显，公共需要和私人需要才各归其位。公共财政以满足公共需要为唯一目的，公共财政的公共性因之强化，公共产品与私人产品的体统才各有其主，公共财政告别私人产品的纠缠，公共性成为公共财政的本质特征。

公共财政具有深厚的伦理内涵，它是一种公共性的观念集合。财政的公共性在客观上是由于社会对一些问题的解决存在着支出上的共同需要，而国家或政府为了解决这些共同存在的问题并同时体现自己统治与治理社会时在政治与财产上的统治权与分配权，不得不面对这些共同的需要，通过政府收支及国家分配活动来解决问题以巩固统治，这使得财政由于社会公众公共的或共同的需要以及统治者自身利益需要而不能不显现其公共性的特征。在这个意义上而言，无论是从国家分配论的角度还是从西方财政理论的模式论角度，我们都可以认为，财政的公共性是由社会中存在着的公共需要决定的，财政公共性缘起于公共需要。"公共"的内涵当然是通过政府支出来满足社会需要为唯一目标的支出原则体现的，从事无巨细、包揽一切的中国计划经济时代的生产建设性财政，到根据市场经济体制改革的过渡时期的需要，所实行的双元结构财政，经历着不同模式的转换，由此而发生的种种财政变化，从总的方面来看都可以用"公共性"来概括，这就昭示着我国的财政模式向"公共"财政模式转化是大势所趋。因此，在我国现阶段财政改革中，尤其应突出强调财政的公共性，并以此为导向转化财政职能，进行财政定位。

二、社会主义市场经济的必然要求

随着我国社会主义市场经济的建立和发展，我国财政也经历了从"国家财政"到"公共财政"的重大变革。我国的财政制度与理论朝着公共方向发展的深刻变化，是在经济体制逐步市场化的基础上实现的，反过来又全面影响了整个市场化改革。

计划经济时期"国家分配论"一度占据国内财政理论主流的位置。认为财政的本质是国家凭借其主权，参与社会产品和国民收入分配过程所形成的分配关系。财政学的研究对象正是这种以国家为主体的财政属性的分配关系。20世纪90年代初市场化改革目标确立之后，受到西方公共财政理论的影响，中国学术界出现了对"国家分配论"的一系列争论，形成了一些新的理论流派，如"共同需要论"、"剩余产品分配论"、"公共融资说"等等。双元财政论认为财政可以解析为一种"二元"的结构，其中一元为公共财政,另一元为国有资产经营财政,就是基于西方公共财政及其理论的思考而提出的主张,其理论重心在于"公共财政",并试图对公共财政作体系性的描述,可以说是我国对公共财政雏形的一种探讨。

随后,围绕公共财政论和公共产品论的争鸣得到升级,大体上是围绕财政的阶级性与公共性的姓社与姓资问题、国家分配论与公共财政论的财政本质与类型问题而展开。"有无公共财政"、"什么是公共财政"以及公共财政的基本特征等问题是中国财政理论界首先必须解决的。1998年底,财政部提出了构建我国公共财政基本框架的改革目标,此时我国公共财政理论框架大体已经形成,其与市场经济内在联系的思路已经明朗进而对财政实践和制度创新产生重要影响。[①] 此后围绕公共财政论的讨论虽然还存在,但原来争议的焦点问题显然已经不再,而更多地从正面诠释公共财政的文章陡然增多起来,在一定程度上推动了我国公共财政理论发展。

党的十六届六中全会通过了《中共中央关于构建社会主义和谐社会若干重大问题的决定》,提出了构建和谐社会必须加紧建设保障社会公平正义的六大制度,其中多个层面与公共财政相关,有直接的,也有间接的,公共财政在构建社会主义和谐社会中的地位和作用日显重要。公共财政是政府提供公共服务的物质基础,必须成为构建社会主义和谐社会的制度基础,服务于这个目标并发挥作用。公共财政是在市场经济条件下,政府为满足社会公共需要而进行的政府收支活动。在财政运行机制作用下,公共财政可以有效地弥补市场失灵,为社会全体成员提供公共产品和服务,促进社会全面协调发展。党的十七大报告提出了公共财政的改革任务,即要围绕推进基本公共服务均等化和主体功能区建设,完善公共财政体系,实现财政体系从经济建设型向公共服务型转变。主要内容包括:深化预算制度改革,强化预算管理和监督。要逐步做到把政府收入(包括地方政府土地收入和各类基金、收费)统统纳入预算管理,接受人大和社会各方面的监督。健全中央和地方财力与事权相匹配的体制,加快形成统一规范透明

---

① 刘晔:《我国公共财政理论创新与进一步发展》,《当代财经》2006年第5期。

的财政转移支付制度。在保持现行财政体制框架总体稳定的基础上，积极探索政府间支出责任界定，为建立事权与财力相匹配的财政体制奠定基础。在中央与地方的关系上提出，完善中央与地方税收分配比例，适当提高中央财政收入比重，增强中央政府宏观调控能力。加大中央对地方财政转移支付力度，提高一般性转移支付规模和比例，促进地区间财力均衡。各级政府都要加大公共服务领域投入，改善民生，逐渐做到在义务教育、公共卫生与基本医疗服务、基本社会保障、公共就业服务、饮用水安全、公路与公共交通、环境保护、廉租房供应、治安、法治环境等方面的基本公共服务均等化。财政税收政策如出口退税政策等要促进经济发展方式转变和资源节约型、环境友好型社会建设。完善省以下财政体制，不断提高转移支付的有效性，增强基层政府提供公共服务能力。减少管理层级，在有条件的地区推进省直管县、乡财县管等管理方式。探索实行县级政府最低财力保障制度，做到保底。完善地方税收体系，清理、规范非税收入，取消不合理的收费项目，将收入稳定、具有税收性质的收费纳入"费改税"范围，增强税收收入在地方财政收入中的地位。开征物业税，充实基层财力；调整资源税，增加地方税收。自党的十七大以来，温家宝同志多次强调，要关注民生，特别是农村贫困地区的增收、教育、医疗问题，要努力让城乡百姓特别是困难群众都能享受到公共财政的阳光。

公共财政与社会主义和谐社会构建有着重要的内在联系，主要表现在：公共财政是以实现社会主义和谐社会为目标的；公共财政是构建社会主义和谐社会的重要保障；公共财政体制与构建社会主义和谐社会的本质要求是相适应的。因此，公共财政在构建社会主义和谐社会中具有非常重要的作用。

我国公共财政理论已经基本勾勒出了成型市场经济下财政的基本运作框架，也为经济市场化过程中的财政改革确立了目标模式。与在计划经济体制下形成的传统财政理论和财政运行模式相比，具有鲜明的市场经济特色，因而其理论创新和实践意义主要体现在：尊重了市场在资源配置中的基础地位。弥补市场失效的原则着眼于从资源配置的效率角度来看待市场和政府财政的分工关系，这对计划体制下政府和财政无所不包和对竞争性领域的过度进入无疑是个有力的纠正。现代公共财政制度明确了政府及其财政对市场活动的公共性，一视同仁的征税和提供公共服务在财政上所体现出的自然是税收负担的公平性和支出上的共同消费性，由此为市场主体和不同利益集团提供公平竞争的外部环境而不是偏重于为特定利益集团服务。

三、弥补市场缺陷，以维护公共利益为基点

财政的公共性在客观上是由于社会对一些问题的解决存在着支出上的共同需要，而国家或政府为了解决这些共同存在的问题并同时体现自己统治与治理社会时在政治上与财产上的统治权与分配权，不得不面对这些共同的需要，通过政府收支及国家分配活动来解决问题以巩固统治，这使得财政由于社会公众公共的或共同的需要以及统治者自身利益需要而不能不显现其公共性的特征。这一点恰恰是市场所无力做到的。

（一）公共财政活动满足社会公共需要

公共财政活动的内容是提供公共产品。有需要就要有供给，满足社会公共需要的供给途径就构成了公共财政活动的对象，这就是要提供公共产品。在这里，我们把政府公共财政为满足社会成员集体意愿或需求所提供的各种产品和服务都称为公共产品。私人产品则由市场提供，公共财政不能够超越市场力量去提供私人产品，只能够提供市场无法有效提供的公共物品。在现代公共财政学中，公共财政存在的必然原因（必然原因是因为人类还没有找到第二个对公共财政或政府形式的替代制度）主要有外部效用与公共品、信息不对称、垄断、收入分配不公平和有益品等竞争市场失灵的存在。这些竞争市场失灵在很大程度上可以归结为没有足够多的市场，所谓"足够多"是指只要存在对某项经济物品的需求，就应该存在这样一种物品的市场，亦即可以有效地给该物品定价。不过，针对外部效应、公共品和完备的信息这样的物品，竞争市场是无可奈何的，因此，经由政府来矫正这些市场的不完善，就成为政府义不容辞的责任。

着眼于满足社会公共需要，即把满足社会公共需要作为财政运行的主要目标或基本出发点。公共财政的职能范围是以满足社会公共需要为口径界定的，凡不属于或不能纳入社会公共需要领域的事项，财政就不去介入；凡属于或可以纳入社会公共需要领域的事项，财政就必须涉足。有需要就要有供给，满足社会公共需要的供给途径就构成了公共财政活动的对象，即提供公共产品。这是现代市场经济条件下财政运行的基本方向，也是国家财政活动应遵循的基本原则。

（二）公共财政以追求公共利益为己任

个体的行为会追求私人的或公共的利益，也会产生私人的或公共的利益。这两种利益是相互交织在一起的。在现代社会，当经济生产和商品交换繁荣起来时，利益关系将会变得复杂，并且特定化和相互作用，这样就会产生越来越多的公共利益。公共利益可以指为所有人所共享的利益，如公共设施、环境、公共法律、公共秩序、公共安全等，更为重要的是，公共利益体现在由公共行政和其他公共组织所提供的公共产品和公共服务之中。

在市场经济条件下，政府作为社会管理者，其行动的动机不是也不能是取得相应的报偿或营利而只能以追求公共利益为己任。公共财政的非营利性包括三个方面：一是指公共财政活动范围立足于非市场竞争领域，不介入一般竞争性领域，不应"与民争利"；二是指政府向社会成员征收收入要建立在为满足社会公共需要而筹集资金的基础上，以弥补提供的公共产品的生产成本为限，即遵守"以支定收"原则；三是指财政支出的安排要始终以满足社会公共需要为宗旨。公共财政职责只能是通过满足社会公共需要的活动，为市场的有序运转提供必要的制度保证和物质基础。即便有时提供的公共产品或服务的活动也会附带产生数额不等的收益，但其基本出发点或归宿仍然是满足社会公共需要，而不是营利。

"公共性"是现代民主国家政府财政活动的价值基础与核心精神，决定着公共收入与支出活动是否按照公共利益的要求进行。公共财政是以校正市场失灵和满足公共需要为天职的，其本质在于它的"公共性"，其作用就是推动经济可持续发展、维护社会稳定、调整社会关系促进社会和谐。

2011年,中央财政总收入为51327.32亿元。在中央本级主要支出项目中,教育支出999.05亿元,完成预算的127%。超过预算主要是用中央财政超收收入增加了中央高校本科生生均综合定额提标经费、研究生教育补助经费等支出。公共安全支出1037.01亿元,科学技术支出1942.14亿元,文化体育与传媒支出188.72亿元,社会保障和就业支出502.48亿元,医疗卫生支出71.32亿元。住房保障支出328.82亿元,完成预算的112.8%。超过预算主要是用中央财政超收收入和预备费增加了廉租房、公租房建设及棚户区改造等支出。汇总各项支出,2011年中央财政用在与人民群众生活直接相关的教育、医疗卫生、社会保障和就业、保障性住房、文化方面的民生支出合计11659.31亿元(包括中央本级支出和中央对地方转移支付支出),增长30.7%。用在农业水利、公共交通运输、节能环保、城乡社区事务等方面与民生密切相关的支出合计13944.32亿元。2011年中央财政用于"三农"的支出合计10497.7亿元,增长22.4%。[1]这发出了一个明确的信号:我国财政支出正呈现出公共性特征,然而,在过去相当一段时期内,我国公共财政没有回归它本身的应有之义,使得公共财政的功能缺失。任何超越"公共性"范围而介入经营性、竞争性的活动都是对市场有效竞争的损害。表现在财政供给"越位"和"缺位"并存,财政支出结构不合理,公共产品供给不足以及财政公职人员道德意识淡薄,缺乏公共意识等方面。

财政改革的意义远不在于财政自身问题的解决,也更不是一个简单的财政运行模式的转换问题,而是一个政府是否能牢固确立财政的公共性理念与价值追求的问题。公民平等享有公共物品和公共服务的权利对改革发展成果公平分享意义重大。实质上讲,众多社会成员较少从改革发展中获

---

[1] 毛磊、白龙:《去年中央财政"三农"支出10497.7亿元 增长22.4%》,《人民日报》2012年6月28日。

益其主要原因恰恰是这些社会成员没能平等分享到政府所提供的公共物品及公共服务,这其中最值得关注的问题有两个:其一是改革开放30多年来我国所实施的非均衡发展战略导致公共财政资源向东部沿海地区倾斜以及区域经济发展不平衡;其二是我国广大农村地区长期以来游离于公共财政体制之外,很少分享到政府所提供的公共物品与公共服务。① 公共性的缺失,直接影响社会范围内公平的实现。我国公共财政活动的完善应以公共性为出发点,把握公平这一核心价值理念,建设中国特色的社会主义公共财政体系。

第二节 我国公共财政收支活动中存在的问题

公共财政本身即意味着应着眼于满足社会公共需要,义务教育、社会保障和公共设施几乎都是政府公共财政必须重点投入的领域;凡是市场机制能够有效解决的,政府就不应介入,任何超越"公共性"范围而介入经营性、竞争性的活动都是对市场有效竞争的损害。但一些本该由市场调节、自我发展的竞争性和经营性领域,财政没有及时退出;而本应由财政供给的义务教育、社会保障、公共设施建设等项目又得不到充足的资金保证,这就导致财政职能不清,"缺位"与"越位"现象同时存在。

我国的财政支出结构是以政府主导型投资的经济建设支出和行政管理支出为主,而以提供公共服务产品为主的公共财政体制建设滞后,导致了一个令人尴尬的局面:经济虽然快速发展了,公共财政在公共服务领域特别是教育、社会保障和医疗方面的投入严重不足,已经成为当前社会贫富差距扩大趋势难以得到制度性缓解的一个基础性重大因素。公共产品供给不足,使得城乡居民对子女教育、养老、医疗等支出增长远远大于收入增长,导致消费倾向递减。

---

① 许安平:《财政转移支付制度及其对改革发展成果公平分享有何意义》,《现代法学》2008年第5期。

一、教育投入比例失衡

财政对教育整体投入严重不足。教育特别是基础教育具有公共物品的属性，其支出理应主要由公共财政来负担。从发达国家的情况来看，居民生活水平较高，娱乐、文化、教育支出占总消费支出的比重也较大，但其中主要是娱乐和文化支出，而教育支出占居民消费支出的比重较小，因为发达国家教育支出的很大一部分是由政府财政负担的，真正需要居民自掏腰包的部分并不多。

2006 年 10 月颁布的《中共中央关于构建社会主义和谐社会若干重大问题的决定》中，唯一的数字性指标是逐步使财政性教育经费占国内生产总值（GDP）的比例达到 4%。事实上，早在 1993 年颁布的《中国教育改革和发展纲要》就明确规定，逐步提高国家财政性教育经费支出占国民生产总值（GDP）的比例，2000 年达到 4%。从 1965 年以来，世界许多国家教育投资的增长都快于经济增长，公共教育经费占 GDP 的比重也逐年提高。目前教育支出占 GDP 的比重世界平均水平约为 7%，其中发达国家达到了 9% 左右，经济欠发达的国家也达到了 4.1%。我国财政性教育经费占 GDP 的比例，长期低于世界发展中国家 20 世纪 80 年代的平均水平（4%），近年来，在实际执行中，财政性教育经费投入占 GDP 的比例始终没有达到 4%，这与我国世界第二大经济体的国际地位是极不相称的。2004—2007 年，全国教育支出虽然逐年有所提高，也仍低于 2002 年的 3.4%。2008—2012 年，这一比例呈现稳步增长态势，财政性教育支出占 GDP 的比重从 2008 年的 3.48% 逐步提高到 2011 年的 3.98%，2012 年首次实现占 GDP 的 4% 目标。我国财政性教育支出的提高，必将有利于我国的教育发展。但由于教育资金投入的不均衡又形成了严重的教育经费缺口，并带来了一系列的危机。一方面，相当多的农村中小学连基本的办学条件都得不到保障且短期内难有根本的改善，农村中小学拖欠教师工资的情况仍然存在，农村学校教育长期处于低水平，直接阻碍了素质教育的实施。高校由于投入不足与教育规模的急剧扩大，基础设施建设严重滞后，办学条件日益紧张。改善困难,已成为高校教育教学质量不能完全保证的重要诱因和制约高等教育持续健康发展的主要瓶颈。直接后果就是城市的孩子上学,实际上是家庭承担的负担,农村教育实际上就是农民自己办教育,义务教育的福利性受到了损害。由于福利性受到损害,再加上城乡、地区间贫富差距,就是教育的公平性又受到了损害,不少家庭的子女因为贫困而无法接受最基本的教育。[①]

教育体制发展不均衡,教育水平的地区差异大,农村义务教育落后。2001年5月29日,国务院在《关于基础教育改革与发展的决定》中提出,农村义务教育管理体制,实行在国务院领导下,由地方政府负责、分级管理、以县为主的体制,简称"以县为主"的管理体制。这一教育管理体制有积极作用,同时也暴露出其内在的一些缺陷。实行"以县为主"的管理体制,由于县域经济发展差异很大,造成地区间基础教育的投入差异进一步拉大的趋势。在这种体制下,中国的基础教育资金绝大部分是由县乡财政负担,在基层财政缺乏必要融资渠道和经济发展地区差异很大的条件下,其实施的结果必然是教育公共投入不足,而且城乡差距、地区不平等程度成扩大趋势,从泰尔指数分解可知其来自省内的不平等程度要大于省际的不平等程度。

教育机会和教育资源分配不均衡也是中国贫富差距不断拉大的重要原因。因为许多穷人没有机会接受基础教育,得不到必要的知识和资讯,一生都失去了改善命运的机会。这种情形也被有关学者称为是"贫穷的世袭化"。要解这一问题,必须加大政府在教育的投入,必须恢复教育尤其是义务教育的福利性,进而实现教育机会的公平。

从2004年开始,中央财政对于教育支出发生了结构性的巨大变化,优先发展农村教育成为教育改革首要的任务,新增教育支出向农村教育倾斜。从2006年初开始,农村义务教育经费保障机制改革开始实施:全面免

[①] 高培勇、杨之刚、夏杰长:《中国财政经济理论前沿(4)》,社会科学文献出版社2005年版,第75页。

除农村义务教育阶段学生学杂费，对贫困家庭学生免费提供教科书并补助寄宿生生活费（简称"两免一补"）；提高农村义务教育阶段中小学公用经费保障水平；建立农村义务教育阶段中小学校舍维修改造长效机制；巩固和完善农村中小学教师工资保障机制。《国家中长期教育改革和发展规划纲要（2010—2020年）》明确指出，未来十年是我国实施现代化建设"三步走"战略的关键阶段。在新的历史起点上加快推进教育改革和发展，对于建设人力资源强国、满足群众接受良好教育的需求、全面建成惠及十几亿人口的小康社会具有重大战略意义。今后十年我国教育改革发展要贯彻优先发展、育人为本、改革创新、促进公平、提高质量的方针。为确保《国家中长期教育改革和发展规划纲要（2010—2020年）》目标如期实现，要进一步强化教育改革发展的保障措施。2012年3月5日温家宝同志在十一届全国人大五次会议作政府工作报告时提出，2012年中央财政已按全国财政性教育经费支出占国内生产总值的4%编制预算，地方财政也要相应安排，确保实现这一目标。按照教育法律法规规定，各地方政府年初预算和预算执行中的超收收入分配都要体现法定增长要求，保证教育财政拨款增长明显高于财政经常性收入增长，并使按在校学生人数平均的教育费用逐步增长，保证教师工资和学生人均公用经费逐步增长。从目前看来，我国财政的教育经费于2012年已占GDP的4%，达到世界衡量教育水平的基础线指标，实现了1993年中共中央、国务院发布《中国教育改革和发展纲要》提出的，国家财政性教育经费支出占GDP比例要达到4%的目标。在政府加大教育的投入的条件下，还要对教育资源进行合理配置。只有更多向农村倾斜，向贫困家庭的贫困孩子倾斜，才能恢复教育的福利性特性，通过保障教育的福利性，才能真正维护教育的公平性。

二、社会保障体系问题突出

20世纪80年代以来，中国以养老、医疗、最低生活保障为重点的社会保障改革正在全国加快进行。但在改革过程中，还存在一些问题。目前，我国社会保障领域仍存在保障体系不完善，覆盖范围较窄，保障水平较低，城乡发展不平衡，地区和各类保障制度之间的衔接还不通畅，保障制度不健全，保障管理基础薄弱，特别是城镇个体劳动者和灵活就业人员、农民工、被征地农民、农村务农人员社会保障问题突出，养老保险、医疗保险等社会保障基金支付压力不断加大等一系列亟待解决的突出问题。

社会保障群体增多，对社保覆盖面及社保水平要求增高。目前仍未被社会保障制度覆盖的各类群体要求得到社会保障的人越来越多，因保障水平低及保障待遇差别大而要求得到更多社会保障的人越来越多，城乡异地养老、异地就医等社保群体对社会保障管理及服务水平有了更高的要求，希望社会保障能在农村和城镇之间、不同地区之间统一对接及转续。社会保障制度不完善，农村及流动人口参保受限。目前我国农村人口尤其是流动人口之所以大多数人没有参保，主要是由于现行的社会保障制度还不够完善：目前还没有一个能真正适合流动人口特点的社保政策制度，尤其是由于社保权益跨地区累计、对接及转续工作不到位，使得大多数农民工不愿意参加保险，即使已参保的农民工在返乡时也普遍退保。现行的各类保险缴费标准较高，农村人口和吸纳农民工的企业均感到难以承受。而城乡、区域之间的社保水平差异较大，则难以体现社保制度的公平普惠特色。人口老龄化趋势凸显，社会保障资金缺口越来越大。"截至2011年底，全国60岁以上老年人口为1.85亿，占总人口13.7%，预计今年将增加900万，明年将突破2亿，2033年将突破4亿。2014—2033年20年间，全国平均每年增加老年人口1000万。"[①] 2013年2月22日，中华人民共和国授权新华社发布的《2012年国民经济和社会发展统计公报》指出，我国年末全国大陆总人口为135404万人，比上年末增加669万人，60周岁及以上人口19390万人，占总人口的14.3%。预计我国到2030年将进入老龄化高峰期，并将高位保持30年至40年的时间。人口的老龄化对养老保险和医疗保险的影响巨大。据有关部门测算，到2050年我国每4个人中就

[①]《全国60岁以上老年人口达1.85亿，明年将突破2亿》，《人民日报》2012年3月2日。

有1个老年人,而老年人的医疗费始终是中青年的3倍以上,因此,社保资金的收支缺口将会越来越大。非传统就业形式比例上升,社会保障管理和服务水平难以适应。市场经济的发展不仅使劳动力在城乡、地区、行业间的流动性日益增强,也使非传统就业人员的数量有了较大提升。据统计,2011年以城镇个体经济为主的非传统就业人数从1978年的15万人升至2.86亿人,占城镇就业总人数的比例由0.16%升至79.7%,非传统就业在我国就业体系中已占据主要地位。[1] 而现行的社保管理体制则是以稳定的就业群体为对象、以用人单位为依托、按财政分灶吃饭的体制设计的,难以适应现行的数以亿计并时常变动的灵活就业群体等参保个人,尤其难以做到社保资金的跨地区调度及社保关系的全国统一结算、支付、对接、转续等社会保障的管理和服务工作。经济全球化加剧,给我国社会保障带来潜在风险。国际商品的自由流动,会促进我国企业人工成本的走高,给加快提升社会保障标准造成压力。而国际经济的波动,尤其受国际金融危机的影响,迫使我国越来越多的中小企业停产关闭,给加大覆盖社会保障人群带来压力。此外,国际资本的高度流动,则使社会保障资金在资本市场寻求保值增值中的投资风险加大。[2]

三、卫生预防保健体系缺失

基本医疗社会保障制度严重不足,也是中国当前社会保障建设的一个突出问题。无论是计划经济国家还是市场经济国家,公共卫生理所当然是由国家提供公共服务领域,不可能走商业化和私有化道路,不能通过开展有偿服务来维持自己的财务平衡。这是因为,公共健康不仅是国家人力资源积累的重要组成部分,而且损害健康的疾病容易相互转化,非传染病可能导致传染病连带发生。因此,公共卫生预防体系具有明显的正外部效应。中国这些年较大幅度地推广卫生服务体系改革,但在改

---

[1] 国家统计局:《中国统计年鉴2012》,中国统计出版社2012年版。
[2] 李欣欣:《社会保障体系进展与短板》,《瞭望新闻周刊》2010年第4期。

革的过程中忽略了公共卫生是典型的公共品的特征，导致整个卫生保健事业偏向市场盈利方向，资源配给向市场倾斜，公共财政在卫生保健事业中的严重"缺位"。

体制转型以来，我国卫生总费用支出数量急剧增长，卫生总费用占GDP 的比重也逐年上升，由 1980 年的 143.23 亿元，增长到 2006 年的 9843.3 亿元，卫生总费用占 GDP 的比重由 1980 年的 3.15% 上升到 2007 年的 4.52%。2012 年 9 月 11—13 日，2012 年夏季达沃斯论坛在天津举办，时任卫生部部长陈竺在"未来经济中可持续的卫生体系"分论坛上讲道，"随着国家经济发展水平的提高，卫生总费用占 GDP 的比重也在不断增高。2010 年低收入国家卫生总费用占 GDP 的平均比重为 6.2%，高收入国家该比重平均为 8.1%，金砖国家中巴西和印度该比重分别为 9% 和 8.9%，中国目前卫生总费用占 GDP 的比重仅为 5.1%，这说明中国还有相当长的增长空间"[①]。卫生总费用占 GDP 的比重不低于 5% 是世界卫生组织的基本要求，而发达国家如德国为 11%，美国则超过了 15%。因此，与发达国家相比，我国卫生投入在总量上仍严重不足。而且，从卫生总费用的构成看，政府的卫生预算支出比重由 1980 年的 36.2% 下降到 2000 年的最低点 15.5%，再到 2011 年的 30.4%；个人的卫生支出在 1980 年仅是 21.2%，而到 2001 年却高达 60%，之后逐步下降到 2011 年的 34.9%。"十二五"时期，卫生发展的总体目标是，计划到 2015 年，提高政府和社会卫生支出占卫生总费用的比例，个人卫生支出比例降至 30% 以下。可见，体制转型以来，卫生总费用虽在快速增长，但政府和社会的卫生支出比例基本是逐年下降，个人的卫生支出比例不断增长，表明政府和社会的卫生支出责任在减少，而个人的卫生责任却越来越大。这无论从理论上还是各国的实践来看，都是很不合理的。一般随着经济的发展和人们生活水平的提高，对医疗卫生服务的需求会不断增长，政府的卫生支出也应不断提高，[②] 这是

---

① 陈竺：《中国卫生总费用占 GDP 比重仅为 5.1%》，新浪财经，2012 年 9 月 12 日。
② 白贵、周婷婷：《我国农村医疗卫生保障的公共财政支持研究》，《会计之友》2010 年第 3 期。

需要我们通过健全社会保障制度来加以解决的问题。

四、收入再分配调节功能弱化

市场经济条件下，政府财政的一项重要职责就是运用财税政策工具，通过收入再分配，调节居民、地区间的发展差别。而从当前我国实际情况来看，以个人所得税为核心的税收调节功能尚未充分发挥，存在"逆向调节"的问题。同时，城镇社保覆盖范围窄、农村社会保障体系建设滞后等，也制约了财税政策促进社会公平分配作用的发挥。

新中国成立之初的30年，社会财富的分配重心是国家，老百姓几十年的生活水平没有明显提高，1978年，我国税负水平竟高达37%。但降低国民财富分配比例，牺牲国民福利，并没有带来相应的国家强大。鉴于此，在改革开放初期，一项经济上的重大措施就是提高国民在社会财富分配中的比例。这是通过连续几次提高职工工资和在农村实行联产承包责任制实现的。这一措施，使国民经济在短短几年间迈上了高速发展的健康轨道。

1990年以后政策取向有了改变，国民财富的分配比例发生了显著变化。1980—1994年，国家财政收入从1159.9亿元增加到5218.1亿元，增长了349.9%；职工平均工资收入由762元增加到4510元，增加了491.9%。这期间，国民收入分配比例是上升的。1995—2006年，国家财政收入由6242.2亿元增加到38760.2亿元，增长了520.9%，税收由6038亿元增加到34804.4亿元，增长了476.4%，而同期城镇居民人均可支配收入由4283元增加到11760元，仅增长174.6%。农村居民人均纯收入由1578元增加到3587元，仅增长127.3%。国民收入增长远低于国家财政收入增长，意味着国民在社会财富分配中的比例再次转为下降。2007年，国家财政收入51321.8亿元，增长32.4%；税收45622亿元，增长31.1%，而城镇居民收入17.2%，扣除价格因素实际增长12.2%，农民收入增长15.4%，实际增长9.5%。2008年，国家财政收入61330.4亿元，增长19.5%，税收收入54223.8亿元，增长18.9%，而城镇居民收入增长14.5%，扣除价格因素实际增长8.4%，农民收入增长15%，实际增长

8%。从以上数据可以看出，近几年间，国民收入的增长都低于国内生产总值的增长，也低于国家财政和税收收入的增长，国民在社会财富分配中的比例进一步降低。2010年，国家统计局发布数据显示，2009年我国城镇居民家庭人均总收入18858元。其中，城镇居民人均可支配收入17175元，比上年增长8.8%，扣除价格因素，实际增长9.8%，增速首次超过GDP。① 2013年2月23日，全年农村居民人均纯收入7917元，比上年增长13.5%，扣除价格因素，实际增长10.7%；农村居民人均纯收入中位数为7019元，增长13.3%。城镇居民人均可支配收入24565元，比上年增长12.6%，扣除价格因素，实际增长9.6%；城镇居民人均可支配收入中位数为21986元，增长15.0%。② 全年全国公共财政收入117210亿元，比上年增加13335亿元，增长12.8%；其中税收收入100601亿元，增加10862亿元，增长12.1%。考虑到我国现时的发展阶段等情况，国家在国民财富分配中的比例持续快速上升就更加令人担忧。③

在市场经济条件下，财富的分配取决于财产所有权和财富积累的分布状况；而收入的分配则取决于能力、职业训练和这些技能的市场价格。如果单纯依赖市场，则不可避免地会出现贫者愈贫、富者愈富的"马太效应"，从社会稳定的角度出发，就要求进行社会的再分配，实现社会的相对公平。而我国税收调节不到位，没有真正发挥税收应有的调节作用。

我国实行以流转税为主体的税收制度，这种税制本身就强化了税收的收入作用，而弱化了税收的收入分配作用，而实际在这种税收格局之下，再忽视具有调节作用的所得税的征管，更使其作用被限制在有限的空间内。以个人所得税为例，如果收入分配缺乏规范化管理，个人所得税的调节个人收入作用就不会很好地发挥。孟德斯鸠早就说过："国家的收入是每个公民所付出的自己财产的一部分，以确保他所有财产的安全或快乐地

---

① 国家统计局：《中国统计年鉴2011》，中国统计出版社2011年版。
② 《中华人民共和国2012年国民经济和社会发展统计公报》，2013年2月22日。
③ 马宇：《税收增速、税负及其他》，《中国电子商务》2006年第3期。

享用这些财产"①，国家设立个人所得税目的是非常崇高的，就是希望以此调节个人收入、平衡社会财富，防止社会分化过大，让社会失去平衡。所以，个税一直以来是被作为"良税"而得到民众的认可和支持。但实施30多年来，由于在操作上出现的种种问题，使得这个"良税"的形象大打折扣。有人把这个现象概括为个人所得税"管住了工薪阶层，却管不住新兴贵族"。尽管我国现在的个人所得税制度进行了一些调整，免征额从最初的800元上调至1600元，2008年上调至2000元，2011年再次上调至3500元，在一定程度上维护了低收入人群的利益，但还是没有从根本上改变这种不合理的现象。我国当前的个税税基过窄，各种黑色收入、灰色收入并没有纳入个人所得税的纳税范围。以个人为单位的分类课税模式无法体现税负公平的原则，同时在税率的设置上也不尽合理。个税申报制度未能有效地发挥作用，高收入阶层的避税和偷漏税现象比较严重，这说明我国当前的个税制度已经不能适应经济社会的发展，亟待改革。

现在影响我国社会和谐的一个重要因素，就是民众对分配的抱怨越来越多。究其原因，第一是分配不合理、不公平，收入的差距不断扩大。经济学中有一个描述收入分配差距的"倒U曲线"，有人据此认为不必抑制分配差距的扩大，因为一旦曲线到了顶端就会自动下滑。但很有可能不等倒U曲线到顶，社会矛盾就激化了。② 因此政府必须在这个倒U曲线爬坡的过程中进行积极、适当的调节，使之平缓地转向。这是政府政策理念里面一个应把握的基本思路。第二是分配过程不透明使腐败行为和"权钱交易"高发。在体制转轨过程中，因为分配过程不透明，一些手中握有公权力的部门及人员，在物资采购、征地拆迁等活动中，利用手中权力进行暗箱操作，搞权钱交易，把本该属于国家、老百姓的那部分利益私下瓜分了。比如征地中农民拿到的补差与实际上应该拿到的差距很大，其间有一块暴利被开发商、贪官拿走了，本来这笔资金可以用作建立一个基金，用

---

① 孟德斯鸠：《论法的精神》（上册），张雁深译，商务印书馆1961年版，第213页。
② 贾康：《构建社会主义和谐社会的思路和要点》，《地方财政研究》2006年第4期。

以安置失地的农民。结果这个包袱甩给政府，进而成为国库新的负担。因此，收入分配问题已成为中国在构建公共财政体系、完善公共财政收支活动中需要特别关注的问题。

五、公共职能部门一些从业人员的道德意识淡漠

人类社会如同一个有机体，个体之间存在着共同利益，马克思和恩格斯指出，"这种共同利益不仅仅作为一种'普遍的东西'存在于观念之中，而首先是作为彼此有了分工的个人之间的相互依存关系存在于现实之中。"[①] 除了共同利益外，人们之间还存在着特殊的个体利益。公职人员也遵循人们行为的一般规律，即引发其行为的直接动因是自利性，同样面临着个人利益与社会公共利益之间的关系处理。

公共职能部门的一些从业人员利益与公共利益频繁产生冲突，这是公共权威部门的公共性的一个负面例证。政府官员和公务员是一些个体的人，他们也有私人利益并会追求自己的私人利益。腐败的原因就在于，有些担任公共职位的人会利用他们手中的权力以损害公共利益为代价来谋取自己的私利。它们面对公共利益与特殊利益、公共利益与个人利益的选择时会产生价值冲突，道德的选择就成为难以回避的问题。

在缺乏约束力的情况下，公共职能人员为了谋求自身的利益而损害公共利益引发道德风险。根据帕尔格雷夫经济学大辞典的解释，道德风险是指"从事经济活动的人在最大限度地增进自身效用时作出的不利于他人的行为"。这里的自身效用不仅仅是获得经济和政治利益，还包括获得福利、得到尊重、获得生活享受以及闲暇的时间等等。道德风险实际上是自利的个体受到某种利益因素的引诱采取适当的行为，而又不必为自己的行为承担全部后果时，其行为变得更加不谨慎的倾向，其产生的根本原因是信息不对称对代理方约束的软化。

公共职能人员道德意识淡漠必然带来道德行为的缺失，违背公共财政

---

① 《马克思恩格斯选集》第一卷，人民出版社1995年版，第84页。

公平、公正的目的。如在收支活动过程中畸轻畸重，相同情况不同对待，不同情况相同对待，办关系事，办人情事，办权力事；以种种不正当方式非法保护本地方、部门或单位的局部利益，甚至不惜损害国家的、社会的公共利益；利用公权谋取私利，牺牲公共利益谋取个人利益，将人民赋予的权力视为囊中之物，当作商品进行交易，为寻租人的寻租活动提供便利，从中接受金钱或其他贿赂；工作态度生硬，少数国家公务员在对待群众和当事人上，态度冷、硬、横。一些国家行政机关给人民群众留下了"门难进、脸难看、话难听、事难办"的印象。有的公职人员官本位意识严重，以管人者自居，不是以理服人，而是以权压人；直接侵害公民权益，公职人员利用手中掌握的权力，侵犯人民的合法权益，对相关人乱没收、乱罚款、乱收费，并以种种理由将收费和罚款坐收、坐支，甚至私分。

第三节 公平：我国公共财政收支活动的伦理原则

一、公共财政收支活动中的公平内涵

无论是作为实质范畴，还是作为关系范畴，公平都不是一个纯粹的经济学概念，而是一个内涵广泛的范畴，它涉及如财富的占有、收入的分配、权力和权利的获得、声望和社会地位的状况、享受教育的机会、职业的选择等等，一句话，它涉及全部社会资源和社会福利的配置。公共财政的正当性来自于其取向的公共性，政府制定的财政政策应适用于全社会，恩及于所有社会成员。作为在全社会范围内进行价值分配的过程，公共财政收支活动实际上是政府通过选择作为和不作为来完成利益协调过程，它必须遵循公平原则，而公平原则的正当性则是以公共利益为前提的，价值或利益取向具有公共性。

（一）公平的内涵

公平一般是指公正、平等，包括绝对公平和相对公平。绝对公平是指让公众有同等的机会和权利在社会活动中以保证其利益的均等化，相对公

平是指让公众在社会活动中处于同等位置上进行较量。亚当斯认为，员工产生的公平感往往不是来源于他所得报酬的绝对值，而是来源于与他人相比的相对值。公平作为一种社会理想和原则，反映了人们对现实的社会权利关系的道义追求。它是围绕尊重和实现每个人的生存和发展权利而形成的一个多维的社会范畴，主要包括权利公平、机会公平、规则公平和分配公平。

权利公平是社会公平的核心。社会关系说到底是人们之间的权利关系，所以，社会公平必须围绕人的权利来展开，首要一条是尊重和保障人权。人权不是抽象的，在主权国家，它由宪法所规定和保障，涵盖经济、政治、文化、社会以及资源环境等各个方面，涉及每个公民生存和发展的各项权利。权利公平意味着社会成员平等地享有各项公民权利，切实尊重和保障每个人的政治、经济、文化、社会以及生态权益，让发展成果惠及全体人民。

机会公平也称起点公平，指社会为每一个社会成员提供均等的生存、发展机会。它主要表现为社会成员平等地获得政治参与、投资创业、文化活动、资源利用、职务升迁、接受教育和培训、劳动就业、获得信息等方面的机会。机会公平是实现权利公平的前提。因为机会公平虽然不一定必然导致结果公平，但没有机会公平就必定没有结果公平。对于心理、身体等方面有缺陷或相对较弱的人，社会为其创造条件，使其能够享有与普通人相当的生存和发展的机会，也是机会公平在社会主义国家的一种实现形式。

规则公平与过程公平密切相关，指社会运行的各项规则具有合理性和统一性。它要求社会主体所面对的行为规范和行动准则如法律法规、规章制度等，符合经济社会发展规律，体现人民群众的愿望和要求，并且，每个人都受着同样的行为规范的约束，违反规则者必然得不偿失、付出沉重的代价。俗话说："没有规矩，不成方圆。"规则公平为社会公平提供了制度保障。

分配公平也被视为结果公平，主要指每个劳动者都获得与其劳动和贡献相当的物质利益。分配公平体现着社会财富分配的合理性,是人们评判社会公平程度的最直接的和主要的依据,因而成为社会公平的具体标准和归宿。

(二) 税收公平的内涵

税收是一个分配的范畴,它体现了社会再生产中的产品分配关系。而社会物质财富在人民之间公平地分配,这是人类社会崇高理想的追求。无论是第一次提出税收原则理论的威廉·配第,还是亚当·斯密、西斯蒙第、萨伊、瓦格纳,在他们的理论中,公平原则都占据着十分重要的地位。

早在1776年,亚当·斯密就把收入的公平原则作为课税的首要原则。要求国家在征税时,要使每个纳税人负担的税收与其经济负担能力相适应,即人们常说的量能课税的原则,这一按比例纳税的公平,在理论上采纳的是"利益说"。瓦格纳将其引申,即根据社会政策的观点,按纳税能力的大小,采用累进税率课税,以求得实质上的平等,并不承认财富的自然分配状态;同时,对最低生活费免税,并重课财产所得。瓦格纳还以"每单位所得效用将随所得的增加而递减"为前提,主张公平的税收负担应以相同的牺牲为依据。这是瓦格纳的社会政策的公平,而不是亚当·斯密的自然正义的公平。此后,福利经济学派的艾吉沃斯以福利的观点,认为税收公平相当于边际牺牲。焦福瑞也认为,由于事实上的行政目的与税收目的经常发生冲突,要想协调至最适状态也是十分困难的,所以,只能退而求其次,由次佳的水平或公平来探讨税收公平。于是,税收公平原则就由最早的绝对公平原则演变为利益说、负担能力说,并从福利的观点,使公平的意义与福利观念相结合。近代西方学者马斯格雷夫在《美国财政理论与实践》一书中认为,税收公平应是:"凡具相等经济能力的人,应负相等的税收,不同经济能力的人,则负担不同的税收。"[1]

---

[1] 理查·A. 马斯格雷夫、皮吉·B. 马斯格雷夫:《美国财政理论与实践》,中国财政经济出版社1987年版。

第六章 公平：公共财政收支活动的伦理原则

　　福山认为，现代市场经济的全部理论都是建立在一个相对简单的人性模式上的——"人类就是理性地追求功利最大化的个人们"[①]。自利给经济以动力，并使人类从中受益，只要存在经济活动，自利行为总是绵延不断的。但是任何税收都必须发挥保证社会公平，调节城乡差距、贫富差距的功能。公民之间的相互比较以及对纳税行为的相对公平感，必然会影响他们的纳税行为。税收公平体现在四个方面：一是分税公平，即体制性公平，指政府间的税收分配公平；二是定税公平，即制度性公平；三是征税公平，即管理性公平，指税收征收管理上的公平；四是用税公平，即权益性公平，指纳税人在税款使用中的监督权利与平等受益。

　　我国税收学者认为，所谓税收公平是指不同纳税人之间税收负担程度的比较；纳税人条件相同的纳同样的税，条件不同的纳不同的税。因此，公平是相对于纳税人的课税条件说的，不单是税收本身的绝对负担问题。也就是说公平的概念包含两个基本要求：一是水平的公平，即横向公平，纳税能力或者说纳税条件，通常是就纳税人的负担能力或纳税人拥有的收入来说的，因此，横向公平可以进一步表达为具有相同收入的同类纳税人，应当缴纳相同数额的税收，纳税人是否具有相同收入，判断较为容易，但哪些人可归为同一类纳税人，这可以从其收入来源及其性质和支出的途径来看。二是垂直的公平，即纵向公平，是指不同纳税能力或纳税条件的纳税人，应交纳不同数额的税收。在以收入衡量纳税人负担能力的情况下，纵向公平就是指不同收入的纳税人应交纳不同数额的税收。一般说来，收入高的纳税人，其负担能力高，应交纳较多的税收；收入低的纳税人，其负担能力低，应交纳较少的税收。

　　公平原则是税制建设的支点，是市场经济机制对征税的基本要求。税收的公平包括市场竞争条件下的平等的税收待遇，以利于实现市场平等竞争；还包括通过征税这只"看得见的手"对社会财富进行二次分配，避免社会财富分配的极度不平衡。初次分配注重效率，二次分配注重公平，这

[①] 弗朗西斯·福山：《信任：社会美德与创造经济繁荣》，海南出版社2001年版，第18页。

主要是实现税收分配"纵向公平"的问题。

在许多发展中国家，公平的收入再分配被认为是政府的恰当的政策目标。从我国《宪法》和《预算法》等法律法规来看，公平作为我国法律所追求的最高目标应当是毫无疑问的，这一价值目标在财政领域中的具体化，也就是财政公平原则。十六届六中全会通过了《中共中央关于构建社会主义和谐社会若干重大问题的决定》中提出了"在经济发展的基础上，更加注重社会公平"，明确了在经济和社会发展中，在追求经济效率提高过程中，应当注重社会公平问题。而党的十七大报告中又明确提出"提高效率同促进社会公平结合起来"，"健全劳动、资本、技术、管理等生产要素按贡献参与分配的制度，初次分配和再分配都要处理好效率和公平的关系，再分配更加注重公平"。党的十八大报告明确提出"实现发展成果由人民共享；必须深化收入分配制度改革，努力实现居民收入增长和经济发展同步、劳动报酬增长和劳动生产率提高同步，提高居民收入在国民收入分配中的比重；提高劳动报酬在初次分配中的比重。初次分配和再分配都要兼顾效率和公平，再分配更加注重公平。完善劳动、资本、技术、管理等要素按贡献参与分配的初次分配机制，加快健全以税收、社会保障、转移支付为主要手段的再分配调节机制。"这是我国今后国民经济、社会发展必须遵循的根本原则。但在我国，财政公平的观念尚未完全确立，财政不公平的问题还比较普遍。因此，在财政运行机制的生财、聚财、理财等各个环节，都要渗透进财政公平理念。同时要深化财政制度改革，并完善相关的立法，把公平这一根本价值置于应有的突出地位，实现财政公平的法制化、规范化、科学化。

从税收调控个人收入分配的范围上看，主要是调节经济结构和社会收入分配。就调节社会收入分配来说，不外是调节地区、企业、单位个人之间的分配关系；而调节个人分配又不外是调节公仆、工人、个体、私营业主等的分配。从税收调控个人收入分配所遵循的原则看，大体上有三条：一是天赋准则，即每个劳动者对自己的劳动成果都拥有天赋的权力，并承认和允许个人之间存在能力差别；二是最大效用准则，即社会分配应为大多数人寻求最大效用或最大幸福,强调边际效益曲线,反对分配额的绝对平等;三是劳动与福利对等原则,等量的劳动应得到等量的福利。

从税收调节个人收入分配的作用途径看,主要表现于四个方面:一是累进税制,是税收解决收入分配差距悬殊问题的重要手段,增加税率档次、提高边际税率、充分体现累进税制的效用。二是税式支出,其途径首先是直接对低收入者的许多纳税项目给予税收优惠照顾,其次是对有助于间接增加低收入阶层收入的行为给予税收优惠,如对向慈善机构、公益事业捐款者给予优惠,在一定程度上减轻收入分配不公的程度。三是实行税收指数化,减轻或消除通货膨胀对收入分配的扭曲效应,保护低收入者的利益。四是负所得税制度,对那些低于一定收入水平者自动提供支付最低生活保障,实现转移支付。

发展决定着公平的产生和发展,发展是公平产生的前提和基础。只有当社会发展提高到剩余物品产生后,社会才会出现公平问题。正如斯宾诺莎所说:公平与否的观念在自然状态下(原始社会)是无法想象的。"唯有在社会状态下,经过公共承认,确定了何者属于这人,何者属于那人,才有所谓公正或不公正的观念。"[①] 只有随着效率的提高,公平才会真正有所增长。离开发展来谈公平,就如同离开物质谈意识一样,是不可想象的。离开了发展,公平也就无从实现。其次,社会发展也离不开社会公平,社会公平对社会发展有着制约作用。作为公平调节对象的社会资源具有稀缺性,如果没有一套被认为是公平的分配和交换规则,必然导致无休止的纷争,从而威胁人类自身的存在。从这个意义上说,任何制度的存在,都必须有与之相联系的"公平"理论和公平机制。事实上,任何社会制度被历史淘汰、任何统治秩序崩溃瓦解,首先就是因为丧失了公平的社会基础。

奴隶社会、封建社会的公平是以等级主义为核心内容的公平,近现代资产阶级在反对封建特权和封建人身依附关系过程中,提出诸如"自由、

[①] 斯宾诺莎:《伦理学》,商务印书馆1983年版,第201页。

平等、博爱"和"天赋人权"以及等价交换等种种公平理论,在一定程度上丰富了社会公平的内容,而且也在一定程度上促进了资本主义生产力的发展,提高了经济效率。所以,资本主义社会和以往的任何社会相比,无疑是先进的社会形态,在公平的道路上向前迈进了具有历史意义的一步。但从本质上讲,资本主义的公平只是形式上的公平而非事实上的公平,因为资本主义仍然没有脱离私有制的束缚。十一届三中全会之后,邓小平在深刻总结中国和国际社会主义的经验教训的前提下,从中国社会主义建设的实际出发,从时代发展和世界科技经济进步的实际出发,重新审视关于社会主义的许多既有的观念和做法,把社会主义本质概括为"解放生产力,发展生产力,消灭剥削,消除两极分化,最终达到共同富裕"[①]。这一概括的前两句就是效率问题,后三句就是公平问题。邓小平同志的这一科学论断,准确完整地揭示出社会主义公平与效率是有机统一的,也体现了邓小平同志独特的马克思主义社会发展与社会公平相统一的共同富裕的公平观。

综观人类社会由低级向高级发展过程,不难得出这样的结论:人类发展史就是人类不断地追求公平、不断地实现公平的发展史,社会公平实现的本身就是社会进步的标志。当然,在社会主义以前的社会进步中,尽管不公平的现象随着社会的进步有所改变,却没有根本改变,只有社会主义才使社会发展与社会公平的统一成为可能,真正的、事实上的社会公平的实现才成为可能。

二、公平:公共财政收支活动的伦理理念

(一)以满足公共需要为出发点

公共财政体系理性化的目标导向是提供公共产品、公共服务和公共安全。公平性是实施公共财政的第一要义。要达到这一目标,首要的就是做到以人为本、民生第一。而保障每个公民的生存权、教育权和发展权,又

[①] 《邓小平文选》第三卷,人民出版社1993年版,第373页。

是以人为本、民生第一的最基本要求。

1986年,联合国《发展权宣言》宣布:发展权是一项不可剥夺的人权,根据这项权利,每个人和所有各国人民均拥有参与、促进并享受经济、社会、文化和政治发展的权利,以便在这种发展中使所有人权和基本自由均获得实现。

以人为本源于西方哲学中的人本主义思潮和中国哲学的人本论或民本论。人本主义(Humanism)一词来自拉丁文,最早出现在古罗马西塞罗和格利乌斯的著作中,意思是指人性、人情、万物之灵,也指一种能促使个人的才能得到最大限度的发展的教育制度。人本主义在不同的历史阶段具有不同的理论形态和特色。我国思想史中的人本论思想肯定了人在万物中的卓越和伟大,视人为天地之灵,表达了对人的生命、价值和意义的关爱和尊重。孟子集民本论之大成,对以人为本作了全面阐发。马克思主义肯定人是历史的目的而不是手段,突出人的本质是社会关系的总和,强调市民社会是政治国家的基础,主张人的解放和发展是衡量社会进步的尺度。党的十六届三中全会指出的坚持以人为本,树立全面、协调、可持续的发展观,促进经济社会和人的全面发展的科学发展观,就是对马克思以人为本发展观的运用和发展。党的十七大报告、十八大报告都再次强调科学发展观这一重要思想,并将此作为党的指导思想写入新修订的《中国共产党党章》。

以人为本,要求解决人民群众最关心、最直接、最现实的利益问题,就要在收入分配、社会保障、扶贫、教育、医疗、环保、安全等问题上,建立切实可行的机制,维护人民的公共利益,以保证公平的实现。中央已经开始研究收入分配制度改革,在制度上着力提高低收入者收入水平,扩大中等收入者比重,有效调节过高收入,取缔非法收入,努力缓解地区之间和部分社会成员收入分配差距扩大的趋势,免征农业税、取消义务教育阶段学杂费、实行社会利益分配重组、健全社会保障体系等等。

在解决特殊群体问题的过程中,国家不仅需要物质的扶贫,更重要的是人本的关怀和感情的投资。任何政府都必须以人民的社会权利和基本福祉为最高原则，最大限度地提供可利用的资源，使公民的权利得以加速实现。"权利使得最边缘化、最没有势力的人或群体也能借助国家的或国际的法律框架向政府提出权利要求。"① 缺乏关怀和关爱的扶贫投入，其社会效益和人文效益只能是事倍功半，因为心怀牢骚的贫民哪怕得到再多的救济和福利，仍然会对政府和社会感到不满，这并无助于社会矛盾的缓和。相反，如果政府的物质投入有限，但扶贫的过程处处充满人性和人道的关怀，其效果却反而是事半功倍。因此，突出特殊群体中的"人本原则"，给予特殊群体社会的认同与人格的尊重是一个非常值得重视的问题。

财政资金的安排应当关注贫困地区和社会弱势群体的生存状况，对那些因为天灾而导致的生活质量下降者给予特别的救助。应当加大对贫困地区和弱势群体的转移支付力度，将博爱慈善的人道原则制度化。不过，比浅表化的博爱慈善人道原则——"把人当人看"更为重要的人道原则是"使人成为人"，使人自我实现。为此，财政伦理的最完美原则是给人、给行为主体以更多的自由。因为，自由就是指没有外在的强制，而且可以按照自己的意志从事的某种活动，而不自由则是指在某种外在强制下，不能按自己的意志进行的活动。自由的价值在于：一方面它是最深刻的人性需要。如果人与动物没有自由，他们就不可能生存。自由是人与动物的基本需要，而自由在人类需要的层次上大概属于安全与爱的需要层次，他高于生理需要，低于尊重与自我实现的需要层次。"自由的价值，根本说来，并不是因为它是达成其他有价值的可欲的事物之手段，而是因为自由本身就是有价值的、可欲的。或者说，自由内在的就是宝贵的、自由具有内在价值。"②

（二）以利益合理分配为准则

一般而言，市场机制的分配旨在提高效率，使人们的收入差别化；税收二次分配则使人们收入趋于平均化，调节收入分配不公，增加公平。罗

---

① 杨海坤：《和谐社会视角下弱势群体的宪法保护问题》，《淮阴师范学院学报（哲学社会科学版）》2005年第4期。

② 王海明：《自由：社会治理的最高原则》，《玉溪师范学院学报》2007年第4期。

尔斯提出差别原则和公平的机会均等原则,差别原则要求在进行社会化财富分配时,如果不得不产生某种不平等的话,这种不平等应该有利于最少受惠者,就是说,利益分配应该向处于不利地位的人们倾斜;公平的机会均等原则,要求在公平的机会均等的条件下,职位和地位向所有人开放。

分配是公共财政的基本功能,收入分配政策是财政政策的核心内容之一,合理的收入分配政策也是促进社会和谐和保障民生的政策基础。财政分配是国家干预收入分配、维护社会公平的基本手段。在国家财力从2000年的约1.3万亿元增长到了2011年的约10.4万亿元,财政收入占GDP比重由14%上升到22%的基础上,[①] 对解决各种百姓生活问题,财政负有更大、更直接的责任。强化再分配手段,必须解决两个方面的问题：一是明确承诺政府确保财政的公共性并满足教育、社会保障、公共卫生等有关方面的需求;二是加强对高收入者的税收调节。

现阶段收入分配存在的初次分配不合理、再分配缺乏力度与公平、第三次分配还未形成机制的格局,导致收入差距持续扩大,严重影响社会和谐和基本的民生问题。在社会分化中,社会财富分配不合理、不公平是影响不同阶层和谐相处的基本因素,也是影响消费进而制约生产和可持续发展的重要因素。国家应尽快确立合理、公平、共享的收入分配原则,并按照这一原则尽快从初次分配、再分配与第三次分配三个层次上理顺整个收入分配关系。

(三) 以道德建设为保障

制度仅仅制约人们的行为,而不能制约人们的心灵。在公共财政条件下,公共职位从业人员应当提高道德修养,克服自利心与官僚主义,上升到自律的高度。

在西方伦理思想史上,康德第一个系统地阐述了自律概念,并把它确立为伦理学的基础。自由是康德道德哲学的拱心石。康德的自律概念正是以自由意志为前提的。在康德看来,人作为理性存在物,其意志应当是自

---

① 国家统计局：《中国统计年鉴2012》,中国统计出版社2012年版。

由的,自由是人的一种天赋权利,是每个人由于他的人性而具有的独一无二的、原生的、与生俱来的权利。一个人只有作为纯粹的意志存在物而不是作为一个自然的存在物,他才是自我决定的,才能"自己为自己立法",才能在立法时不服从异己意志。由此,康德把意志自由看成是阐明道德自律性的关键,从而高扬了道德的主体性,在伦理学上实现了所谓的"哥白尼式的革命"。

马克思认为"道德的基础是人类精神的自律,而宗教的基础则是人类精神的他律"①。在马克思看来,自由作为"人的类的特性",是人类与动物界揖别和分野的根本所在;但一个人的意志自由能否得到发展和发挥,在多大的程度和什么方向上得到发展和发挥,总是要受特定的历史条件和社会关系的制约。个人只有在特定的社会关系中才有可能发展和发挥自己的意志自由,实现自己的目的。因为人"是只能在社会中才能独立的动物","只有在共同体中,个人才能获得其全面发展其才能的手段,也就是说,只有在共同体中,才可能有个人自由"。②

财政工作者必须坚持从群众中来,到群众中去,密切联系群众,服务群众,依靠群众,在群众的帮助和监督下开展财政各项工作。为民理财是财政工作的出发点和落脚点,也是实践"为人民服务道德核心"的客观要求。财政工作主要是代表人民群众理财,因此在工作中必须充分体现群众的意志和意愿,认真贯彻为人民服务的宗旨,任何时候都不能损害人民群众的利益,要为群众提供方便,并接受他们的监督。每一个财政工作者,无论处在什么岗位,都要自觉听取群众意见,改进工作作风,端正服务态度,改进服务措施,提高服务效率,为群众工作和生活提供便利;反对冷硬推拖、吃拿卡要,杜绝不正之风,为群众提供优质、高效、周到的服务。办事公正是公共财政条件下财政工作对从业人员的基本要求。其基本内容是财政工作者按财政工作岗位所制定的行为准则办事,不假公济私,

---

① 《马克思恩格斯全集》第一卷,人民出版社1995年版,第119页。
② 《马克思恩格斯选集》第一卷,人民出版社1995年版,第119页。

不放弃原则；坚持公平、公正、公开原则，秉公办事；处理问题要出以公心，合乎政策，结果公允。

第四节 我国公共财政收支活动中公平伦理原则的实现

一、加快公共财政职能转变

如果说利益及利益关系是人类社会活动的基础，那么政府的基本职能，就是对利益进行社会性的分配。公平的重要性就在于，在进行社会性利益分配时，会达成一种新的利益结构，也就是说，在保护、满足一部分人的利益需求的同时，有可能抑制、削弱甚至是打击另一部分人的利益。这要求公平地对待每个人的权利和利益，唯有公平才具有正当性和说服力，才能平息无休止的纷争。罗尔斯在《正义论》中写道："法律和制度，无论它多么有效率和有条理，如果是不公正的，则必须改革或废除。"[1] 当今中国在全方位推进经济、政治、文化、社会体制改革之际，提出更加注重社会公平的问题，也就有着更加迫切的意义。财政要退出微观经济的经营管理领域，弱化其市场性的生产建设和经营职能，而强化其在社会资源配置、收入分配调节和宏观经济调控等方面的应有职能作用，以充分体现财政的公共性。

公共财政并非不搞建设。所不同的是建设性支出的安排要始终以满足社会公共需求为出发点和落脚点。随着改革的深化，人们很快注意到，财政以公共事业领域为主要投向并相应减少生产建设支出，固然符合市场化的改革方向，但减少不等于退出，需要减少的，只能限于投向竞争性领域的支出。政府履行的公共职能，不能不包括生产或提供公共设施和基础设施，而公共设施和基础设施肯定属于生产建设支出系列，又肯定不排斥公共性。

公共财政也并不意味着不搞或取消国有经济。各国的经验表明，在公

---

[1] 罗尔斯：《正义论》，何怀宏译，中国社会科学出版社1988年版，第1页。

共财政的框架内，政府既可以通过直接的公务活动来提供公共物品或服务，也可以通过投资于国有经济的途径来提供公共物品或服务。有所不同的就在于投资国有经济的出发点和归宿要始终立足于满足社会公共需要。规范政府职能的标准，当然就是满足社会公共需要或纠正市场失灵。按此标准对现存的政府职能逐一筛选，则可达到两个互为关联的目的：一是消除"越位"——政府管了不该管的、不属于社会公共需要领域的事；二是消除"缺位"——政府该管的、本属于社会公共需要领域的事没有管好。从"越位"退出，进而补足"缺位"。

财政收支活动的公共性要求从全能型政府向有限政府转变。政府的经济角色也必须实现从政经合一、政企合一向政经职能分离、政企分开的方向转变。财政收支活动的公共性要求政府不应当再扮演经济建设主体的角色。国家财政也必须从旧体制下那种政企不分、以干预微观经济活动为己任的状态中彻底摆脱出来，改变财政资金上的统收统支为核心的财政管理和国家财力分配格局、生产建设上大包大揽的"生产建设经营型财政"的运行模式。不应当再垄断更多的经济资源和经济权力，不应当拥有部门利益和集团利益，而应当成为为市场主体和全社会服务的公共管理和公共服务机构，应当成为能反映和代表广大人民群众利益的公共服务型政府。

二、进一步完善财政收支活动

按照"市场失灵——社会公共需求——公共性——公共财政职能——财政收支活动"的线索，可把公共财政收支活动的适度规模界定好。公共财政的收入是为满足社会公共需要而筹措资金。市场经济条件下的财政收入，则主要来源于社会经济生活中各市场主体、法人实体和城乡居民依法缴纳的各种税负，具有更大的广泛性和公共性。公共财政的支出，是以满足社会公共需要和追求社会公共利益为宗旨，不能以盈利为目标，而是追求公益目标，一般不直接从事市场活动和追逐利润。国家财政支出的安排，也就主要集中于国家政权机构的运转、社会公共基础设施建设、国防和科教文卫发展需要、生态环境的保护与治理，以及社会福利和社会保障制度建设等社会公共需要或公共性支出方面。

（一）优化公共财政支出的结构

财政分配中完全平等人权原则的实现程度，直接反映着一个社会的文明程度，也决定着一个社会的和谐、稳定与健康发展的状况。就是说，财政支出要首先保证人权层面的需求，要为建立稳固的人权保障体系提供充裕的资金保证，决不能牺牲社会保障的人权需要，去投资所谓的宏大工程、标志性工程以及不具有公共性特征的项目。当前财政支出的重点要转向基础教育、社会保障、公共卫生和公共设施的建设上来。

一是加大教育投入。建立义务教育经费保障机制，落实好农村义务教育"两免一补"政策，增加对职业教育的投入，适度支持高等教育发展。为支撑义务教育的发展，建立公共教育财政制度，并在公共财政框架下，明确划分各级政府责任是必然的选择。在这方面通常采用的方法是实行财政转移支付政策，这是解决县级财政教育供给能力不足，保障农村义务教育投入，促进义务教育均衡发展的治本之策。基本思路是：中央财政负担义务教育阶段学校教师的国标工资；承担国家扶贫开发重点县义务教育主要经费；通过专项转移支付，对特定项目进行财政扶持。省、市政府承担农村中小学基建、危房改造、助学经费及地方出台的补助性工资。县级政府要对教育投入逐年增长，确保财政预算内生均公用经费按规定标准拨付。

在基础拨款方面，改变"重点保证、优势扶持"的非均衡发展策略，在城乡之间、校际之间实现平衡投入。加大教育经费向农村学校和城市薄弱学校的倾斜力度。在教育起点平等的情况下，平衡投入可以促进教育均衡发展，但在事实上存在教育发展失衡的情况下，就须对弱势群体进行倾斜。按罗尔斯提出的公平性差别原则，倾斜也体现了对公平的价值追求。政府在分配教育资源时，对弱势地区、弱势学校和弱势人群倾斜，保障其具备国家政策、法律所规定的基本标准的办学条件和享受符合基本标准的充分教育，即用对待强势和弱势不平等的手段，达到真正的教育公平的目的。

二是逐步增加社会保障支出。在社会主义市场经济条件下，社会保障是一个重要的"内在稳定器"。目前我国社会保障体系很不完善，许多应由财政承担的社会保障由企业、行政事业单位负担。另外，社会保障支出划分不明确，支出比重低的现象仍然存在，难以适应社会主义市场经济发展的要求。各级政府要加大对社会保障支出的投入力度，大力推进社会保障制度改革，完善社会保障体系。财政必须按照公共财政要求，进一步调整现行支出分配结构，尽快使财政资金退出一般竞争性领域，同时相应削减行政经费和一般事业经费支出，真正把社会保障支出作为财政预算的一个重要内容。

构建中国特色的公共财政，建立和完善社会保障体系必须着手解决以下几个方面的问题：①适时开征社会保障税，尽快建立起以税收为主要来源的社会保障筹资机制。②进一步扩大社会保险覆盖面，以人为本将城镇各类符合条件的劳动者全部纳入社会保险覆盖范围。③加强社会保险费征缴，改革社会保险费的差额征缴机制，全面推行税务机关征收社会保险费的方法，并研究开征社会保障税。④全面推进养老金社会化发放工作，不再委托社会发放，从体制上杜绝拖欠养老金现象的发生。⑤积极稳妥地推进国有企业下岗职工基本生活保障向失业保险并轨。⑥逐步将城市家庭人均收入低于当地最低生活保障标准的居民，全部纳入城市居民最低生活保障范围。⑦积极研究探索农村养老、医疗和最低生活保障的有效途径，妥善解决失地农民和农民工社会保障问题。

三是加大公共卫生投入。公共卫生是关系到一国或一个地区人民大众健康的公共事业。公共卫生的具体内容包括对重大疾病尤其是传染病（如结核、艾滋病、"非典"等）的预防、监控和医治；对食品、药品、公共环境卫生的监督管制，以及相关的卫生宣传、健康教育、免疫接种等。由于长期以来形成的城乡二元的制度格局和政策惯性，政府用于医疗卫生的公共支出表现出极其严重的城市偏好。在公共卫生事业的投入上，城乡之间存在着很大差距。从政府公共卫生支出的构成看，卫生资源相对紧缺，预防保健和疾病控制力量十分脆弱，项目配置不尽合理、城乡配置不均衡等方面问题较为突出。应逐步加大财政公共医疗卫生支出的比例，增加公共医疗卫生支出规模。

调整政府行为和财政支出结构，加大政府在疾病预防事业中的投入，提高财政公共卫生支出中预防保健支出的比例，在贫困地区要通过中央政府转移支付来扶持农村医疗卫生服务设施和供给体系的建设，实施对贫困人口的医疗救助。医疗救助对象主要是农村五保户和有特殊困难的贫困农民家庭。医疗救助的形式是对救助对象患大病给予一定的医疗费用补助，也可以是资助其参加合作医疗。医疗救助资金通过政府投入和社会各界自愿捐助等多渠道筹集，但是要以政府投入为主。应建立和完善农村医疗卫生专项转移支付制度，缩小地区之间公共医疗卫生资源配置的非均衡，特别是要健全农村卫生经费保障机制，建立政府财政对农村卫生机构和农村公共卫生项目的经常性补助机制，进一步缩小城乡之间公共医疗卫生支出的差别。全面实施新型农村合作医疗制度，切实改善城乡居民医疗卫生条件，努力解决群众"看病难、看病贵"的问题。

（二）完善税制，实现合理收入再分配

保障社会公平，要求完善收入分配制度，规范收入分配秩序。在收入分配制度改革中，税收的收入分配职能也应该得到重视，通过设计有效的税制，如运用个人所得税、消费税等税收措施，积极发挥税收的分配职能，促进社会收入分配的公平合理和社会的和谐发展。

为强化税收对个人收入分配的调控功能，逐步确立个人所得税为主体，以财产税和社会保障税为两翼，以其他税种为补充的个人收入税调控体系。个人税收是通过收入分配形成的，但毕竟不会永久停留在收入状态上，会用来消费、购买财产、形成遗产，因此单一的个人所得税难以形成有效的调控力度，还应开征与建立同个人收入分配税收调控体系相关税种，如在个人收入环节开征社会保障税，在财产转移环节开征赠与和遗产税，对存量资产开征房地产税，对个人的投资收益开征证券交易税等，使税收对个人收入分配差距的有效调控覆盖全过程，形成对收入分配的完整的调控体系，缩小规避税收调节的空间，发挥税种作用的互补，确保十八大提出的"初次分配和再分配都要兼顾效率和公平,再分配更加注重公平"分配原则的实现。

财产税、遗产税、赠与税是限制社会财富向少数富有者过度集中的重要手段。除了个人所得税具有明显的调节收入分配作用外,财产税、遗产税、赠与税,也对收入分配有较大影响。不同的是,个人所得税主要从社会财富的流量方面进行调节,而财产税、遗产税、赠与税主要对社会财富的存量进行限制。对个人而言,富有者将所得的一部分转化为财富积累,在继承或赠与情况下,可以如滚雪球似的增加财富,对社会来说,存在财富日益向少数富有者集中的趋向。故许多经济学家都主张征收税率采用累进的财产税,尤其主张对遗产税课以重税。我国征收的财产税类虽然很少,但改革开放后,对私有财产的认识观念的转变和私有财产的不断增加,相应地增强了对财产拥有者课税的税种,我国1994年提出开征遗产税,虽然现在尚未正式征收,但征收遗产税只是早晚的事情。

社会保障税是有利于低收入者的社会保障制度的主要筹集渠道。社会保障税是目前国际上普遍开征的税种,并在一些国家已成为第一大税种。就社会保障税本身来说,由于其实行比例税率,又只对工薪、劳动所得课税,在税率和税基方面,对收入分配均等的影响极其有限。但如果将其和财政转移支出结合起来,它对收入均等或公平的作用,就是积极的。因为影响收入分配公平的财政政策主要是税收和财政支出,税收限制富有者的收入,财政支出将这部分收入又以国家财政支出形式向穷人倾斜。在转移支出中最重要的是社会保障支出,其筹资渠道之一就是社会保障税。所以,从社会保障制度的主要资金来源角度看,社会保障税也是调节收入分配的重要手段。

消费税是削弱高收入者支持能力的重要策略。消费税是间接的主体税种,且由于市场各种因素等,富有者将相当比重的收入用于消费而不是积累,所以,发挥间接税的调节收入分配作用非常重要。在间接税中,对收入分配起调节作用较明显的是消费税。消费税虽是比例税率,但一般实行差别课征,不同商品税率不同,奢侈品、高档消费品课重税,日用消费品免税或轻税。消费税的课征对象多为奢侈品、国家不鼓励消费的商品等，这都使消费税对限制富有者消费支付能力，调节税后收入分配有积极效用，虽然消费税难以起到所得税的直接调节作用，但它可以对收入分配不平等的消极后果起到限制和修补作用。

目前对储蓄存款利息所得征收个人所得税，实质上是对个人可支配收入的征税。因为个人可支配收入一般分为个人银行存款和用于个人及家庭消费开支两个部分。被储蓄的部分，就是可支配收入中未被即期消费掉的部分，它是个人可支配收入中与消费开支此消彼长的一个重要变量，并随着可支配收入的增长而以更大的比例增长。然而，个人可支配收入又是税后收入，即个人收入减去所得税后的所得。因此，对储蓄存款利息所得征收所得税，是对税后收入的再次征税，更确切地说，是对税后收入增值能力的征税，这无疑是限制高收入阶层的金融资本收入，防止"马太效应"——富者越富、穷者越穷的蔓延和扩大。

除了在初次分配和再分配之外，实际上还有第三次分配，也有学者将第三次分配称之为道德分配，这是在很多国家建立的发达的慈善公益事业。通过高收入阶层的自愿捐赠，利用社会的机制来援助低收入阶层和生活的不幸者，可以说，这是一项光彩事业、道德事业。

（三）健全均等化转移支付制度

转移支付制度的目标，是解决地方政府之间财力不均衡的问题，也就是按照党的十七大报告的要求，使"地方财力与事权相匹配"；进一步推论，在假设不同地方政府行政效率和财政支出效率完全相同的前提下，转移支付制度的根本目的是实现全社会的公共服务均等化。

事实上，在分税制条件下，即使一国的市场经济体制非常完善，分税制的实施也很规范，也还是无法通过单一税种的划分来实现各级政府间财权与事权的完全对称。中央政府面对不同区域的各同级地方政府所实施的统一财权划分制度必然会形成地方政府间财权与事权的非对称性。在地方财力差距难以缩小的前提下，政府间转移支付制度就必然成为公共服务均等化的主要手段。现阶段我国的转移支付制度还难以起到这样的作用。其一，税收返还作为我国目前规模最大的转移支付类型，其地区分配结构并不利于缩小地区间财政分配差距，反倒固化了地区间的财政分配不均等的程度；其二，专项转移支付由于要求地方政府提供相应的配套资金，发达地区有能力提供中央要求的全部配套资金，贫困地区却很难做到这一点，因此大量专项转移支付资金最终流向了发达地区而非贫困地区，具有明显的逆向均等化效果；其三，在财力性转移支付中最具均等化效应的一般性转移支付比例偏低，这不仅削弱了中央政府均衡地方财力的作用，也限制了地方政府在地区性公共产品供给中的自主性。因此，正是转移支付结构制度设计上的不合理性，使其在实现各地区基本公共财政服务均等化方面的作用受到了很大限制。

促进基本公共服务均等化，需要建立科学规范化形态的财政转移支付制度。从客观性来说，就是要用"因素法"替代"基数法"；从公式化和法律化来说，必须对地方辖区的财政能力和支出需求进行切实的计量，以此作为公式化转移的基础；在目前税收返还由于地方既得利益在量上难以做到实质性调整变动的情况下，可通过渐进改革的方式，以增量改革推动存量改革，逐年提高财力性转移支付特别是其中的一般性转移支付在整个转移支付结构中所占的比重，以此来逐步缩小税收返还的相对规模；而且应分步提高一般性转移支付比例，使其成为转移支付的主要形式，并逐步向中西部地区特别是西部和少数民族地区倾斜，提高中西部地区提供公共服务的能力；还要规范与清理专项转移支付，对相应的项目配套资金依照支出责任划分方法确定配套政策，原则上富裕地区配套资金高些，落后地区低些，特困地区可免予配套；另外还可将现行地区间对口支援进一步完善，建立横向转移支付模式，加快缩小地区间的财力差距。[①]

（四）加强财政从业人员的个人品德建设

党的十七大报告提出，"大力弘扬爱国主义、集体主义、社会主义思想，以增强诚信意识为重点，加强社会公德、职业道德、家庭美德、个人

[①] 宋生瑛：《均等化基本公共服务的路径分析》，《经济问题》2009 年第 9 期。

品德建设"。其中,加强个人品德建设首次在中央文件中正式提出,具有重要的理论意义和实践意义。党的十八大报告同样强调"加强社会公德、职业道德、家庭美德、个人品德教育,弘扬中华传统美德,弘扬时代新风"。加强个人品德建设,其目的在于个体道德自律意识的养成。

个人品德是"内在的法",社会公德、职业道德、家庭美德的实现最终都要诉诸个人品德。个人品德是一定社会的道德原则和规范在个人思想和行为中的体现,是一个人在其道德行为整体中所表现出来的比较稳定的、一贯的道德特点和倾向。个人品德既是社会道德原则和规范的内化,也是个体作为主体对社会道德的认识、选择以及实践的结果,是个人在社会生活中的行为活动个性化了的道德特质。个人品德提高了,就可以"内德于己,外德于人",促进社会道德进步。为加强财政从业人员的个人品德建设,须多管齐下。一是提高人们的道德认识。要使人们具备高尚的品德,就必须使人们了解和把握经济社会生活领域的道德规范,了解和认识什么是善、什么是恶,什么是荣、什么是辱,然后才能有一个明确的道德实践方向。特别是作为政府从业人员,尤其重要的是明晰自己的岗位职责,树立为公共利益的服务意识。二是陶冶人们的道德情操。有了某种道德认识,还需要炽热的道德情感,需要有一种对善的执着追求,在实践中形成稳固的道德情感。三是锻炼人们的道德意志。如果没有坚强的道德意志,就不能在道德实践中克服困难,坚持善良和正义,抵制邪恶和私欲,也就难以形成高尚的品德。四是引导人们养成良好的道德行为习惯。如果人们对于道德规范能够自觉遵守,乃至达到从心所欲而不逾矩的境界,个人品德自然能不断提升。遵循个人品德形成与培育的规律,增强财政从业人员遵守财政法纪和职业道德规范的自觉性和主动性,才能恪守人民的利益高于一切,全心全意为人民服务,从而达到公共利益的实现。

第七章 提升政府信用，建设诚信政府

市场经济是信用经济，这种理念被越来越多的人所认可和接受，这标志着人们对市场经济的认识有了一个新突破。信用是维系市场经济的纽带。缺乏信用，市场关系就难以为继，市场交换的链条就会中断。信用经济关系又是一种经济伦理关系，诚信道德则是对这一经济伦理关系的集中反映。社会信用的载体是个人、企业、非营利组织和政府。其中，政府信用建设，在社会信用体系建设中居于核心和主导地位。

第一节 诚信政府建设的必要性与重要性

一、建立和完善社会主义市场经济体制的需要

市场经济是法制经济，市场经济又是契约经济或信用经济，用契约形式把参与经济活动各方的权利和义务规定下来并照此办理，才能建立健全统一、开放、竞争、有序的现代市场体系。社会主义市场经济是建立在稳定的信用关系基础之上的法制经济，这就要求在规范的信用规则基础上，实现市场对资源的合理配置。政府在市场经济中扮演了市场制度规则的主要提供者和监督执行者的角色。规则既要得到公众的认可，又要在社会经济活动中真正起作用，首先取决于政府的信用度。虽然社会信用体系的建设是政府、企业、个人三者间诚信行为良性互动的过程，但作为其核心的政府诚信，就是最好的投资环境，是当今世界吸引投资、发展经济的最重要因素。政府能否提供符合市场经济规律的、稳定的、值得信赖的规则，并使这种规则的制定过程公开化、透明化，是市场经济健康发展的必要前

提。随着世界经济日益全球化、中国加入世界贸易组织和我国社会主义市场经济体制的进一步完善，过去那种依靠政府制定优惠政策改善招商软环境的方式，对投资者的吸引力已越来越小。如何大力提高政府的诚信程度、服务水平和办事效率，杜绝政策朝令夕改、说了不算或说得多做得少等不确定、言行不一致因素的影响，已成为招商引资能否获得最终成功的关键所在。在一个开放的、市场化的社会里，政府诚信已成为影响甚至决定人力资本、货币资本走向和经济社会发展的重要因素。

现代社会中，政府本身应该建立、遵循诚实信用、信赖保护的准则，自身首先要成为诚信的示范者。以德治政、诚实信用，是我国各级政府的为政之道、执政之基。在社会主义道德建设中，诚实守信是社会公德、职业道德建设的重点，"爱国守法、明礼诚信"是公民道德规范的重要要求。在社会主义市场经济条件下，诚信已成为经济交往中最基本的道德准则，这就要求政府在加强对市场主体和市场秩序的监管、对违规失信行为严惩不贷的同时，还要引导全社会形成"诚信为本、操守为重"的良好风尚。因此，政府信用是社会信用的重中之重。在整个社会诚信体系的建设中，政府信用处在核心和主导的地位，必须以政府信用建设带动全社会的信用建设。而唯有诚信政府，才能在经济和社会管理中具有权威性。各级政府既是社会信用的提供者，又是社会信用的受益者，更是社会信用的维护者。实行以德治政，建立诚信政府，正在成为我国各级政府的自觉行为。

二、建立完善的社会信用体系的重要前提

社会信用制度是一个系统，它由政府信用、企业信用以及个人信用所组成，它的基础是个人信用，没有各个个人的信用，就不会有整个社会信用制度的形成和完善。社会信用的重点是企业信用，企业是生产经营的主体，没有各个企业和企业之间的信用，就不会有完善的市场和社会主义市场经济。社会信用的核心是政府信用，政府信用的建设对企业信用、个人信用具有引导和示范作用。

政府本身所担负的引导、监督、管理社会信用的职责，决定了它是一整套社会信用制度建立和维护的主体。"民以吏为师"。在一个国家里，政府的品质总是影响并成为该民族性格品质的标志。作为社会经济活动的主要组织者和监督管理者，作为诚信环境最重要的建设和保障力量，政府的许多行为具有强烈的示范效应和重要的引导作用，政府自身如不能践约守信，势必会招致企业、个人的竞相效仿，从而导致整个社会信用缺失的"多米诺骨牌"效应。如果政府诚信严重缺失，就会失去人民的信任，群众的积极性、主动性和创造性就会受挫甚至丧失，整个社会将陷入信用危机的恶性循环中，经济和社会发展就会受到损害甚至破坏。提高政府的公信力，是建立社会信用体系的关键。

三、提高政府公信力的理性选择

政府的公信力一靠实实在在的政绩，二靠信用。政府信用状况表明政府的成熟程度和行为规范水平。只有言行一致、政策稳定，政府在群众中才有威信和号召力。加强和维护政府权威，提高社会公众对政府决策的理解和支持，很重要的一点就是政府的行政决策应当根据当地的实际情况，充分考虑到社会承受能力，把尽力而为和量力而行结合起来；要采取措施，努力将可能对社会公众的合法权益产生的损害减少到最低程度，不可避免造成损害的，也应当依法给予赔偿或者补偿。还有房屋拆迁这一社会公众关注的热点问题，从一些事件中可以看到，地方政府行为存在缺乏沟通、违背民意、强制拆迁的执法失当的问题。特别是地方政府在处理开发商与农民（居民）的利益关系上，应该依法办事，公平对待双方，以维护社会公共利益为目标，妥善解决利益纠纷。同时，国家还要做好制度的顶层设计，最大限度地化解矛盾。在这一问题上，受社会关注的是2010年1月29日和12月15日，国务院法制办公室两次公开征求对《国有土地上房屋征收与补偿条例（草案）》意见和建议。"这一征求意见和建议的过程，成为全民普法的高潮。"既然政府是在为人民做好事实事，那么，住房这一基本的民生问题，也要在全面了解民意的基础上、在法律的规制下把好事办好。建设诚信政府就是要求政府各部门切实转变职能，改进工作作风，提高工作效率，改善服务质量，努力做到求真务实、决策科学、执行高效、依法行政、廉洁奉公。诚信的政府更能发挥自己的作用，从而进一步提高政府的信用度和公信力；一个诚信受到质疑的政府不易为大众所接受，而且可能进一步弱化政府的信用度和公信力，严重的还会导致政府倒台的危机。政府如果得到社会民意的广泛认同和支持，就会产生一种强大的凝聚力，使公众与政府情感沟通，关系协调，产生和存在的问题和矛盾也就容易得到解决，由此为国家和社会的发展营造政通人和、国泰民安的良好社会环境。

第二节　构建以政府为中心的社会信用体系

一、信用政府建设面临的问题

从总体上讲，随着改革开放的深化，市场经济的制度体系、规则体系不断建立健全，政府行为也日益走向制度化与规范化轨道。但是，由于我国体制方面、法制方面以及文化方面的原因，政府信用仍然存在一些严重的问题，直接影响到诚信政府的建设，主要表现在：

一是政策缺乏稳定性和连续性。最为突出的是"新官不理旧事"，后任政府不对前任政府的执政情况负责。政府从业人员特别是主要负责人的工作变动，往往会给工作的连续性带来潜在的破坏，时常出现一届政府一朝政策，使政府的公信力在老百姓的心目中大打折扣。

二是行政审批和行政执行缺乏规范性。政府是制度、规则、法律的制定者，如果政府失信，就会直接影响制度、法规的权威和约束作用。有些行政管理部门的行政审批程序过于繁琐，不透明，审批环节不一致，审批标准随意性大；有的自行设置行政许可，或违反法律规定越权审批，或设置审批障碍等，导致政府执政信誉严重下降。法律赋予了政府较大的自主管理权。而有的政府组织在行政执行上没有统一的规范的标准，缺少必要的程序和步骤；有的政府人员钻职责分工不明确的空子，对自己不利或无利的事则应付了事；有的行政机关滥用行政执行权，把行政执法当作创收的手段，以罚代法；有的在行政执行中滥用自由裁量权，根据不同对象办关系案、人情案；有的地方政府在执行上级的方针政策中投机取巧，搞"上有政策、下有对策"，使群众极为不满。

三是滥用地方政府职能。有的政府机构不恰当地介入经济活动，任意侵犯经营者的合法权利。有的政府机构为了创造"政绩"，不惜牺牲国家整体利益，肆意破坏政府信用，采取种种非正常的高压手段，以换取地方局部的小利益。一些政府从业人员在招商引资时热情周到，开出许多优惠条件，一旦投资者注入了资金，建起了厂房，开始运营赚钱，就会找各种理由不承认合作协议，分利益，甚至搞吃、拿、卡、要等不光彩行为。诸如此类的地方保护主义如果不加以制止，必定严重破坏国家和政府的信用。

四是个别政府从业人员滥用职权。政府信用的好坏直接取决于政府从业人员信用的好坏。当前，有部分政府从业人员不讲职业道德，不诚实守信，弄虚作假，欺上瞒下，对国家的方针政策阳奉阴违，对群众欺诈恐吓；有的政府从业人员徇私枉法，为各种造假行为大开绿灯或实施保护；有的政府从业人员假公济私，腐化堕落，高高在上，脱离群众，等等。政府从业人员的不诚信行为导致政府信用丧失，使干群关系恶化。《人民日报》以《党和政府的基层工作确实出了微恙》为题，指出：对于一个国家来说，再好的政策，如果没有良好的执行力，这些政策也只能是一纸空文，不仅会大大降低组织的威信和效率，而且也会导致百姓产生政治冷漠感，疏离了党群关系、干群关系。基层政府是党和国家的形象窗口，是和群众直接接触的行政组织，是群众评价党组织和政府的直接对象。基层干部是基层政府的主体，基层干部的言行举止直接影响基层政府的形象，关乎党和政府的执政根基。若不及时改善党和国家肌体的"微循环"系统，久而久之，党和国家的肌体必出毛病。并认为，近期为何会出现"基层干部被污名化"倾向呢？基层工作条件艰苦、任务繁重，很多人不愿意下到基层，基层干部队伍整体素质距离党和政府的要求还有距离，个别人角色的混淆与错位疏离了官民关系，自媒体舆论环境放大了基层干部的负面形象。①

五是政府行为缺乏公开性，透明度不高，暗箱操作过多。有的地方选拔干部不公开，财务收支不公开，重大事项不公开，办事依据不公开，办事程序不公开，办事结果不公开，习惯于暗箱操作，政府信息渠道的不畅通，从某种意义上也导致了人民对政府的不信任。

政府信用缺失是社会失信中最具破坏力的毒素，它直接导致了社会诚信体系的缺失。目前有些国民的诚信水平已经突破了道德底线。国民的信用缺失与我国政府信用缺失又有一定的关系，因而推进政府与公众之间的良性互动，增强政府对公众的责任感和回应力，提升政府的公信力，已刻不容缓。

二、政府信用与社会信用体系建设

政府信用的思想来源于近代西方出现的社会契约理论。17世纪英国思想家霍布斯、18世纪法国思想家卢梭提出的社会契约论，重点阐述了国家是人们由于理性驱使，为摆脱无序争夺状态而寻求有组织和平生活而相互订立的一种社会契约。在这个契约中，人民交出一部分自然权利，并把它委托给主权者，从而有了政府，政府成为政治代理人，它享有了管理社会的权利，行使行政权；同时主权者也担负保证人民安全、维护社会秩序与公众利益等政治、经济责任与义务。据此，政府实际上是掌权者与人民订约的产物，人民与政府之间存在着政治委托—代理关系：公众将行政权委托给政府行使，同时期望获得能维持其利益的政府产品，这实际上构成了政府的义务或职责。政府代理公众行使行政权，并通过履行职责获得相应的利益：政府作为一个组织，通过履行其职责得以继续存在和发展；政府从业人员作为真正的利益主体，获得工资、地位、荣誉及其他利益。在委托—代理关系已经发生或已经存在的情况下，政府信用就成为决定这种委

---

① 雍天荣：《改善党的"微循环"系统》，《人民日报》2013年6月7日。

托—代理关系存续的最重要因素。如果政府无法回应公众的期待和信任，就会出现信任危机，政府不能获得公众的信任甚至失去公众的信任，就会威胁到委托—代理关系的存续，也意味着政府对社会的违约。信任是编织公众和政府之间和谐关系的重要因素，它有利于保持稳定的政治局势。

公众与政府信用的契约关系一经成立，它在社会诚信体系中的功能就凸显出来：第一，政府信用成为整个社会诚信体系的核心与支柱。信用体现的主体是多种多样的，从另外一个视角也可以将信用分为国家信用、政府信用、政党信用、社会组织信用、企业信用、团体信用、行业协会信用及公民个人信用等。这些不同信用主体所体现的信用相互作用、相互影响，构成一个完整的社会信用系统。在这一社会信用系统中，政府信用处于核心地位，起着支柱作用。一方面，政府信用的范围最广、内容最复杂；另一方面，政府信用是其他信用得以存在和发展的基础。政府信用贯穿于政府与公众的整个互动关系中。政府的每一项决策，政府从业人员的一言一行，都在显示着政府信用。在社会信用系统中，政府信用是最关键和最基础的信用。另外，政府是整个社会信用的捍卫者。对破坏信用违反信用规则的社会组织、企业及个人，政府可以运用制度对其给予制裁或惩罚，而企业信用、公民信用则不具有这种功能。第二，政府信用是政府职能顺利实现的保障。政府职能能否顺利实现，既需要从人、财、物等有形方面提供保障，也需要从制度、规则、信用等无形方面提供精神支持与动力支持。如果政府信用缺失，政府职能的实现就必然遇到阻碍，政府行为就得不到社会和民众的支持与配合，甚至还会引起民众与政府的对抗，危及政府自身的生存与发展。第三，政府信用能促进社会主义市场经济的良性发展。市场经济是一种依靠秩序、规则、信用维系的经济。市场经济离不开竞争，市场中各竞争主体之间的竞争行为既要严格依法进行，也要严格依信用规则进行。但市场竞争中的信用规则的确立、维系单靠竞争者的自身行为往往是无济于事的，而必须依赖于政府和政府信用。没有政府信用的规范引导作用，市场经济不可能良性运行与发展。因此，构建以政府信用为核心的社会信用体系，关系到经济发展和社会进步。

第三节 建设诚信政府

建设诚信政府，构建以政府为中心的社会信用体系，是一个复杂的系统工程，需要综合运用经济的、法律的、行政的、道德的各种手段，其中经济是基础，法律是保障，道德是导向和支撑。在具体实施时，任何一种手段都不应是孤立的，需要有其他手段相配合，才能收到更大的效果。构建以政府为中心的社会信用体系，决不只是政府的事，需要各机构、社会各界以至全体人民的共同努力。

一、把立法、执法和守法统一起来

首先，国家和政府要把立法、执法和守法统一起来，为建立信用经济和维护信用经济服务。我国在相继颁布《行政诉讼法》、《国家赔偿法》、《行政处罚法》和《行政复议法》等之后，2003年8月27日十届全国人大常委会第四次会议又表决通过了中华人民共和国《行政许可法》，并于2004年7月1日起施行。《行政许可法》是一部在我国行政法制建设进程中具有里程碑意义的法律，为建立行为规范、运转协调、公正透明、廉洁高效的政府管理体制，进一步扩大对外开放，促进社会主义市场经济体制的建立和完善，促进经济和社会发展，提供了有力的法律保障。它的出台和施行，标志着我国政府体制改革和发展进入新阶段。我国正处于经济体制转型的特殊历史时期，社会主义市场经济体制的建立与发展，客观上要求和带动了中国政府体制的改革，而政府改革中的核心和根本问题就是政府如何在市场经济条件下切实转变职能的问题。同时，《行政许可法》的贯彻施行，可以有效地控制和减少政府腐败行为的发生。以前，在我国的行政审批领域里，大量存在着乱收费、私分小金库、公务人员利用职权向申请人索要财物等腐败现象。这些腐败现象大都与行政审批机构及其工作人员道德意识淡漠、道德素质低下有关，与权力惯性、权力不愿轻易退出市场也是分不开的。近几年推行行政审批制度改革，这方面的问题得到了一定程度的控制，但由于缺乏法律保障和法律规范，工作人员的思想道德素质没有明显提高，个别地区行政审批领域内的腐败问题仍然十分严重。《行政许可法》关于行政机关及其工作人员不得在办理行政许可时谋取利益等的规定，可以有效地控制和减少政府腐败行为的发生，杜绝原来基础部门私利基础上的存在的小金库及乱收费等腐败现象。

在政府的经济活动中，中央和地方都制定了相关的法律法规。如《中华人民共和国担保法》和2003年1月1日施行的《中华人民共和国中小企业促进法》，地方法规有上海市人民政府发布的《上海市人民政府关于促进本市小企业发展的决定》、《关于促进本市小企业发展的若干政策建议》等。根据政府信用体系建设的需要，出台一系列法律法规的同时，还要在执法特别是在守法方面，克服和杜绝有法不依、违法不究的现象，尤其是政府执法部门人员违法乱纪的严重问题。2006年1月1日起施行的《中华人民共和国公务员法》，严格规范政府从业人员的行为，十分有助于克服知法违法，甚至执法犯法的严重问题，对提高公务人员的规范意识和道德素养，真正把立法、执法与守法统一起来很有意义。2008年5月1日起施行的《中华人民共和国政府信息公开条例》首次从法律上对政府信息公开做了明确规定，使广大群众对行政机关的职责权限、办事程序、办事结果、监督方式等信息能够一目了然，保障了群众的知情权、参与权和监督权。这是用法律打造透明政府，加快推进服务型政府建设的一个重大举措。各级政府一定要讲法律信用，做到"执法必严，违法必究"。如果对法律有任何的忽视，都是对社会信用基础的直接破坏，是对社会主义市场经济和经济建设的破坏。

二、建设透明政府

构筑政府信用的关键是建立透明政府。经历过非典等各类灾难事件后，人们不难发现，在这个社会生活深刻变革、各种矛盾相互交织的时代，只有政务公开透明才能进一步实现政府与民心、民意、民情的联动，保障人民政府为人民服务。实行政务公开，提高信息的透明度，这既是民主政治下公民和消费者信息获知权的具体体现，更是树立信用政府形象的要求。关于这一问题，可以从三个层面来理解，即政府组织的公开、政府决策的公开和政府管理的公开。但所有这些归根到底是信息的公开。从实质上看，透明政府就是指政府掌握的个人与公共信息向社会公开，公民有权接触并使用这些信息，而涉及个人隐私、商业秘密及国家安全法规定的不能公开的除外。这样政府机关的绝大部分活动，从立法、执法、提供资讯、社会服务等诸多方面的信息都将向全体公民开放，供全体公民使用，而不必问公民需要这些信息有何用途。只要公民有这方面的需求，政府机关就有义务提供，而公民也有权利获取。政府机关有义务在规定的时间、地点将这些信息公布于众，以供公众索取。应该说，近些年来，各级政府在政务公开、建立透明政府方面，作出了许多新探索，取得了一定效果，比如，我国的立法法、行政许可法、突发公共卫生事件应急条例、政府信息公开条例等80多部法律、行政法规等对相关政府信息的公开做了规定，使政务更公开更透明。但与广大人民群众的要求相比，与推进民主政治进程的目标相比，还有较大差距。其实，人民的政府，没有自己的利益，只有人民的利益，行使权力时就应当是透明的。政府透明了，人民知情权才有保障，才能随时观察政府是不是在为实现人民利益努力；政府透明了，人民才会积极参政议政，充分表达民意，防止不当决策损害人民利益；政府透明了，政府官员才不敢懈怠，注重体察民情，顺应民意，接受监督，人民群众才会增强对政府的信任和信心。

三、重视政策法规的科学性、稳定性和连续性

政府通过制定政策、法规来调整人们的行为，体现在政府的经济管理行为上，就是要给市场提供一种规则，然后通过引导、规范、监督、奖惩等措施，使市场上的经济主体按照规则进行活动，保证市场有序运转。这对政府信用提出了更高的要求。政策出台的政策与法规，必须具有科学性、稳定性和连续性，不能朝令夕改。政策是政府决策意志的体现，是宏观指导经济活动的指挥棒；政策也是一个合约，政府每出台一项政策，就

意味着与社会立下一个约定，这个约定必须得到政府本身的遵守，并且要有相对的稳定性与连续性，这样政府才有信用可言。

四、做以德治政、诚实守信的表率

孔子说："为政以德，譬如北辰，居其所而众星共之。"[①] 在整个诚信体系建设中，政府处于核心地位，唯有诚信政府，才能在全社会的诚信道德建设中发挥强大的凝聚力和感召力，才能在改良社会风气中发挥示范和导向作用。政府作为组织机构，是由众多的各级各类公务员组成的。政府及其各级干部坚持立党为公，执政为民，全心全意为人民服务，做到权为民所用，情为民所系，利为民所谋，才能得到人民群众的信任、拥护和支持。各级干部在遵纪守法的同时，要加强自律，严格用社会主义道德、"八荣八耻"的社会主义荣辱观规导从政行为，党的十七大报告、十八大报告都强调提出，领导干部要"讲党性、重品行、作表率"，做社会主义道德的示范者。在政府的经济行为中，各级干部应在不断加深对社会主义市场经济规律认识的基础上，坚持用中国化的马克思主义武装头脑，从为民执政的高度来约束自身的言行。地方政府要靠信用打造地方经济，用诚信打造名牌产品，用诚信道德支撑经济发展，克服短期行为，摒弃地方保护主义，保护发展先进的生产力；要通过自己严格守法、守德来维护政府信用，维护政府形象，用好人民赋予的权力，充分发挥各级领导在信用建设方面的组织、宣传和带动作用，不断提升政府的公信力，促进经济社会的健康发展。

---

① 《论语·为政》。

第八章 政府与企业关系演进中的政府伦理

改革开放以来,随着我国社会主义市场经济体制的确立,企业与政府的关系发生了根本性的变化。企业从计划经济条件下政府的一个"车间"变成了具有独立法人地位的市场主体。政府对企业的作用表现为从计划经济体制下的"全能型"向市场经济体制下的"效能型"转变,从"管制型"向"服务型"转变,"有形之手"与"一只灵巧的手"协同,既提供有形的制度、政策及其他公共产品,也在一定程度上影响或决定着企业的伦理选择。

随着现代企业制度的建立,企业对服务型政府的伦理要求不断提高。同时,在经济全球化背景下参与国际竞争的企业,更需要政府提供良好的发展环境。因此,从理论上分析政府对企业伦理选择的影响,审视政府与企业关系中存在的伦理问题,对于构建新型政企关系、明晰政府经济职能中的"应当",都是十分有益的。

第一节 市场经济条件下政府与企业的关系

一、市场经济条件下政府与企业功能的边界

在市场经济条件下,政府与企业的关系如何直接关系到市场经济能否得到良性运转。从科学的要求出发,两者的功能是清晰的,边界是分明的。并且,两者相互依存,相互促进。政府为企业提供生存发展的环境保证和服务,企业则以生产的产品服务社会经济发展和以交税等形式向政府提供必要的财政支持。

（一）政府不能直接干预企业的运行

在现代市场经济中，根据政府与市场主体的关系，政府是以市场公平竞争秩序维护者身份出现的，它的基本职能就是通过有效的制度安排，给所有进入市场的竞争者创造平等权利。

企业是以营利为主要目的社会经济组织，它的存在和发展一定程度上需要政府提供有效的制度、良好的环境等条件。但企业又是一个有自身运行特点的主体和个体，如趋利秉性对经营者的要求，市场的压力、同行竞争等外部不确定性对企业效率意识、成本意识的要求，作为市场主体对其活动及其后果承担责任等，特定的企业运行轨迹使企业与出资者、企业与政府的关系必须明晰化，政府与企业的功能边界必然清晰化，尤其是政府对企业经营活动不能直接进行干预。实践也表明，政府与企业作为市场经济行为主体的角色与功能不能错位，否则就会南辕北辙：该做的没做或做不好；不该做的做了也做不好。如计划经济时期和转轨时期，我国政府直接投资并包办经营竞争性、营利性的企业，不仅导致了国有企业效率低下等一系列问题，而且严重影响公共物品的供给；同时，企业承担办社会的职能，其必将严重影响企业的发展。

（二）企业具有经济和社会双重功能

企业是市场经济的主体。然而，在企业与政府的关系中，其功能及其边界的定位，历来有两种完全相反的观点。一种是企业只是创造利润的古典观；另一种是企业不仅应创造利润，还应该考虑相关利益人，即影响和受影响于企业行为的利益各方，并对全社会承担责任。

古典观认为，企业的功能是纯经济性的，经济价值是衡量企业成功的唯一尺度。一方面，企业主管无权慷他人之慨，擅将企业的资金用于社会。在这种观点看来，企业的奖金是股东所有，企业的经营者只是接受股东委托来加以经营而已，因此，没有权力将企业的资金和利润用于社会行为，否则便会损害股东及消费者的利益。亚当·斯密指出，企业的社会责任就是单一向社会提供产品和劳务，从而使企业利润实现最大化。1976年获诺贝尔经济学奖的美国经济学家弗里德曼也是这种观点的支持者。在他看来，在自由企业、私人财产体系中，一个公司主管是企业所有者的一个员工，他对他的雇主负有直接的责任，那个责任就是依照他们的欲望去经营企业。雇主的欲望通常是尽可能去赚更多的钱，并遵守那些由法律规定和由道德习惯规定的社会基本规则……只要他的行动与他的社会责任相一致因而减少了股东的报酬，他就是在花股东的钱。只要他的行动降低了员工的薪金，他就是在花费员工的钱。他认为，"股东们只关心一件事：财务收益率。"[①] 另一方面，企业也无法承担大量的社会责任。企业承担社会责任会使企业增加成本，这些成本通常会转移到产品价格上，从而降低产品的竞争力。因为在一个完全竞争的市场中，竞争并未假设成本中含有社会责任成本，因此提高价格不可能不损失市场，这种情况意味着生意本身必须吸收那些成本，最终导致利润下降。第三，参与社会目标将冲淡企业使命。企业的主要目标是实现利益的最大化，社会责任是政府部门的事。并且企业领导者的眼光和能力基本上是经济导向的，他们不能胜任处理社会问题的角色。

社会经济观持相反看法。企业在关心长期的资本收益率最大化的同时，必须分清正确和错误的行为。而传统经济模式的主要缺陷在于只看到了短期利润。"公司社会参与和经济绩效之间存在一种正相关关系。在13项的研究中仅有一个发现了负相关关系，即使在这个案例中，承担社会责任的公司的股票价格并不低于股票价格的全国指数。"[②]

应该说，企业是"经济人"和"社会人"双重人格的辩证统一体，企业的自利性和社会性从本质上说是不矛盾的。正如经济学家刘国光所分析的："在改革过程中，在建立现代企业制度过程中，着重解决企业和政府不分的问题，要使企业成为真正能够在市场上独立经营、自负盈亏、自我发展的法人实体。但这样做，决不意味着企业可以不承担任何社会责任和

[①] 斯蒂芬·P. 罗宾斯：《管理学》（第四版），黄卫伟等译，中国人民大学出版社1997年版，第95页。
[②] 斯蒂芬·P. 罗宾斯：《管理学》（第四版），黄卫伟等译，中国人民大学出版社1997年版，第99页。

义务。许多事实表明,在现代社会发展的条件下,一个同社会、同环境处于尖锐矛盾的企业很难生存和发展下去;有害于社会进步和环境保护的企业活动会受到社会舆论的谴责,甚至受到法律制裁。因此,明确企业在社会中的角色、功能,明确企业在社会中的权利和应尽的责任、义务,使权利、责任、义务相应相称地统一起来,正是现代企业制度的伦理基础。"[①]《中国企业家》调查研究部在主办的2002年中国企业领袖年会上,向与会的400位企业高层就企业社会责任进行了专题问卷调查,也证实了这一理论分析。结果显示,约86.1%的被访者认为企业履行社会责任与追求利润目标之间是不矛盾的,只有8.3%的企业认为这两个目标存在着矛盾;当问及企业不太景气时,企业是否仍然重视其社会责任,约89.3%的企业表示会一如既往地参与社会事务,10.7%的被访者认为企业可能会考虑暂停止或放弃这方面的活动。显然,社会责任不是兴旺发达的企业头脑发热的一时之举。同时,在被列举的八种行为中,被访者认为最能体现企业社会责任感的三种行为是:为消费者提供优质产品/服务约占63.89%,为员工提供良好工作环境约占47.22%,经营业绩良好占44.44%,其他包括积极参与社会公益活动、注重环保、捐资文教及福利机构等;被访企业在近3年内曾有的社会责任行为包括:组织或参与公益活动约占52.78%,捐资文教/科普等活动的约占36.11%;向社会公益组织/机构捐资约占27.78%,号召员工参与公益占27.78%;因纳税积极而受表彰的占16.67%,参与环保活动约占16%,设立专项基金资助社会弱势群体占5.56%。[②]

具体说来,企业作为推动社会经济发展的重要力量,在市场经济条件下,其功能主要表现在以下两个方面:

第一,经济功能。一是企业是社会财富的主要创造者。企业作为生产

[①] 刘国光:《加强企业伦理建设是建立社会主义市场经济体制的需要》,《哲学研究》1997年第6期。

[②] 施星辉:《企业公民——中国企业社会责任状况调查报告》,《中国企业家》2003年第1期。

力的直接组织者和承担者。使潜在的生产力转化为现实的生产力,不断创造更多的社会财富,推动社会生产规模的不断扩大。二是企业为技术进步创造有利条件,市场竞争促使企业采用先进的科技成果,提高劳动生产率,推动着社会生产力的进步。三是企业是人才培养和科学研究的基地。企业通过生产实践和各种形式的培训,提高企业职工的技术素质,培养专门化的技术人才,促进社会生产的发展。

第二,社会功能。一是满足人民群众对产品和服务的需求;二是创造就业机会;三是为国家提供财富;四是推动其他社会公共事业的发展等。此外,企业还承担着保护消费者权益、保护生态环境,防止污染等社会责任。第二次世界大战后日本经济的迅速崛起证明了企业承担社会责任与企业发展壮大的密切关系。日本经营管理模式中特别强调"企业的社会性质",即从社会出发观察企业而不是从企业出发观察社会。正如松下幸之助所说的,"企业不可太短视眼前的利益,而忽视了社会长远的计划及所应负的道德责任"。[①] 日本管理模式中的社会责任意识特色受到了欧美国家的广泛关注。美国管理学家杜拉克认为,强调维护国家利益的"日本模式",堪称在多元性社会中管理工业生产的最佳方案。

(三)政府与企业的协同运作

从经济学意义上分析,政府是作为社会组织协调机制而发挥作用,政府与企业的关系是社会组织为企业提供服务,企业为社会组织支付费用,并影响社会组织活动范围的一种双向制约关系。政府的本质在于服务,如果失去了这一点,或者说由政府直接从事社会生产经营活动,那么市场主体——企业就失去了作为社会分工协作系统的独立元素的性质,整个社会化生产系统也就成为一个巨型工厂。因此,政府与企业功能的边界必须清晰,同时,两者又必须实行协同运作。

一方面,政府作为市场的调控主体,是企业制度的供给者和维护者。这是因为,在公共物品领域,价格和竞争市场机制不能起到优化资源配置

[①] 松下幸之助:《经营人生的智慧》(上),延边大学出版社1996年版,第95页。

的作用，从而需要政府"看得见的手"进行调节。

另一方面，企业作为市场的运行主体，不仅仅是经济组织，它们有自己的愿望和要求，并通过各种方式影响政府的公共政策和立法机关的立法，即为企业的自身利益而影响社会的政治进程。

政府与企业"相互内在"[①]的关系决定了只有运行主体与调控主体的有效协同，才能真正发挥市场配置资源的优势，才能弥补政府与市场潜在的缺陷。因此，理顺政企关系，实现两者的良性互动，必须彻底改变政府对企业直接行政干预的管理方式，实现两个复归：政府复归到市场调控主体的位置，企业复归到市场运行主体的位置。正如 N. 格里高利·曼昆所指出：当一种物品没有价格时，私人市场不能保证该物品生产和消费的适当数量。在这种情况下，政府政策可以潜在地解决市场失灵，并增进经济福利。

政企关系是市场经济国家社会关系体系中最为要害的关系。从世界各国的情况来看，政府与企业的关系大致可以分为三种类型。第一种是"交警与司机"的关系，政府致力于维护正常的市场秩序，只需要告诉企业什么不可以做，在此范围之内企业拥有经营活动的全权，政府不进行干涉。如欧美多数国家都是如此。第二种是"手足"关系，企业与某些政府部门结成利益共同体，政府全力扶持企业的发展，如东亚模式。第三种是"父子"关系，企业没有独立的地位，完全成为政府的附属物，政府通过制定各项计划直接对企业进行协调，如苏联中央集权计划经济体制和中国的计划经济体制。进入 20 世纪 90 年代以来，尤其是在 WTO 的体系之内，后两种类型的政企关系出现了向第一种类型靠拢和同化的明显趋势。

二、当代中国政府与企业的关系发展及模式

（一）"父子"关系

中华人民共和国成立后到改革开放前的高度集中的计划经济时代，就

[①] 赵德志：《现代西方企业伦理理论》，经济管理出版社 2002 年版，第 13 页。

政府和企业的关系来说,属于"父子"型关系阶段。政府主要采取直接的行政手段管理经济事务,社会单位成为政府主管部门的附属物。高度集中的政府权力机构把触角伸向社会生活的方方面面,把市场、社会、企事业单位纳入自己管理的范围,可以说,政府成了无所不管的"万能政府"。

在这种体制下,政府与企业的关系是,政府以国有资产所有者的身份来管理企业,企业的生产由政府直接下达指令性计划,物资由政府"统一调拨",产品由政府"统购包销",用工由政府"统一分配"等,使企业毫无生产经营自主权,而政府却牢牢控制着整个行业的企业管理大权。其弊端主要表现在:一是把企业管得过死,使企业丧失了自主经营的活力;二是在政府的保护下,企业养成了"等、靠、要"的不良习惯,不思进取,缺乏竞争力;三是扭曲了资源配置功能,破坏了公平竞争。具体说来:

一是表现在党对企业的领导绝对化。中国共产党强调,国营厂矿企业属于社会主义性质的经济,是社会主义的重要的经济基础,其财产与生产产品为国家所有,亦即为工人阶级和全体人民所有。因而,加强党对企业的领导十分必要。为此,一方面,接收企业后,"首先选派自己的干部以厂长名义去接管旧的企业","不仅使旧企业的改造能够迅速推行,而且可以使我们的干部尽快地学得管理知识,掌握经济业务。"[1] 另一方面,在国营企业中,必须建立共产党组织、行政组织、工会组织和青年组织。毛泽东强调"集体领导",主张由书记、厂长、工会主席组织三人领导小组或者再加一位工程技术人员和一位工人代表组成五人领导小组。实行党政工团的统一领导。

二是从制度上界定了企业是政府的附属物。国家是唯一的所有者,政府集所有权和经营权于一身,企业作为一个单纯的生产单位,隶属于上级行政主管部门。企业的各项经济活动过程和结果完全受国家控制,企业所有生产和经营活动,包括要素投入、产品生产和销售、人事调整和发展计

---

[1] 《中共中央东北局关于党对国营企业领导的决议》,《东北日报》1951年9月5日。

划等生产经营行为，都是通过接受国家或上级主管部门所下达的各项计划指令来实现的。企业的任务"就是完成国家下达的生产计划，计划完成情况是衡量企业管理者工作实绩的主要尺度。""在这一产权结构下，所有国有企业的总和相当于一个大企业，各个国家企业相当于这个大企业中的不同车间。国家作为所有者和经营者，通过覆盖全国的计划对这个大企业的生产经营活动进行集中安排，每个国有企业则作为一个车间按照统一的计划安排组织生产活动。"① 作为政府的一个车间，企业的首要职责和核心功能是为政府服务。正如朱德在1951年全国电信会议上所指出的，国营电信企业的建设，应该是，"一反映政权建设的需要，二反映经济建设的需要，三配合国防建设的需要，四反映国家教育的需要，五反映人民的一般需要"。②

（二）"手足"关系

就政企关系来说，"手足"关系是典型特征。

一是政府通过"渐进"方式放松了对国有企业的管制。大致走过了这样两大阶段：

第一，放权让利（1978—1986年）。主要在旧体制的框架内对政府和企业的关系作局部调整。1978年10月10日，四川省在重庆钢铁公司等6家企业中进行了扩权试点。党的十一届三中全会以后，国务院在首钢等8家单位进行了扩大企业自主权的试点。主要包括：允许改革试点的企业利润不再全部上缴而是可以留利3%；"利改税"和"拨改贷"（1983—1987年）。"利改税"是指将原企业应上缴的利润和税收合并，采取利税合一的方式，按照统一确定的比例上缴财政，开始是对国有企业利润的50%采取"利税合一，按章纳税"的方式，其余的则仍全部上缴财政。1984年以后，把国有企业利润的100%全部纳入"利税合一，按章纳税"的轨道。与此同时，为了减轻财政对国有企业固定资产投资的支出压力，也为了提高对

---

① 马建堂等：《中国国有企业改革的回顾与展望》，首都经济贸易大学出版社2000年版，第13页。

② 杨泰芳：《当代中国的邮电事业》，当代中国出版社1993年版，第28—30页。

国有的约束力度，采取了"拨改贷"，即对国有企业固定资产投资，由原来的财政注资拨款，改为通过银行贷款。

第二，国有企业的承包责任制（1987—1992年）。党的十二届三中全会《关于经济体制改革的决定》中，一方面明确了企业和国家的关系，保证企业自主权的实现；同时规定了职工和企业的正确关系，保证劳动者在企业中的主人翁地位。1986年12月，国务院作出《关于深化企业改革增强企业活力的若干规定》，再次强调，根据企业所有权与经营权分离的原则，给经营者以充分的经营自主权，是深化企业改革、增强企业活力的重要内容。1988年4月，七届人大一次会议通过《中华人民共和国全民所有制工业企业法》对企业经营自主权从法律上进行了确认。1992年7月，国务院又制定颁发了《全民所有制工业企业转换经营机制条例》，规定企业享有经营决策、产品及劳务定价、产品销售、物资采购、进出口、投资决策、留用资金支配等14项自主权。要使企业真正成为"自主经营、自负盈亏、自我发展、自我约束"的商品生产者和经营者。

企业经营自主权的确立，使企业与政府的依附关系有所松动，企业的自主权有所扩大，企业自身利益与其经营努力程度的相关性增强，企业在一定程度上具有超额完成计划和增产增收的积极性，适应市场的能力、自我积累能力和发展能力有所提高。

二是改革企业经营方式，建立以承包制为核心的企业经营责任制。承包制是企业经营自主权实现的一种重要方式，旨在改变企业吃国家"大锅饭"、职工吃企业"大锅饭"的局面，调动企业和职工的积极性；实现所有权与经营权的分离，使企业能以独立的法人地位进入市场竞争；同时，通过承包经营，确保国家财政收入。1986年12月，国务院作出《关于深化企业改革增强企业活力的若干规定》中提出，"推行多种形式的承包经营责任制，给企业经营者以充分的经营自主权"。1987年3月全国人大六届五次会议通过的《政府工作报告》中强调，要把改革的重点放到完善企业经营机制，实行多种形式的承包责任制上来。1987年，全国将近61%的国营企业采取了承包制。1988年2月，国务院发布《全民所有制工业企承包经营责任制暂行条例》，对国有企业实行承包经营责任制作出了具体规定，并逐步推广。到1988年，实行承包经营责任制的企业已占到全国预算内工业企业的90%，占大中型企业总数的95%。

承包经营责任制通过契约形式，明确国家与企业之间的责、权、利和分配关系，是企业经营自主权改革中一种相对规范和稳定的制度形态。主要是指所有者将自己的一定财产交给承包人（或承租人）经营，通过双方达成的协议，保证所有者得到固定的收益量，超额部分则归承包方所有或按比例在双方之间分配。承包制的产权安排以财产收益权为核心，对企业产权进行了深刻的调整。承包合同不再将计划经济体制下的产量、产值等指标作为承包合同的核心内容，而是以能综合反映企业生产经营的利润（或减亏额）作为承包合同的核心内容。在承包制下，国家或其职能部门作为委托人，将企业管理权委托给企业厂长（经理），使企业摆脱了计划经济体制下政府的直接、全面干预。在坚持承包合同的约束条件下，作为承包人的国有企业经营管理者获得了较大的经营自主权。应该说，国有企业承包制在一定程度上来自于农村联产承包制的启发，但两者有着本质的不同。农村承包制以承包土地等生产资料为主要内容，触动的是生产资料所有制，企业承包制则是分配关系的调整。

（三）"交警与司机"关系模式的初步形成

以党的十四大明确提出我国经济体制改革的目标是建立社会主义市场经济体制为标志，中国经济体制改革进入了一个新的阶段，即从根本上解除了传统计划经济理论的束缚。1993年11月，中共十四届三中全会通过了《中共中央关于建立社会主义市场经济体制若干问题的决定》，把十四大确立的经济体制改革的目标和基本原则加以系统化、具体化，进一步勾画了中国社会主义市场经济体制的基本框架。党的十五大明确指出，建立比较完善的社会主义市场经济体制，保持国民经济持续快速健康发展，是"必须解决好的两大课题"。在国有经济战略性调整、非公有制经济的地位、国有资产管理体制改革和理顺收入分配关系等一系列重大问题上，进一步作出创造性的理论贡献，为推动改革实践的不断突破，提供科学的理论依据和操作指南。党的十四届三中全会明确了建立现代企业制度是国有企业改革的方向，而公司制是现代企业制度的典型形式，并把现代企业制度概括为适应市场社会主义化大生产要求的产权清晰、权责明确、政企分开、管理科学的企业制度。从此，我国国有企业改革由偏重于放权让利的政策调整为主转向企业制度创新，进入逐步建立适应社会主义市场经济需要的现代企业制度的新阶段。党的十五大进一步强调了建立现代企业制度是国有企业改革的方向，指出要继续调整和完善我国的所有制结构，努力寻找一切能够极大促进生产力发展的公有制实现形式，按照产权清晰、权责明确、政企分开、管理科学的要求，对国有大中型企业实行规范的公司制改革，使企业成为适应市场的法人实体和竞争实体；要着眼于搞好整个国有经济，抓好大的，放活小的，对国有企业实施战略性改组。党的十五大和十五届一中全会更提出了明确的要求，用三年左右的时间，使大多数国有大中型亏损企业摆脱困境，力争到本世纪末大多数国有大中型骨干企业初步建立现代企业制度。党的十五届四中全会通过的《中共中央关于国有企业改革和发展若干重大问题的决定》中明确提出建立现代企业制度是发展社会化大生产和市场经济的必然要求，是公有制与市场经济相结合的有效途径，是国有企业改革的方向。要从我国国情出发，总结实践经验，突出抓好以下几个环节：一是继续推进政企分开。二是积极探索国有资产管理的有效形式。要按照国家所有、分级管理、授权经营、分工监督的原则，逐步建立国有资产管理、监督、营运体系和机制，建立与健全严格的责任制度。三是对国有大中型企业实行规范的公司制改革。四是面向市场着力转换企业经营机制。从此我国政企关系进入了一个新的时代。突出地表现为在制度上政府与企业的边界更加清晰，企业内部的组织构架也更加适应市场化的要求。"交警与司机"模式已初步形成。

当代我国政企关系的历程表明，随着社会主义市场经济的发展，政府和企业的边界在日益清晰化，两者的良性互动关系也不断进步。但由于文化的惯性、相关法律和制度还不完善等原因，目前我国几种典型的政企关系同时并存。"政府与部分国有企业之间、一些乡镇与其所辖的乡镇企业之间仍然保持着父子关系；一些地方政府与其所办的企业、部分乡镇政府与乡镇企业之间形成了利害相关生死与共的手足关系；政府与民营企业、三资企业之间是监督与被监督的交警与司机的关系。"事实上，现实中的政企关系是不断变动而且更为错综复杂的。

第二节　制度、政策与企业的伦理选择

一、制度决定着企业伦理的认知方向

新制度经济学的研究表明，"制度是一个社会中的一些游戏规则；或者，更正式地说，制度是人类设计出来调节人类相互关系的一些约束条件。"[①] 制度由正式约束和非正式约束及实现机制构成。其中，宪法、法律、规章、契约等属于有形的（成文的）并在国家强制力作用下的正式制度；价值观念、伦理秩序、道德规范、风俗习惯和意识形态等则属于非正式的（不成文的）或无形的制度；实现机制是指对违反规则（制度）的人作出相应的惩罚（也有对遵守者给予奖励）。诺思的制度演化理论则表明，在制度演化过程中，当事人的主观心理活动特征对变迁路径的影响巨大。在诺思看来，制度是一个社会的游戏规则，它构造出了人们在社会、政治或经济方面发生交易的激励结构，制度演化决定了社会演进的方式。

政府作为"一只有形的灵巧之手"，提供有形的制度、政策及其他公共产品是其最基本的职能。企业作为一个社会经济组织，是在社会系统中与社会系统有着密切联系、受其制约、为其服务的开放子系统。其运行机制的形成与行为方式与其存在的外部环境尤其是制度密切相关。一方面，政府制度的理念、奖励与惩罚影响着企业的伦理选择。同时，企业经营管理者是在对政府政策感知和理解的基础上进行决策的，因此，政府制度、

---

① 诺思：《制度、制度变迁与经济绩效》，上海三联书店、上海人民出版社1994年版，第3页。

政治环境决定着企业的道德理想和追求。新中国成立后,新生的人民民主政权利用政权的力量,从制度安排上规定了企业的组织管理体制与治理结构,是企业伦理革命化形成的内在动因。政治伦理化代替企业伦理,"从较浅的层面看,是依赖于意识形态强有力的约束。但往深一点看,实质上更有赖于计划经济体制的资源支撑。"① 如大公无私与集体主义作为计划经济时代的企业伦理是政府通过计划经济体制对企业进行的伦理导向。改革开放以来,从计划经济体制到有计划的社会主义商品经济,再到社会主义市场经济体制,在经济体制的深刻变革中,企业日益成为独立的市场主体,对企业伦理的认识沿着口号——企业形象——企业核心竞争力的线路,不断提升企业的伦理水平。

当然,也必须看到,巨大变化的制度和体制所提供的动力在促进道德进步的同时,也存在某种道德风险。"改革开放以来在摸索前进过程中所采取的诸如价格双轨制、政府行政事业部门的普遍创收制、一把手负责制、调动两个积极性制、客观上的效率至上评价体系及其事实上的一切向钱看价值指向,等等,虽然对解决一些具体问题起到了某种暂时的效用,但对人们心灵冲击、精神崩塌之无形影响,却是无论怎样估价都不会过分。"② "在社会公共生活的管理中,寄希望于某些人的道德操守而不是制度体制本身,则是极不可靠的,具有极大的道德风险性。这种道德风险应当通过制度体制本身的建设而加以规避。"③

二、企业产权制度的变革直接影响着企业伦理的选择

企业作为一个经济主体,其运行机制的形成与行为方式既与其存在的外部环境密切相关,又依赖于其特有的组织管理体制和治理结构。企业的组织管理体制和治理结构内在地决定和影响着企业的行为方式。

---

① 何清涟:《现代化的陷阱——当代中国的经济社会问题》,今日中国出版社1998年版,第170页。
② 高兆明:《制度公平论》,上海文艺出版社2001年版,第272页。
③ 高兆明:《制度公平论》,上海文艺出版社2001年版,第277页。

西方经济学认为，产权的起源与资源有关，界定产权和建立产权制度是人们最初始的合作，并且产权制度的建立和变迁又反过来影响达成人与人之间的交易费用。产权最终体现为人与人之间的关系。孟子有句名言："民之为道也，有恒产者有恒心，无恒产者无恒心。"① 有经济学家认为，社会经济的原动力是财产关系和财产利益，利益关系是受财产关系制约的。"产权是社会道德的基础"，"许多看似道德的问题，实际上可以从产权制度上找到答案"。② 这一观点有待商榷。但在限定的某些领域，这一观点也有一定的启迪意义。20世纪90年代初以来，从对企业放权让利、承包制到实行产权为中心的改革，有效地调动了企业的积极性，为我国企业伦理的进步提供了必要的制度支撑。党的十六届三中全会通过的《中共中央关于完善社会主义市场经济体制若干问题的决定》中又明确指出，"建立健全社会信用体系。形成以道德为支撑、产权为基础、法律为保障的社会信用制度，是建设现代市场体系的必要条件，也是规范市场经济秩序的治本之策。增强全社会的信用意识，政府、企事业单位和个人都要把诚实守信作为基本行为准则。按照完善法规、特许经营、商业运作、专业服务的方向，加快建设企业和个人信用服务体系。建立信用监督和失信惩戒制度。"把建立健全社会信用制度同建立现代产权制度联系起来，既表明信用以生产关系的核心——现代产权关系为发生和运行的根基，也表明信用法律的落脚点和对象是产权。同时表明，在完善的市场经济中社会信用体系的主体是实实在在的经济主体，即排他性的产权主体。这就是说，不能把社会信用仅仅视为道德和法律的"软件"，最根本的它还是经济关系和经济运行的实体系统，本质上属于经济范畴。社会信用链条实质上是发达商品经济关系的链条，属于"硬件"。由此可以进一步明确，社会信用体系必须牢牢地扎根在产权主体的根基上，真正成为一种经济关系。唯有如此，"社会信用体系才能得以建立和完善，并发挥其应有的经济功能和道

---

① 《孟子·滕文公上》。
② 张维迎：《产权、政府与信誉》，三联书店2001年版，第2页。

德功能"①。

产权制度是现代企业制度的核心。建立现代产权制度是完善社会主义市场经济体制的内在要求,也是构建现代企业制度的重要基础。我国自1993年党的十四届三中全会提出"产权明晰、权责明确、政企分开、管理科学"为主要内容的现代企业制度,到党的十六届三中全会强调,产权是所有制的核心和主要内容,并提出要建立和完善"归属清晰、权责明确、保护严格、流转顺畅"的现代产权制度,无疑是我国市场经济改革的重大突破,标志着我国在建立社会主义市场经济制度的过程中达到了一个新的更高层次,同时,也是现代企业制度建立的重大跨越。

"归属明晰"重在进一步要求落实资产责任尤其是解决资产人格化问题。我国的国有资产实际上不能完全认为产权不清楚,因为"国有"意味着产权已有主体,问题关键在于,国有资产保值增值的人格化要求被虚置。从理论上说人人有份,但实际上无人真正负起资产责任,无法与市场制度相容并行;"权责明确"的本质在于,在所有权的治理结构上建立真正有效的"激励—约束"机制;"保护严格"重在解决国有资产流失和不当缩水。改革以来,国有资产流失一直是全社会关注的热点问题之一,如何有效地防止国有资产流失,既涉及有效制度的安排,也有相关法律的制约;"流转顺畅"旨在资产公平交易,资产既是实物形态,又是金融资本形态,但它必须与市场中等值等价。

并且,近年来,国家有关部门在促进和规范产权的流动和转让方面采取了一系列措施,大大推进了现代企业制度建设的进程,使企业的整体素质和竞争力明显提高。如先后出台的上市公司管理、上市公司国有股向外国投资者及外商投资企业转让、国有企业债权转股权、企业国有产权交易监管等,特别是2003年12月31日颁布的《企业国有产权转让管理暂行办法》,对产权转让场所、转让方式、转让程序等作出了一系列明确的规定。

---

① 杨承训、乔法容:《社会信用体系的理论升华与制度创新》,《人民日报》2004年2月23日。

同时，为保证产权交易做到公开、公平、公正，防止国有资产流失，国务院国资委已将北京产权交易所、上海联合产权交易所、天津产权交易中心作为从事中央企业国有产权交易活动的试点机构，各地国有资产监管机构也选定了从事本地区企业国有产权交易的机构。

第三节　当代中国政企关系变迁中的企业伦理演进

一、企业伦理革命化

"父子"型的政企关系，决定了计划经济时代企业的伦理意识和行为。企业伦理内容的最主要特征是被社会政治伦理所主导，企业伦理建设的手段政治化。

（一）党和国家的利益高于一切

这是在处理企业和企业中的个人与国家的利益时应遵守的道德原则。在计划经济时期，企业、企业中的个人要绝对忠诚和服从中国共产党的利益、政府利益或人民的利益，在这种背景和制度安排下，特别强调党的利益、国家利益高于一切，"大河没水小河干，大河有水小河满"。党和国家的整体利益最终决定企业集体和职工个人的利益，当三者利益出现不一致的情况时，强调集体和个人无条件地牺牲自身利益以服从党和国家的整体利益。正如毛泽东所强调的："我们要教育人民，不是为了个人，而是为了集体，为了后代，为了社会前途而努力奋斗。要使人民有这样的觉悟"[①]。从这一观念出发，计划经济时代，依靠集体主义精神和集体的力量，充分地发挥了社会主义集中办大事的优势，在企业规模化、专业化经营等方面作了尝试和探索。

（二）企业职工的道德规范主要表现为主人翁精神和无私奉献

在计划经济时代，工人与企业的关系是非自选式的终身劳动关系。一个人一旦到一个企业工作，他一生的生活和家人的命运，很大程度就和这

---

① 《毛泽东文集》第八卷，人民出版社1999年版，第134页。

个企业紧密地联系在一起。这种"人身依附"关系,一方面使职工对企业有一种如在大家庭中的安全感,由此可以激发出主人翁的精神;另一方面使职工的个人意志和"某些个人权利消解于企业集体意志和权利之中,由此不得不服从一些超经济的行政强制"。①

(三)用思想政治工作激励广大职工的革命精神

重视思想政治工作是中国共产党的优良传统。早在1934年2月,中国工农红军第一次全国政治工作会议上,当时的总政治部主任王稼祥、中央军委主席朱德、苏区中央局书记兼中央军委副主席周恩来、总政治部副主任贺昌均先后明确指出"政治工作是红军的生命线"。后来,我党我军的主要领导人又多次阐述过这一基本原则。1954年,在《中国人民解放军政治工作条例(草案)》送党中央审改时,毛泽东亲笔写上"中国共产党在中国人民解放军中的政治工作是我军的生命线"一语。1955年,正当我国社会主义改造进入高潮时,毛泽东开始把这一基本原则引入经济领域,在《中国农村的社会主义高潮》一书的按语中,明确提出了"政治工作是一切经济工作的生命线"②的论断,并且强调政治工作的基本任务就是向农民群众不断地灌输社会主义思想,批评资本主义倾向。怎样才能调动劳动者的生产积极性呢?1960年2月《解放军报》在一篇社论中提出:"一不能靠强制,二不能靠物质刺激……更重要的,是靠突出政治,靠加强政治思想工作来提高人们的无产阶级觉悟。"大庆是企业革命化的一个典型代表,他们认为,"办企业,要不要突出无产阶级政治,这是走社会主义道路,还是走资本主义道路的根本问题。资产阶级办企业,搞的是剥削,靠的是饥饿纪律和收买政策;修正主义者办企业,靠的是物质刺激,实际上,走的是资本主义复辟的道路。我们办社会主义企业,必须靠突出无产阶级政治,突出毛泽东思想。这就是说,要把政治思想工作放在第一位,主要依靠职工的阶级觉悟和主人翁责任感,来调动他们的积极性和创造

---

① 欧阳润平:《义利共生论——中国企业伦理研究》,湖南教育出版社2000年版,第73页。
② 《毛泽东文集》第六卷,人民出版社1999年版,第449页。

性、发展生产力。"因此,企业必须高举毛泽东思想伟大红旗,突出政治,"不断加深企业革命化"。

党对企业进行强有力思想政治工作的主要内容包括:一是政治工作是经济工作的方向和完成经济工作的保证。为此,毛泽东号召广大经济工作者和技术工作者,都要力争又红又专。在读苏联《政治经济学(教科书)》时,他进一步指出,社会主义提高劳动生产率,靠技术加政治。二是思想政治工作是协调经济关系、解决经济矛盾的重要武器。在社会主义时期,各种经济关系、经济利益之间的矛盾、冲突仍然存在,它们大多表现为人民内部矛盾。这些矛盾的解决,既要靠经济的和行政的方法进行合理调整,也离不开卓有成效的思想政治工作。三是广大干部和群众中的"冲天干劲,革命热情,极为可贵",只有做好思想政治工作,才能真正调动广大劳动群众的积极性,保证他们真正以主人翁的姿态投身于社会主义建设事业,社会主义事业是人民群众自己的事业,只有依靠广大群众的觉悟、智慧和力量,才能取得成功。思想政治工作的重要作用,就在于它能使广大群众觉悟到自己是国家的主人,理应履行主人翁的职责,从而振奋精神、同心同德、自觉自愿地投身到建设新社会、新生活的伟大实践中去。为此,1965年5月11日,为了学习解放军思想政治工作的经验,中共中央决定在全国工业交通系统建立政治机关,设置中央和地方工交政治部,管理直属企业的思想政治工作。

这一时期,许多企业继承发扬了党在长期革命和建设中积累的对群众进行思想工作的经验,在具体工作中,又紧密结合企业社会化大生产的实际和职工的思想状况,采取了坚持说服教育、以理服人的原则,通过表扬先进、树立榜样等灵活多样的形式,对职工进行思想政治教育,极大地调动了职工的积极性和创造性,有力地促进了生产发展。如大庆油田党组织在思想政治工作中能够针对不同的人和情况采取不同的方法。如对老工人,教育他们发扬工人阶级的优良传统,关心他们在政治、工作、生活等方面的要求;对新工人,则以加强阶级教育和组织性、纪律性教育为主;对技术人员,鼓励他们学习政治、学习技术、业务,同工人群众密切结合，并且提供一些条件，使他们向又红又专的目标努力等。

同时，对企业职工不断进行共产主义和社会主义思想政治教育，如不断地用马克思列宁主义、毛泽东思想武装全体职工的头脑；经常性、系统性地进行为人民服务、集体主义、爱国主义、大公无私等革命传统教育。不仅如此，新中国成立后历次高潮迭起的政治运动，都是企业提高伦理觉悟和水平的重要载体。

二、与市场经济日益相契合的企业伦理

（一）借鉴与探索

政府制度的深刻变革使企业的伦理取向也因此发生了巨大的变化，和体制的二元结构相适应，企业伦理表现为：

1. 国有企业"四大意识"即竞争意识、效益意识、质量意识和民主意识的觉醒

海尔对质量的完美追求开始于20世纪80年代中期。当时的中国，卖方市场左右市场供求，电冰箱等还是城市少数家庭的高档消费品。每1000户城市居民中只有两三家拥有。冰箱和彩电一样，需要凭票供应，甚至次品都有人抢购。而面对一位用户反映的冰箱质量（实际上只是外观上的划痕）问题，张瑞敏作出了一个有悖常理的决定，把76台冰箱全部砸掉。海尔砸掉的不仅是有质量不完美的冰箱，更是海尔人陈旧的质量意识，更重要的是此举唤醒了海尔人的质量意识。张瑞敏坚定地认为，只有在员工中普及"有缺陷的产品就是废品"的观念，才能彻底破除小生产意识，使职工的思想深处受到触动，认识到产品的质量关系着企业的命运。"创名牌，核心在于产品的高质量。"海尔"质量经营"的思想和行动在当时的中国颇为超前。如，1986年从日本引进了TQM质量体系，并仿效GE，实行了"6σ管理方法"（六个西格玛）[①] 其目的就是全体员工

[①] 西格玛是统计学里的一个单位，表示与平均值的标准偏差，它用来衡量一个流程的完美程度，具体看每100万次操作中发生多少次失误。西格玛数值越高，失误率就越低。这是一项以数据为基础，追求几乎完美的质量管理办法。

中树立一个理念：产品的返修率哪怕只有千分之一，对一个用户来说就是百分之百。在1988年的电冰箱国优评比中，"琴岛—利勃海尔"在全国100多家冰箱厂中以总分第一的成绩摘取了中国冰箱史上的第一金牌，并且当一些品牌的冰箱企业最终因质量不稳被淘汰的时候，海尔却因质量在全国名声大振。

2. 中国特色企业管理伦理的尝试

1983年在全国第一次企业管理现代化工作座谈会上，当时的国家经贸委副主任、中国企业管理协会会长袁宝华提出了探索有中国特色企业管理的十六字方针："以我为主，博采众长，融合提炼，自成一家。"应该说，这十六字方针既是我国企业界学习借鉴国外先进经验的指导思想，也是我国企业伦理建设的基本原则。我国企业伦理，既有深刻的计划经济时代革命道德的印痕，也有根据企业自身历史和现实特点而进行的提炼。如第二汽车制造厂根据企业的实际提炼出了独具特色的"四个一流"的企业精神："造就第一流的人才，生产第一流的汽车，提供第一流的服务，创造第一流的效益。""二汽精神"既反映了二汽人强烈的开拓精神和高度的社会责任感，也突出了二汽伦理品质。

3. 对西方企业伦理文化的借鉴和模仿

一些沿海和国有企业在对外开放中接触到西方的企业伦理文化，在初步认识到其价值后，便很快地在自己的企业进行了导入。除了统一厂服、厂旗，唱厂歌，举行厂庆等易识别的活动风风火火开展外，一些企业开始用徽标等解释自己的企业理念。当时在大陆较早导入CI战略的广州太阳神的图标设计极为别致。用象征太阳的圆形和"APOLLO"首写字母"A"字的三角形变形组合，设定了"太阳神"的商标图案，用单纯的圆与三角形构成既对比又和谐的形态，来表达企业向上的意境，同时体现"以人为本"的企业经营理念。红、黑、白三种标准色，形成强烈反差，代表健康向上的商品功能、永不满足的企业目标、不断创新的精神。这个极富人文内涵和现代气息的形象一诞生，便在众多粗糙的国产品牌中脱颖而出。1988年销售额只有750万元，但到了1990年竟达到了2.4亿元，市场份额最高时达63%。巨大的利润诱惑着无数的企业争相效仿。一些企业的广告从产品广告向形象广告发展。广告中融入了伦理意蕴。在郑州商战中，郑州商业大厦别出心裁地在商场橱窗内辟出一片地方，专门陈列伪劣产品，供顾客们鉴别。并且他们还两次当街销毁伪劣产品，表明他们对伪劣产品的深恶痛绝。华联商厦利用了人们对国营企业的普遍信任，在大厦顶端嵌上了两个4.5米高的大字"国营"，这一点和20世纪90年代末河南原阳大米市场的广告宣传"共产党员米店"有异曲同工之妙。

（二）企业伦理建设走向自觉

经济体制的革命性变革和现代企业制度的曙光，为企业提供了宽松的市场环境，极大地调动了企业经济的积极性。全民对经商办企业的热情被空前激发，各路诸侯大显身手，企业竞争进入了空前激烈的时代。与20世纪80年代相比，就大部分企业来说，伦理建设作为企业竞争战略的一个重要组成部分成为一种自觉，企业在生产、交换等环节的伦理诉求日益理性化。主要表现在：

1. 对企业形象的新认识

20世纪80年代，一些企业接触CI并导入企业管理之中，的确给人耳目一新的感觉，一些企业也因此提高了产品的知名度。进入20世纪90年代以后，随着对CI战略的认识，企业对其内涵有了认识。同时，随着我国社会主义市场经济的逐步确立，市场日益活跃，进入20世纪90年代中期以后，我国供需结构发生了变化，买方市场逐渐形成，"消费者主权"时代悄然到来，消费者的消费心态也趋于成熟。企业无法像过去那样对消费者进行规定性引导。因此，如果说企业视觉识别系统之初，重视觉识别外部形象的话，那么这一时期主要表现为，从企业理念识别系统到企业行为识别系统进行了全方位、多层次的策划、设计，在"内强素质，外塑形象"中突出了内强素质，尤其是把企业价值观、道德观、以人为本、社会责任感等道德内容融入其中，从而极大地提高了企业的社会认可度和美誉度。据北京市商委会同有关部门在王府井、西单等8条繁华街进行的服务情况顾客意见调查，满意率达95%。特别是普遍开展的售后服务，包括送货上门、负责安装、维修等。"这是过去从来没有过的。"① 正如美国《财富》杂志首席评论家迈克尔·D. 波顿所指出的,"美誉度与知名度不同,知名度用钱在短时间内即可获得;美誉度不同于信誉度,信誉度按有关规定的要求做了即可获得。美誉度必须不断超出用户的期望值。"②

2. 企业自我加压、规范竞争

20世纪90年代以后,企业竞争得空前激烈,一些企业为了打败竞争对手不择手段。表现为,或者自我吹嘘夸大宣传,自己的产品不是省优、部优、国优就是全国第一及获得各种省级、国家级甚至是国际级的奖励;或者相互诋毁等等。仅1996年,就有好几家全国闻名的家电企业,在新闻媒体上展开笔墨官司,进行互相攻击。一些有识的企业家认识到:"绝大多数竞争主体主观上并不愿意去参与那些不正当的竞争,大家都希望中国能有一个公平、有序、规范的竞争环境。出路究竟在哪里?我们认为应当在全社会提倡企业自律,尤其是在我们的法律法规体系还不完善的情况下,更应当如此。"③ 荣事达集团1997年5月26日在《经济日报》上推出的我国第一部企业竞争自律宣言——《荣事达企业竞争自律宣言》。倡导"规范竞争,从我做起"。宣言共五章十八条,包括自律总则、竞争道德、对外行为自律准则、自律准则的检查与监督等。其核心是提倡"和商"理念,即倡导相互遵循、平等竞争、诚信至上、文明经营、以义生利、以德兴企等,并用这些自律准则调整企业对内对外关系。《荣事达企业竞争自律宣言》把对竞争道德的内在认同内化为企业自身的行为准则,开创了企业自我加压、规范竞争的先河,这是荣事达企业道德的升华,同时也标志着我国企业道德水平的提高和企业对道德自律的呼唤。1997年荣事达作为我国唯一的企业界代表参加了在布拉格召开的第十届国际企业伦理年会,宣读并介绍了自己的宣言,引起了60多个国家和地区与会代表的热烈关注。整整一年后,荣事达集团又向社会推出《荣事达企业竞争自律宣言》的姊妹篇——《市场竞争道德谱》。《市场竞争道德谱》是荣事达"和商"

---

① 张松山:《商品经济与商业道德进步剖析》,《道德与文明》1994年第6期。
② 迈克尔·D. 波顿:《首席执行官》,民主与建设出版社2002年版,第51页。
③ 张应杭:《企业伦理学导论》,浙江大学出版社2002年版,第232页。

理念的具体化,也是其企业伦理文化深层化的重要表现。

在荣事达的企业自律宣言中,我们看到了荣事达已经意识到道德既是企业经营发展的需要,也是企业的社会责任。正如其掌门人陈荣珍所说的:"荣事达人在经营实践中深深体会到企业自律的重要性,什么时候企业自律履行得好,企业就得到顺利发展;什么时候企业忽视了企业自律,企业就会遇到挫折和麻烦。""首先,有利于树立良好的企业形象";"其次,有助于进一步改善企业内部管理";"第三,有利于全面提高企业素质"。①

在加强合力文化的企业伦理建设中,许继集团通过15个量化指标多方位地考核中层领导,以此来激励和规范他们在企业中的敬业精神和创造热情。参见表8.1。

表8.1 2010年许继中层领导年度考核评分表

序号	考 核 项 目	优 5	良 4	中 3	可 2	差 1
1	以公司利益为重,自觉维护公司形象					
2	集体荣誉感强					
3	个人修养程度好					
4	服从集体,顾全大局					
5	具备担当本职工作的专业知识,学有所长					
6	语言、文字表达能力强					
7	进取心强,能自觉学习,不断提高自身素质					
8	具备较强的个人潜能					
9	重视产品质量、工作质量					
10	与上级及下属有和谐的关系,善于处理人际关系					
11	能运用有效方式指导、教育、激励员工					
12	对重要问题能考虑周详,适时作出决定,并采取适当措施					
13	创新能力强					
14	应变能力强,能把握时机,适应环境,遇有紧急工作和事变,能妥善处理,机警果断					
15	能合理安排工作,提高工作效率					

---

① 罗长海:《企业文化学》,中国人民大学出版社1999年版,第588—590页。

不仅如此，一些企业把对员工（包括最高领导层、企业中层和一般员工）的道德考核纳入企业经营管理的全过程。如被国家经贸委誉为"深化国有企业改革、加强国有企业管理"的许继集团公司，从1985年就开始坚持不懈地"推进企业内部人事、劳动、分配三项制度改革"，从而使企业充满了生机和活力。在其人事制度的竞聘制、任期考评制等制度中把集体荣誉感、顾全大局、个人修养、重视产品质量、工作质量等道德要求作为一个重要的参数。

3. 作为企业灵魂的企业家把儒商作为自己的理想人格，从而使中国企业伦理有了更为显著的进步

他们是这样一批人，经商不仅仅是谋生的手段，而是毕生追求的事业；有着强烈的历史使命感和社会责任感，在追求功利的同时，体现出强烈的民族精神；具有健全的文化结构和较高的文化水平，尤其是在其经济活动中对中国传统伦理情有独钟，力求把一般人看来水火不相容的"义"和"利"和谐统一起来，追求"阳光下的利润"，以期建立一种"温和的金钱关系"。

第四节 新政企关系中的政府伦理

一、新政企关系：交警与司机

经济全球化的浪潮，中国已成为世贸组织的成员和真正的市场经济国家，按照国际通行和市场经济的规则，政府和企业的关系需要与之相适应。结合世界通行的比较合理、科学的政企关系和中国的国情，在构建交警与司机的新政企关系中要特别强调：

（一）为企业服务是政府的根本目的

企业的运转和成长可以增进社会财富，提高人们的生活福利，使壮有所用、老有所依，企业构成了整个社会的经济基础，也是组织社会生产、分配的最佳和最主要的制度安排。因此，政府必须明确自己的目的，即为企业服务，政府制定一切政策措施的出发点是保障和扶持企业的健康

成长。

在市场经济比较发达的一些国家，政府被列入第三产业，属于广义的服务行业的范畴。但在中国的政企关系中，政府处于强势的地位，这不仅源于自古以来即有轻商的传统，对工商业采取敌意和管制的态度，自然不可能为企业服务，也有中华人民共和国以后所选择的高度集中的计划经济体制。新中国成立后，我国虽然意识到了发展生产力的重要性，开始大力培养现代工业，但在计划经济的模式下，政府"管理"企业的模式反而得到了强化。企业没有独立的地位，完全成为政府的附属物，在政府的指挥和调度下生产运作。改革开放以来，政府对经济职能的认识不断深化，从"控制"到"放权"，从"被服务"到"服务"，服务型政府的建设迈出了步伐，但以往的惯性仍旧存在和发生着影响。

具体说来，政府对企业的服务主要包括三项职能：一是维护正常的、良性的市场秩序，如打击制假售假、偷税骗税、走私贩私、逃废债务等不正当行为，通过这些手段维护市场的公平性，使所有的企业在同一个起跑线上，并真正实现优胜劣汰的市场机制。二是通过宏观经济政策维持经济稳定与增长，这是政府经济职能的重要组成部分，也是WTO体系所认同的。当然，调控应借助市场化手段，而不是靠政治动员和行政命令。三是协调和保护本国企业和行业的发展。政府应当熟悉和把握国内外相关产业和产品的生产、销售和竞争状况，在WTO允许的框架之内积极寻求对本国企业的有效的扶持和保护方式。在出现贸易争端时，政府应当起到协调和支持本国企业的作用。正如党的十六届三中全会通过的《中共中央关于完善社会主义市场经济体制若干问题的决定》中所强调的，"切实把政府经济管理职能转到主要为市场主体服务和创造良好发展环境上来。"

（二）政府与企业是建立在法律基础上的对等关系

企业是经济活动的主体，政府是宏观调控的主体。政府可以依法利用经济手段对宏观经济进行调控，也可以从微观上对企业微观行为进行处罚，但除此之外，政府不具备其他对企业的支配权力。对于企业的生产、投资等各项具体经营，政府无权进行干涉。

基于法律基础上的对等关系，对于政府来说，一是政府的行政机构一般不应具有司法权。在涉及人和财产等问题上，没有直接执行的权力。对于企业的违法乱纪行为，可以向司法机构申诉，由司法机构进行处理。二是对于政府的越权行为，企业应当有权力也有途径进行申诉。由于政府和企业是建立在法律基础上的对等关系，所以企业对政府拥有完整的法律诉讼权利。企业作为能够独立承担民事责任和享受民事权利的法人，在其受到行政法人（政府）的违法利益侵害时，可以求助于法律，利用法律来制约政府。在欧美等发达国家，企业状告政府的事例可以说是屡见不鲜，而法院判定企业胜诉的事例也比比皆是，很多时候政府不得不对企业进行民事赔偿。

在我国，企业对政府的法律诉讼权利也在不断地得到认可。国家先后颁布了《行政诉讼法》、《国家赔偿法》、《行政处罚法》、《行政复议法》等一系列的法律，在这些法律中都体现和支持了企业对政府的法律诉讼权利。2004年7月颁布实施的《中华人民共和国许可法》对规范行政机构的权限、界定新形势下政府的职能起到积极的作用。但在现实的操作中仍然存在较多的问题，如企业对政府的法律诉讼权利往往受到漠视，或者企业陷入虽然胜诉但判决无法执行的尴尬境地；在实践中，一些地方政府缺位和越位的结果导致了权力寻租现象等。长期困扰企业的乱收费即是明证。

二、政企关系中的利益冲突与政府的伦理缺陷

（一）政府与企业的双向投机

改革开放以来，随着社会主义市场经济体制建立和发展，在政企分离的过程中，国家对企业的行政管理权逐步分离和下放，这使国家建立在国有企业上缴利润基础上的旧式财政基础逐步缩小了；另一方面，国家通过市场对国有资产的管理机制还没有到位，适应于现代市场经济的国家税收也没有扩大到应有的规模，这使国家新型财政基础不能形成。这种局面造成的问题是，在企业与政府两方都发生权利和义务的普遍混乱和大量的投机行为。以国有企业与国家的关系为例，在企业一边，一方面是继续承担

着本应转由国家负担的大量社会义务；另一方面企业则利用"所有人缺位"的实际状况，采取各种方法减少积累、扩大消费、转移利润，逃避企业应尽的义务（如建立"体外公司"）。不仅如此，企业的投机行为还表现为，一些国有企业没能实现国有资产的保值增值功能、企业不能按国家政策规定保障下岗职工权益、不履行保护环境职责产生严重污染以及偷税漏税等。一些国有企业私自处置企业资产导致国有资产流失、强迫企业职工购买企业股份等。

在国家各级行政机构这一边，一方面由于未能控制对企业国有资产应有的收益权，造成了企业利润的大量流失；另一方面在企业效益下降、财政来源日益减少的情况下，又不得不用各种办法扩大收费，增加财政收入以维持其国家行政功能（如"乱收费"）。这就形成了相互投机的关系，使企业与政府双方都存在着严重的伦理问题。

（二）政府权力运行中的伦理缺陷

1. 政府干预的大规模扩张

改革开放初，政府机构庞大、机构臃肿、效率低下，其职能超出应该调节和控制的范围，即"越位"现象，结果是不仅没有弥补市场机制的缺陷，反而妨碍了市场机制正常作用的发挥。如办任何一个企业，甚至只是生产一个新品种的月饼，都要得到政府上上下下好多个部门的批准。据权威部门统计，仅中央部门的审批就有2000多条，生产一个锅炉就要得到40个"准许"。企业还没有出生，企业家就已经把大量的时间和资金投资到政府部门。再如，一些地方政府直接干预企业投资、经营等活动。近些年来，在制度建设上，政府干预与市场调节的关系逐步理清，企业主体地位得以巩固。党的十八大报告提出要通过深化改革，进一步解决好这一问题。

2. 权力介入市场

有学者的研究表明，政府实际支配的资源量是政府干预程度的一个实质性指标。一个社会的产权结构和政企关系框架，最终是由政府支配的资源量决定的。政府支配资源与寻租、腐败也有着密切的关系。在20世纪

80年代中后期，当时，绝大多数商品、生产资料、资金、外汇处于政府的严格控制之中，按政府规定的"平价"分配。平价远低于市场价，由此形成了巨额租金。巨额租金诱发了严重的"官倒"和"私倒"行为。到20世纪90年代初期，土地资源和信贷资源的分配权控制在政府手中，政府制定的土地批租价远低于市场价格，且随意性很大，银行利率也大大低于市场均衡利益。土地价差和资金利差形成巨额租金，结果酿成房地产领域和金融领域的严重腐败。这使得一些企业运用各种手段罗织自己的非正式社会关系，以期获得资源和机会。如一个个周正毅式暴发户的出现为此作了极好的注释。由此，一些企业把"公关"的成本计入了产品生产经营中，自然偷工减料和假冒伪劣了。"从全社会来说，利用这种非正式社会关系分配资源的结果是使社会付出了无法用统计数字计量的巨大财富——社会道德和政治责任。"① 同时，一些掌握着国家资源的部门和官员借机把政府赋予的权力投入市场，换取货币。"在体制转轨过程中，由于双重体制并存，当计划体制与发育中的市场体制发生联系时，便极可能产生寻租行为。"不仅如此，更有害的是一些部门或个人利用手中的权力再造出一定的权力，"使再造的权力可以直接投入市场交易以获'租'"②。

3. 为不法企业充当保护伞

近年来，地方保护主义成为影响"打假"的一个深层次问题。有些地方"上动下不动"，对本地发生的假冒伪劣产品不管不问，甚至纵容包庇；"打假"打外不打内，涉及外地的案件查得多，对本地的案件不查或者敷衍了事；对外地到当地查办案件故意推诿刁难，设置重重障碍。有的地方由于有地方保护主义作后台，一些制假分子气焰嚣张，甚至暴力抗法。笔者认为，出现这种情况的原因，除了保护地方利益的原因之外，还有认识上的原因，以及少数干部的腐败。一些地方干部对"假冒出效益"的错误认识，认为制假售假是发展地方经济的一条出路，把打假和搞活经济对立

---

① 何清涟：《中国私营经济的现状》，《岭南文化时报》1998年3月31日。
② 刘伟：《转轨经济中的国家、企业和市场》，华文出版社2001年版，第301页。

起来。① 2011年5月20日《中国青年报》以"GDP巨人血铅超标"为题,报道了浙江省湖州市德清县发生了332人血铅超标的污染事件。根源是当地政府为GDP增长大量上马高污染企业,且对由此造成的环境问题不闻不问。此次惹祸的浙江海久电池股份有限公司年产值4.5亿元,职工1000人。据当地媒体报道,这家是德清县规模最大的企业并于2010年通过上市前的环保核查。比如在政府中担任公职本不是一种纯粹的雇佣关系,有其伦理上的精神意义,即要求从业者要有个人职业操守甚至是奉献精神。但现在有一些政府工作人员,全心全意为人民服务的宗旨意识淡化了,关注个人的利益多了。因此,在是非、善恶问题上,不讲法律,不讲原则,影响了政府形象,干扰了社会公共政策的目标实现。

(三) 改制中国有资产的大量流失对经营管理者道德的考量

股份制作为我国现代企业制度建立的一种有效形式,对国有企业改革具有重要的作用。但以改制之名,使国有资产化公为私却早在20世纪90年代初的广东和福建等省也不鲜见。当时主要采取的形式,一是"卖"(主要是将原国有和集体企业出售给外资、外国企业),另一个是实际上的"分"(主要是对原乡镇企业实行"股份制"或"股份合作制改造",将其所有权变成股份分给其员工,而原企业主管一般都分得了较大股份)。20世纪90年代中期以后,"靓女先嫁"(将最好的公有制企业先卖给私人)成为一股热潮。中国东部各省甚至东北地区一些企业也纷纷跟进。一些地方甚至出现了"一元钱送国企"的政策,将许多中小国有企业变为经营者私人所有。进入新世纪以后,改制迅速向中型和大型国有企业蔓延,在各地实际上已经成为一场运动,地方政府也纷纷出台各种各样的优惠政策,让国有企业的经营者以极低的代价取得国有企业的私人控股权。国有企业工人曾经形象地把这样的"股份制改造"描述为"量化到个人,集中到干部"。如一些企业借产权改革之名,在实行管理层收购或经营者持股的过程中,有的自卖自买,暗箱操作;有的以国有产权或实物资产作为其融资

---

① 《深圳法制报》1996年1月10日。

的担保，将收购风险和经营风险全部转嫁给金融机构和被收购企业；有的损害投资人和企业职工的合法权益等。长沙在1999—2000年间对一批赢利的大型国企实行"靓女先嫁"的"界定式私有化"，用政治权力直接把国有资产划拨给"内部人"并一步到位地实现管理者控股（即所谓MBO）；山西运城市2.3亿元国资一夜"大缩水"，被一家民企以6410万元收购；《新财经》杂志2004年第3期曾以"被瓜分的草原兴发"为总标题发表了记者李盾写的一组文章，对股票上市公司"草原兴发"到2003年10月8日为止完成的股权变更提出了强烈的质疑。文章指出，这些股权变更使草原兴发的大股东由国有控股公司变成了私营公司；表面上看，草原兴发的这些私人控股公司又是由9个自然人亿万富豪控股的，但是文章以具体事实强烈地暗示，这些股权变更实际上是由草原兴发的管理层暗中操纵的MBO（经营者买断）；上海一家国企老总借改制之名，施展"腾挪大法"化公为私，侵吞国有资产上千万；新华社报道，河南省长葛市发电厂资产评估值1.01亿元、国有净资产3200多万元，是这个县级市为数不多的盈利国企之一，厂长和法人代表是梁佰岭。2003年该厂实行改制，原发电厂厂长等人以1500多万元的底价，一次性付款买走，现在发电厂已经改制成"长葛市恒光热电有限责任公司"——一家由35个自然人股东组成的股份制企业，公司董事长还是梁佰岭。[①] 两个省级检察院的数据证明，国企改制中的腐败已发展到相当程度。一是江苏省检察机关近年查办职务犯罪案的重点是国有、集体资产改制中的流失现象；二是2004年上半年，浙江省检察机关查办涉案金额50万元以上职务犯罪案78件，其中涉案金额最大、人数最多的，都发生在企业改制期间。

在产权改革过程中，一些地方、一些企业在改制中造成国有资产流失严重已经是不争的事实，并由此引发了中国理论界关于国企产权改革的大讨论。造成国有资产流失的原因是十分复杂的。但是目前的主要问题是卖资产的人卖的资产不是他自己的资产。他可能既是卖者又是买者。作为卖

[①] 《监管制度接缝点缺乏控制 MBO成国企腐败新途径》，人民网，2004年9月30日。

者，他卖的不是自己的东西；作为买者，他是在给自己买东西或者给自己的亲戚，或者关系人，或者给过自己好处的人买东西。

三、新政企关系中政府的伦理作为

随着社会主义市场经济的进一步发展，企业日益成为最重要的市场主体。一方面，随着现代企业制度的建立，企业独立的法人地位更加突出，对服务型政府的要求不断提高；另一方面，全球化背景下企业要参与广泛的国际竞争，更需要政府提供良好的生态环境。因此，在政府与企业的关系中，政府的伦理作为主要表现在：

（一）创造良好的企业发展环境

从计划经济到市场经济的转变，说到底是政府职能的转变，是"权力政府"向"责任政府"的转变，是"全能政府"向"有限政府"的转变，是个人和企业自主权力逐渐扩大的转变。党的十六届三中全会明确要求"转变政府经济管理职能。深化行政审批制度改革，切实把政府经济管理职能转到主要为市场主体服务和创造良好发展环境上来"。

政府为企业创造良好的发展环境包括：一是科学规范的制度环境；二是公正严明的法律环境；三是高效透明的政务环境；四是热情周到的服务环境；五是文明进步的人文环境；六是优美舒适的城市环境。在诸多环境中，最核心的是公平竞争的市场环境，其他都是由此派生出来或是为此服务的。

需要注意的是，在政府职能的转变过程中，仍然存在的垄断行业的霸王条款，政府既是裁判员又是运动员，"由于社会经济规模的迅速扩大，政府似乎又以新的方式，控制了更多的社会资源和企业的经济生活，比如政府对股市的控制，从公司的上市审批、中介机构的准入到股市的规模大小、股市指数的高低，几乎都在政府的权力范围之内。看来，在市场经济环境下，政府应该具有怎样的职能，如何正确有效行使职能，仍是一个值得考量的话题。"[①] 央行一位此次参与制定房贷新政的官员坦言，"加入世

---

① 陆世纶：《市场调控的政府角色考量》，《新民周刊》2003年6月23日。

贸组织以后，受冲击最大的，其实不是哪个企业，哪个经济领域，而是政府本身，当初我们作了掷地有声的承诺，但到一一兑现的时候，却明显感到了种种不适应！"①

（二）政府行为要制度化、规范化

政府是从事公共事务管理的公共组织，是公共资源的分配者。政府的制度主要职责是提供和保障公共物品的供给。正如韦森所指出的，"在有着数千年强调克己、诚信和忠恕的传统儒家伦理遗产的中国社会体系中，中国的政治企业家、经济企业家以及处在社会博弈安排中的各类参与者应该在相互的社会博弈中，在当今世界诸文化体系的相互播化和交融中，以及在世界经济全球化加速进行的大氛围中，应更加注重中国社会体系内部的正式制度规则的型构、制定和建设。市场经济运行的道德基础不可无，但更重要的是规制市场经济运行的制度化规则体系却必须有。"②

政府作为制度的制定者怎样保证市场经济中公正原则和效率原则得到确立和实施，保证市场竞争能够真正产生优胜劣汰的效果，从而得到公众的认可？主要依赖于政府的信用度。一个强有力的政府对它制定的方针、政策有效地实施，所制定的制度才易于被公众所认可和遵循，反之，弱势政府失去了公众的信任，制定的制度就只能流于文字。在当前政府职能转型过程中，政府信用建设显得更为重要。具体说来：

1. 改革政府行政方式，增加政策透明度

企业诚信的建立需要相对稳定的政策环境。如果政出多门、政策多变、法规执法有失公平、对企业过多干预等，使企业难以对未来发展进行准确预期，就会导致投资、经营等行为的短期化。

2. 在"执法必严、违法必究"的层面上，政府一定要讲法律信用，起到惩罚失信者、警示企图违约者和保护守信者的效果

在市场经济中，任何企业都是"经济人"，在作出某种行为时，都要

---

① 陆世纶：《市场调控的政府角色考量》，《新民周刊》2003年6月23日。
② 韦森：《经济学与伦理学》，上海人民出版社2002年版，第156—157页。

进行成本和收益的比较。对失德者不加重处罚，使失德者获得的收益大于失德的成本，即失德有利可图，企业很容易形成一种失德倾向。在2003年11月7日召开的"世界经济发展宣言大会"分论坛"世界经济发展与企业信用"上，国家工商总局局长王众孚介绍了我国将实施的"企业信用分类监管制度"。中国企业将被分成"绿蓝黄黑"四种颜色，对不同颜色的企业，工商局将给予不同的待遇和服务。企业信用是分色的依据。具体做法是，根据企业的信用，将企业分为A、B、C、D四个管理类别，分别用"绿蓝黄黑"四种颜色表示。A级为守信企业，绿牌；B级为警示企业，蓝牌；C级为失信企业，黄牌；D级为严重失信企业，黑牌。对不同颜色的企业，工商局将给予不同的待遇和服务。对A级企业，重点予以扶持，并享受年检免审、免日常检查、提供优质服务等待遇。这是信用激励机制。对B级企业，实行警示制度，在日常工作中予以提示，这是建立企业信用预警机制。对C级企业，作为重点监控对象，加强日常检查，并实施案后回查、办理登记和年检时重点审查等监管措施，这是建立企业失信惩戒机制。对D级企业，依法办理注销登记或发布吊销公告，这是建立企业严重失信淘汰机制。我们欣喜地看到，为有效实施企业信用分类监管，一些地方工商行政管理部门已经开始实施企业信用信息披露制度，依法公开企业身份记录（即企业登记信息）和违法行为记录，并对情节特别严重、社会反响强烈的典型案件予以曝光。

3. 强化产权保护

企业的伦理行为既是他律的结果，更需要企业内在的自律，即企业的道德认可。"有恒产者有恒心"。恩格斯也明确指出，"每一既定社会的经济关系首先表现为利益"。[①] 产权经济学的研究表明，产权激励和约束是促进企业伦理行为的基础性制度。规范的公司法人治理结构的最大优势是形成内部产权约束，要达到产权约束的主体多元化，离不开产权制度安排的合理性。

---

① 《马克思恩格斯选集》第三卷，人民出版社1995年版，第209页。

4. 政府要对进入市场的企业责任能力进行严格的资格认证

改革开放以来我国出现的"地下经济"又被称为"隐性经济",因其不合法、不公开的特点,政府有关部门很难对其进行有效的治理,如从事走私、贩毒、诈骗、制假售假、偷漏税等行为和不合法律规定的事实市场主体有着直接的关系。不仅使国家税收受到影响,也极大地破坏着市场经济的有序运行。大量不合法的主体进入市场,自然导致了对合法主体竞争权益的损害,在人们难以识别的情况下,社会也会对合法的竞争主体持不信任态度。因此,政府要对进入市场的企业进行严格的资质认证和加强监督管理,这既是政府的一项基本社会职能,也是一项伦理要求。

5. 政府要在信用建设中做出榜样

政府在负责制定市场规则、维护游戏规则的同时,必须制止自己的"打白条"行为,转变并建立与市场经济相适应的政府职能,克服官僚主义、杜绝行政不道德行为,通过政府的伦理行动来维护政府信用,取信于企业,从而促使企业遵守伦理规约。目前,我国市场活动中的假冒伪劣、恶意欺诈等失信行为,固然是市场主体的利益驱使,但和一些地方政府为了一地私利,大搞地方保护主义有着密切的关系。因此,企业伦理建设,十分需要政府职能道德化。

6. 提高政府公务员的道德素质和道德抉择能力

治民先治吏。"为政以德"。中国历代都十分重视吏的道德品质。唐朝统治者在"明刑弼教"思想指导下,从官员的选任到考绩到监察,每一个环节都高度强调道德状况。唐朝对吏的考绩标准为"四善二十七最",所谓"四善"专指品德。

公务员是各级政府政策的执行者和监督者,他们的道德素质和道德行为不仅直接代表着政府的道德形象,关系着政府政策的落实,是党和政府执政能力的重要组成部分,同时,他们的道德水平对公众道德具有很强的导向和示范功能。政府在现代经济中作用的发挥,归根到底还是要通过政府公务人员具体的服务体现出来。在社会主义市场经济条件下,新的政企关系对政府公务员的服务意识、服务质量和水平等提出了更高、更新的要求。如为公众服务和为纳税人服务的意识,廉政高效意识,对公众负责的责任意识,对公众意见的回应能力和效率,依法行政的能力等。因此,除了长抓不懈地对公务员进行道德教育外,还应建立一套行之有效的对权力的制约机制和监督机制,包括建立与市场经济相适应的新的公务员道德规范体系,通过健全制约权力的法规和相应的执法机构,建立公务员在为企业服务中进行权力寻租和设租等失德行为惩罚机制等,不断提高公务员为企业服务的道德意识和道德行政能力。

(三)培育政府的生态责任意识

西方经济学中有一个著名的原理"公地悲剧"。"公地"(commons)制度是英国中古时期的一种土地制度——封建主在自己的领地中划出一片尚未耕种的土地作为牧场,无偿提供给当地的牧民。由于是无偿放牧,每一个牧民都想尽可能增加自己的牛羊数量,随着牛羊数量无节制地增加,牧场最终因过度放牧而成了不毛之地。1968年,美国学者哈定在《公地的悲剧》一文中指出,人类过度使用空气、水、海洋水产等看似免费的资源,必将付出无形而巨大的代价。世界历史的发展证明了这一原理。为此,早在1972年,罗马俱乐部在《增长的极限》的研究报告中,就提出了均衡发展的概念。所谓均衡发展,一是要把人类的发展控制在地球承载能力的限度之内,二是要缩小发达国家与发展中国家之间的差距,实现人类的共同发展。1987年联合国环境与发展委员会发布的研究报告《我们共同的未来》,是人类建构生态文明的纲领性文件。它从"可持续发展"这一包容性极强的概念出发,第一次深刻而全面地论述了20世纪人类面临的三大主题(和平、发展、环境)之间的内在联系,并把它们当作一个更大课题(可持续发展)的内在目标来追求,从而为人类指出了一条摆脱目前困境的有效途径。1992年在巴西里约热内卢召开的联合国环境与发展大会,是人类建构生态文明的一座重要里程碑。它不仅使可持续发展思想在全球范围内得到了最广泛和最高级别的承诺,而且还使可持续发展思想由理论变成了各国人民的行动纲领和行动计划,为生态文明社会的建设提供了重要的制度保障。

政府的终极价值目标是建设一个基于平等的公正、公平、文明的社会。党的十六大报告把建设生态良好的文明社会列为全面建设小康社会的四大目标之一，这既对人类在20世纪末所取得的最重要的认识成果（即把和平、发展和保护环境整合并统一到建设可持续发展社会的目标上来）的继承和发展，更是多年来我国政府对环境保护与可持续发展关系认识的升华。党的十六届三中全会又明确提出了以"以人为本"为核心的全面、协调、可持续的科学发展观。在科学发展观的指导下，政府的职能需要重新定位，除政治责任、道德责任、法律责任和行政责任外，生态应被视为最重要的责任之一。党的十八大报告强调："建设生态文明，是关系人民福祉、关乎民族未来的长远大计。面对资源约束趋紧、环境污染严重、生态系统退化的严峻形势，必须树立尊重自然、顺应自然、保护自然的生态文明理念，把生态文明建设放在突出地位，融入经济建设、政治建设、文化建设、社会建设各方面和全过程，努力建设美丽中国，实现中华民族永续发展。"

近代以来，工业文明的价值取向是片面夸大主体作用的人类中心论。它以近代机械论世界观及人与自然分离的二元论为基础，把人与自然对立起来，认为人是自然的主人和拥有者；自然被赋予僵死的、被动的本性，毫无内在价值可言；人的使命就是去征服和占有自然，使其成为人类的奴仆。发生于20世纪后半叶的人与自然之关系的总体性危机，是人类在工业文明发展过程中产生的必然结果。"人类中心论"者对自然生态发展变化内在本性的忽视导致了对人类利益损害。新中国成立以来，尤其是改革开放以来，我国在经济快速发展的同时，也出现了同样的生态悲剧。因此，明确政府的生态责任，提供生态工业发展的制度保证是不可缺少的因素。

生态工业是指根据生态学和生态经济学原理，应用现代科学技术所建立和发展起来的一种多层次、多结构、多功能、变工业排泄物为原料、实现循环生产、集约经营管理的综合工业生产体系。发展生态工业就是要建立生态工业园区、发展循环经济、实施绿色认证制度。

1. 建立生态工业园区

所谓生态工业园区就是若干个企业或一个企业集团内不同的子企业集聚在一定的区域内，分别承担生产者、消费者、还原者的角色，依据生态工业原理，充分利用不同产业、项目或工艺流程之间，资源、主副产品或废弃物的协同共生关系，建立一个物质、能量多层利用、良性循环、转化效率高、经济效益与生态效益共赢的工业链网结构，实现可持续发展的生产经营模式。目前，生态工业园区大致可分为改造型、全新型和虚拟型三种类型。

2. 大力发展循环经济

循环经济就是指能够减少资源利用量及废物排放量，大力实施物质的循环利用系统，努力回收利用废弃物的经济。从物质流动的方向看，传统工业社会的经济是一种单向流动的线性经济。循环经济要求以"减量、再利用、再循环"（"3R"原则）为社会经济活动的行为准则，所有物质和能源在这个不断进行的经济循环中得到合理和持久的利用，以使经济活动对自然生态环境的影响降低到尽可能小的程度的一种生态经济和与环境和谐的经济发展模式。

3. 实施符合国际标准的绿色认证制度

促进生态工业的发展，除了需要国内市场的支撑外，还需要依靠国际市场的拉动。要使我国的绿色产品顺利进入国际市场则需要实施符合国际标准的绿色认证制度。对此，需要做好以下两方面的工作：①进行绿色认证。1995年4月由西方发达国家控制的国际标准化组织开始实施《国际环境检查标准制度》，要求企业产品达到ISO9000系列质量标准；欧盟也随后启动了名为ISO14000的环境管理系统，没有达到这些标准，就不予市场准入。ISO14000是国际性的标准，适用于一切企业的环境管理体系。如果寿命周期中的每一个环节都能通过评定，改善环境影响和减少环境负荷，这个企业便可称为"绿色企业"，应授予相应标志，所生产的产品无疑也是"绿色产品"，也应获得某种标志。②采用绿色标志。所谓绿色标志，是一种在产品或其包装上的图形,以表明该产品不但符合标准,而且在生产、使用、消费、处理过程中符合环保要求,对生态环境及人类健康均无损害。如德国的"蓝色天使"、加拿大的"环境选择"、日本的"生态标志"、欧盟的"欧洲环保标志"等。目前,发达国家都已建立了绿色环境标志制度,要将产品出口到这些国家,必须在申请和审查合格并取得绿色环境标志以后方可进行。为此,政府应积极引导企业取得进口国的绿色标志。

(四) 实施以科学发展观为指导的绩效考核机制

对各级官员的考核指标是各级政府管理者工作方向的"指挥棒",在一定程度上,考核机制的是否科学直接关系着企业的伦理决策和伦理行为。假如一个地方政府把经济增长指标作为价值评价的唯一标准,对一些企业的制假售假、环境污染就会听之任之。近年来,一些地方假冒伪劣产品盛行,甚至形成了严密的生产运输系统,和一些地方政府及官员的地方保护主义政策不无关系。对此,中央多次要求,要把打假和反腐败密切联系起来。因此,在新政企业关系中,对有关部门及官员的考核不能纯粹以经济的增长为指标,要牢固树立和认真落实以全面、协调、可持续为特征的科学发展观,构建一个新的考评体系。

2004年,一套政府绩效评估体系悄然浮出水面。《中国政府绩效评估研究》课题组设计的这套评估体系将用33个指标来评估政府的绩效。在四大指标体系中,企业对政府的满意度,国有企业资产增值率等都是重要考评指标,如表8.2所示。

对勤政为民、执政为公的亲民政府的评价,关键是人民的拥护度和满意度。同样,新政企关系中政府的绩效标准主要是企业的拥抱度和满意度。评估政府,不是看它投入多少资源、做了多少工作,而是要考核它所做的工作在多大程度上满足了企业的需求。对地方政府考核的"满意原则"是对政企伦理关系绩效评估的最终制度。具体说来:

表 8.2　政府绩效评估体系①

一级指标	二级指标	三级指标
政府绩效	影响指标	
	经济	人均 GDP　劳动生产率　外来投资占 GDP 比重
	社会	人均预期寿命　恩格尔系数　平均受教育程度
	人口与环境	环境与生态　非农业人口比重　人口自然增长率
	职能指标	
	经济调节	GDP 增长率　城镇登记失业率　财政收支状况
	市场监管	法规的完善程度　执法状况　企业满意度
	社会管理	贫困人口占总人口比例　刑事案件发案率　生产和交通事故死亡率
	公共服务	基础设施建设　信息公开程度　公民满意度
	国有资产管理	国有企业资产保值增值率　其他国有资产占 GDP 的比重　国有企业实现利润增长率
	潜力指标	
	人力资源状况	行政人员中本科以上学历者所占比例　领导班子团队建设　人力资源开发战略规划
	廉洁状况	腐败案件涉案人数占行政人员比率　机关工作作风　公民评议状况
	行政效率	行政经费占财政支出的比重　行政人员占总人口的比重　信息管理水平

　　第一，环境指标。为企业提供的发展政策环境是否宽松、科学；法制环境是否公平、公正；人文环境是否文明、有序；自然环境是否和谐健康等。第二，效率指标。指政府及官员单位时间内为企业服务的效率及质量。第三，效益评估。关注的是政府工作的质和社会最终结果，效益最终要体现在企业满意和经济发展上。第四，生态和谐指标。地方政府是把效益放在第一，还是把社会和谐发展放在第一。

　　总之，要把企业对地方政府及相关部门及官员的满意度纳入考核范畴，与政府官员的升迁任免密切挂钩，与地方政府的业绩评价结合，同时，对主要领导实行企业满意度一票否决制和责任制度。

---

① 《中国青年报》2004 年 8 月 2 日。

在此，需要说明的是，要避免两个极端：一是将绩效评估结果束之高阁，与干部任用、内部激励和资源配置完全脱节；二是在绩效评估结果的利用上急功近利，不分场合地推行一票否决。国际公共管理实践的经验认为，把奖惩作为绩效评估结果利用的唯一形式，甚至简单地搞排行榜，往往会导致相关人员对绩效评估的抵触情绪，加剧弄虚作假和"玩数字游戏"的行为。

第九章　政府从业人员的自利性对非公经济的影响及伦理治理

众所周知，政府从业人员具有公务员和公民的双重身份，在行使公共权力的过程中，具有同时兼顾公共利益最大化和私人利益最大化的双重价值取向。但在非公有制经济发展的过程中，这一双重价值取向的砝码经常性地向个人利益倾斜，即当发展非公有制经济有利于增加公共利益、能成为政绩从而给个人带来更大的利益被其从业人员所认同的时候，政府从业人员对非公有制经济发展才会表现出巨大的决心、热情、宽容与支持，这时非公有制经济发展就会提速；当发展非公有制经济增进公共利益的同时而未能增加个人利益时，其个别从业人员追求个人利益的冲动则时常会超过正当限度，变成不正当的个人利益，或说不正当自利性，而要满足不正当的自利性则定会侵害公共利益。这些说明，当政府从业人员的自利性行为转化为自私性行为的时候，它就成为影响我国非公有制经济发展的重要因素。因此，笔者认为有必要对政府从业人员在非公有制经济发展过程中的自私性行为或不正当自利性行为进行分析，以便于我们客观地认识政府从业人员的德、能状况，为探索其提升路径提供必要依据，为促进非公有制经济发展创造更好的社会氛围。

第一节　政府从业人员自利性失当的主要表现

自利性失当，也即不正当的自利性，它由自利这一道德允许的底线走向了自私。当前，在非公有制经济发展的过程中，我国政府从业人员的自利性失当行为主要表现在以下几个方面：

一、通过协助非公有制业主获利来牟取个人经济利益

随着我国社会主义市场经济体制的建立和发展，随着我国非公有制经济的迅速崛起和快速发展，一些政府从业人员的设租、寻租活动与非公有制企业经济活动的联系越来越密切，政府从业人员通过设租创造可获取非生产性经济利益的环境，通过寻租活动与非公有制企业实现既得利益的再分配并从中获取个人经济利益。根据中纪委对1998年至2003年间的36名为私营企业办事牟利的领导干部所办的121件事的情况统计看，"领导干部为私营企业办事牟利主要集中在四个方面：一是资金问题。主要涉及借款、贷款，为借、贷款提供担保，开具信用证明、资金证明，帮助集资、协调、审批资金、审批额度、追收拖欠款等方面，共27件，占总数的22.3%。二是承揽工程问题，共21件，占17.4%。主要涉及项目审批、工程承包、招投标、提供合作对象、提供内幕信息等问题。三是土地审批问题。主要涉及经营性用地的立项、审批、土地转让、协议出让、变更用地规划等问题，共18件，占14.9%。四是办理证照、批文问题。主要涉及企业各种执照、证章、车牌、批文等，共15件，占12.4%。"[①] 由于这四个方面是政府对非公有制企业设租最多、最普遍的地方，因此也是政府官员寻租最方便、最严重的领域。大量事实表明，在非公有制经济快速发展和法律地位已经明确的今天，非公有制经济发展进程中仍存在很多问题，这些问题与当前腐败问题有密切的关联。如一些私营业主利用各种关系投靠政府官员，并利用各种机会和途径拉拢、腐蚀他们；而一些官员或与对其拉拢腐蚀的私营企业主一拍即合，或主动寻求与私营企业主"联姻"，搞官商勾结，权钱交易。这是当前的腐败案件，特别是严重的经济犯罪案件中的突出特征。从纪检监察机关近些年查办的大量案件来看，揭露出来的相当一批官员的腐化堕落背后，都有数量不等的私营企业从中推

---

① 王和民：《从落马高官看官商勾结》，《瞭望》新闻周刊2004年第24期。

波助澜。仅从 1998 年至 2003 年间的 23 名涉及私营企业的省部级官员经济犯罪案件涉案金额的统计看，涉及私营企业主所送钱物高达 1.47 亿元以上。① 2011 中国企业家犯罪报告发布称，本年度近 200 位企业家落马，其中，111 位是民营企业家，平均年龄 45.67 岁。并指出，2009 年，我国可统计的落马企业家有 95 人，2010 年这个数字上升到 155 人，2011 年这一数字突破了 200 人（包括国企），说明企业家犯罪呈上升势头，而权力与资本的结合是目前我国企业家犯罪的重要特征。②

二、通过管制非公有制企业的经营活动来牟取个人经济利益

随着我国经济体制改革的逐步深入，随着财政制度和人事制度的改变，政府从业人员不遗余力地利用职权到市场中去逐利的现象越来越普遍，通过管制非公有制企业活动来牟取个人经济利益已经成为政府职能部门创收的重要来源，成为部分政府从业人员获取奖金增加额外收入的重要途径。目前在一些地方、一些部门已表现出某种不同程度的权力蜕变和异化，"公权部门正有向自利性组织演变的倾向，执法权已变成某些部门的牟利工具。群众气愤地说，'现在执法就是罚款，管理就是收费。'"③ 他们用人民给予的权力向非公有制企业巧取豪夺，把执法的过程变成实现某种利益和经济收入的过程。

三、通过支持非公有制企业发展来牟取个人政治利益

改革开放以来，非公有制企业经历了拾遗补缺、有益补充、同时并存、共同发展这一艰难的发展过程，现已成为我国社会主义市场经济的重要组成部分，已成为增大 GDP 的重要力量。而 GDP 的多少正是政府官员政绩大小的重要指标，在现有的发展观、政绩观和干部考核办法思维框架

---

① 王和民：《从落马高官看官商勾结》，《瞭望》新闻周刊 2004 年第 24 期。
② 杜晓：《2011 中国企业家犯罪报告发布，近 200 位企业家落马》，《法制日报》2012 年 1 月 16 日。
③ 申钧、薛凯：《"不法行政"十大怪现状》，《半月谈》2004 年第 9 期。

下，生活中一些人确能通过鼓动非公企业投资带动当地 GDP 增长来实现自己的仕途升迁，而另一些人将此作为仕途升迁之路的重要经验，因此在对非公企业业主的言行表现出异常的宽容，在支持非公有制经济发展的实际行动上也表现出异常的积极。不仅如此，最新的一些案例还表明，在私营企业主与官员之间的关系上，已经不再是私营企业主单向寻求官员办事，个别私营企业业主还开始出钱出力，为官员拉关系，帮助其获取荣誉，晋升职务，牟取政治利益。在官员出现问题即将受到惩处时，一些非公有制业主还主动出钱出力设法挽救他的后台和靠山。

第二节 政府从业人员自利性失当的成因

一、政府从业人员享有的自由裁量权为自利性失当的实施提供了条件

因为对社会公共事务实施管理的权利，不可能由社会成员全体来行施，而只能由具有一定管理能力的少数人来行施。现实生活中的社会公共事务又是复杂万变的，政策、法规的制定既具有相对稳定性，又不可能规定实施过程中的所有细节。所以，政府从业人员在具体行政的过程中具有一定的独立性，享有较充分的自由裁量权，许多时候行政运作的方式、力度与结果都取决于政府从业人员的主观判断。而在市场经济条件下一些政府从业人员具有明显的经济人倾向，即追求自身利益最大化的倾向，当服务非公有制经济能够给政府从业人员带来利益时，其工作的积极性就高，执行政策就到位，否则执业人员就会搞上有政策、下有对策，耍变通术，欺上瞒下，搞政策截留等，因此政府从业人员的自由裁量权为其实施自利性行为提供了便利条件。

二、权力约束软化为自利性失当的实施提供了机会

历史的经验告诉我们，没有制约的权力必然会走向腐败。在当今社会里，针对权力运作虽然采取了各种监督措施，包括法律监督、舆论监督、

政党监督、政府监督等，但由于我国正处于社会转型时期，行政的随意性和监督机制不健全、监督效果不佳等软政权现象明显存在，加上制度规范的覆盖面有限，必然存在着制度真空和漏洞及权力关系紊乱等缺陷，这些都为公权私用、权力滥用留下了空间，使设租、寻租、受贿等各种腐败和自利行为有机会发生。

三、"三观"发生变异为自利性失当的实施提供了思想基础

一个人的世界观、人生观、价值观，从根本上决定人的行为的选择。随着我国市场经济的不断发展，人们的思想观念也发生了巨大变化，越来越追逐经济利益。随着我国对外开放的不断深化和接触外界机会的增多，他们当中的一些意志薄弱者深受利己主义、个人主义、享乐主义等腐朽思想的侵蚀，致使"三观"发生某种程度的变异。他们看到社会上一些并不比自己能力强的人先富了起来，尤其是看到先富者的奢侈性消费，感到行政工作是为他人服务、帮他人谋利，而自己则只能得到微薄的工资，经济利益上受损吃亏，从而心态失衡，于是一些人便利用自己的职权和工作便利条件给自己开"财路"，挖空心思去竭力维护和扩大个人私利。因此，在法制不甚健全的社会里，政府从业人员的伦理道德水平是约束政府从业人员谋私的一条重要精神屏障。

四、我国社会现状为自利性失当的发生提供了口实

在目前的社会条件下，我国生产力发展水平还比较低，处在商品经济、市场经济发展阶段，物质产品还不丰富，没有达到实行按需分配的程度，只能实行按劳分配，旧的三大差别依然存在，人们的劳动只是谋生的一种手段，还没有成为生活的第一需要等原因，执业人员对其所付出的劳动有明显的实现个人利益的要求。又由于我国的现行分配制度还不完善，分配不公、贫富差距的现象还在一定程度上存在，住房、医疗、教育制度的超前改革，使政府从业人员家庭经济支出陡然增长，生活中的经济压力突然加大，社会地位与经济地位极不相称的现象凸显，加之每个人获取个

人利益的能力和道德境界的高低不同，因此当政府增进公共利益的同时而未能增加个人利益时，其执业人员为了谋生而追求个人利益的冲动就有可能会超过正当限度，变成利己主义。如政府从业人员对非公经济的吃、拿、卡、要现象、官商勾结和不法行政等行政伦理变异行为，都是过度追求个人利益而演变为利己主义的表现。

五、执法不力，为自利性失当的发生提供了条件

由于非公有制企业的利益就是老板个人的利益，所以常有一些企业通过行贿来争资金、抢项目、要政策。与其他经济相比，政府对非公有制经济有关资格的认定、注册资本的方式等诸多环节实行更多的"前置"审批，导致其在办理一些行政事务时手续杂、关卡多、效率低、费时长，使其常处于不公平的竞争环境中。在这种情况下，非公有制经济组织通过不正当方式大肆贿赂官员更容易达到自己的目的。虽然法律对行贿行为的规制早已出台，但执法力度还不够，对行贿行为的处罚相对较轻，缺乏足够的震慑力。由于非公有制企业内部机制灵活，资金调度自由，老板行贿不宜在内部察觉，所以一些非公有制企业为达到经营目的不惜代价地对官员进行各种方式的糖弹进攻。

第三节 政府从业人员的自利性失当对非公经济的影响

由于有利于非公有制经济发展的好政策是由政府从业人员具体落实执行的，受政府从业人员不正当自利性行为的影响，非公有制经济发展遇到了许多难题、产生了诸多不良后果。

一、执法不规及对非公有制企业的设租性管制，使非公有制企业的经济利益严重受损

这一问题不仅加重了非公有制企业负担，而且在一定程度上延缓了非

公有制业主财富的积累进程,加剧了非公有制企业的经营困难。"私营企业在市场准入、资源配给、资金供应、信息占有、税收环境、技术支持、人才引进、公共服务甚至政治动员等方面受到的约束很多,市场地位不平等;行政审批、监管多、收费多、手续繁琐,管理、服务不力。"① 这些问题在一定程度上降低了非公有制企业经营运作的效率、加大了非公有制企业经营运作的成本,制约了私营企业发展。"以资金审批问题为例,我国私营企业属自发发展,起步时间短、规模小、资本的自我积累能力有限。随着企业发展外向扩张动力的增强,资金不足的矛盾越来越突出,特别是十五大以来,私营经济进入快速发展阶段,对资金的需求更加强烈,单纯依靠内部积累远远不能满足私营企业扩大投资的要求。但受所有制歧视及借、贷款手续繁琐、额度小、利率高、担保要求高、证券市场准入门槛高、整顿民间借贷等因素影响,私营企业很难得到金融机构的资金支持,这就在客观上促使一些私营企业通过送礼、行贿、集资等非法手段获取资金,甚至为此不择手段。"② 造成了许多不良后果。如震惊全国的杨斌案、周正毅案、孙大午案等都与违规使用资金有关。

二、官商勾结侵吞国有资产,使非公有制企业财富的合法性受到公众质疑

2004年2月23日,《中国青年报》第2版报道了宁夏中卫市城乡建设开发公司在2003年改制期间,有上千万元的国有资产流入了个人腰包。2004年2月24日《光明日报》又报道了山西运城市在山西运城拍卖山西运城市焦化煤气厂、运城市船窝煤矿时,市经贸委负责人因在拍卖中接收巨额贿赂,不依法评估资产和公开招标,就确定了6000万元标的匆匆拍卖,结果是重新拍卖时卖了2.3亿元的国有资产被一家非公有制企业以6410万元的价格买走。这两则关于国有资产被"贱卖"的报道引起了人们

---

① 王和民:《从落马高官看官商勾结》,《瞭望》新闻周刊2004年第24期。
② 王和民:《从落马高官看官商勾结》,《瞭望》新闻周刊2004年第24期。

的极大关注。非公企业和地方政府从业人员合谋，利用国有企业改制的可乘之机，低估、贱卖国有资产，中饱私囊，造成巨额国有资产流失，影响极其恶劣。因为财富的取得缺乏合法性，其企业行为也缺乏正当性，结果是一批非公有制企业家陷入社会的负面评价。尤其是国有企业改制过程中造成的大量下岗失业人员的生存和生活状况与非公有制企业中的暴富群体相比所形成的巨大反差，诱发和强化了人们的仇富心理。

三、非公企业开发商操控地方政府及其从业人员与民争利，使非公有制企业的公众形象受损

　　随着国家对非公有制经济从拾遗补缺、有益组成部分到同时并存、共同发展的社会定位的发展变化，一些地方政府和一些从业人员在对待非公有制企业的态度上，从整体上也经历了从轻商、卑商、远商到近商、亲商直至媚商的变化，非公有制经济发展所需要的硬条件和软环境从整体上正朝着有利于非公有制经济发展的方向演变，尤其是进入21世纪以来，全国各地都出台了一系列鼓励非公有制经济发展的具体政策措施。在这种大力发展非公有制经济的氛围下，一些地方政府及其执业人员的媚商行为也表露无遗，如不按程序批地、无原则筹钱、违法拆迁、违纪护航、违心宣传等，不仅违纪败德的事敢做，而且违法犯罪的事敢干，为开发商服务，为开发商牟利，被开发商异化的政府及其执业人员尤其是官员已不是一个。非公企业开发商通过建设开发项目操控地方政府及其执业人员，使开发商项目敲定之日，就成为全面"领导"地方政府的开始之时。项目越大，利益越大，开发商企业主对地方政府及其执业人员的操控能力越强。比如"铁本事件"让那么多地方政府及其职能部门的领导下课，就是因为铁本公司这个项目够大够强，能够让那么多政府领导言听计从，违法办事。开发商操控领导地方政府，扭曲了地方政府从业人员的政绩观、发展观，模糊了政府经济职能的公共性和公利性。非公企业和地方政府及其从业人员合谋违规，丧失了作为个体的职责感、责任感，悖逆了基本的道德要求，使权力运作丧失了公共性、公正性，这种败德行为的结果经常是两败俱

伤，不仅使非公企业自己的经济利益受到重创、公众形象严重受损，落个搬起石头砸自己脚的结局，而且地方政府的相关人员也受到应有惩处，地方社会经济发展也因此受到巨大影响甚至打击。

第四节 政府从业人员自利性失当的伦理治理

由于政府从业人员的不正当自利性行为对于非公经济发展的消极影响巨大，而政府从业人员行为的善恶走向，很大程度上取决于政府从业人员的德性水平即自律能力、取决于各项法规制度等的完善程度即他律状况。因此，必须在推进生产力发展的同时，加强他律，强化自律，努力实现他律和自律的良性互动。

一、完善民主集中制，重视行政制度伦理建设

道德的养成需要制度的伦理关怀。首先在观念上要扭转过去那种重教育而轻制度的认识和做法，必须在重视思想道德作用的同时，强调制度的规范保证作用，积极探索和建设政府民主管理新体制。其次坚持和完善民主集中制。民主集中制，就是要上级领导经常听取下级和群众的意见，下级则必须服从上级，反对个人专权，反对个人崇拜。它对于克服人为因素的不确定性和主观随意性、克服决策和管理的随机性、限制权力的扩张性、克服滥用职权、以权谋私现象、克服公共组织内部的"内部人控制"等现象，形成和谐健康的工作氛围和遇事商量、集思广益的组织机制非常重要。能否实行和怎样实行民主集中制，已成为社会主义条件下行政制度伦理建设的一个重要方面。近年来许多地方和部门实行的政务公开制、行政公示制、行政听证制、服务承诺制、行政合同制、政府集中采购制、工程监理制、专家咨询制等现代公共行政制度，其实质都是公共管理民主集中制，这有利于实现行政决策和行政管理的科学化、民主化、规范化、公开化，有利于约束行政自由裁量权，保护人民的正当权益。特别是正在从基层向高层逐步推行的政务公开制，更是一项具有治本意义的制度，它不

仅是行政管理现代化的重要标志，① 也是我国行政制度伦理进步的体现，是约束政府从业人员不正当自利性行为的重要举措。

二、完善权力制约机制，健全对政府从业人员的道德监控制度

社会主义行政伦理制度安排的一个重要目标，就是要建立起一个功能完整、运转高效、反应及时的政治制约监督系统，强化对权力运用和行使过程的监督与约束，以确保"勤政尽职、廉洁奉公"的基本道德要求和"全心全意为人民服务"的伦理价值取向得以实现。② 历史证明，不受监督的权力必然产生腐败，导致行政道德的滑坡与沦丧。因此必须加强监督以强化他律。为此各级政府必须认真学习和贯彻落实《建立健全教育、制度、监督并重的惩治和预防腐败体系实施纲要》，尽快建立一种行之有效的，以正面教育为主、以预防为主、以事前监督管理为主，将干部的培养、选拔、任用、管理融为一体的干部监督管理机制，闯出一条德治与法治相结合的监管工作新路子，进一步健全和落实推荐责任制、用人失察追究责任制、离任审计制等相关制度，③ 严格制约行政权力，减少公共权力的管辖范围和管辖力度，加强行政效能监察，严格监督、控制公共权力产生、运作和消失的全过程，及时将那些争名夺利、不守纪律、弄虚作假、跑官要官、贪赃枉法的人清除出行政队伍，通过健全的监督机制，使政府从业人员不正当自利性行为没有机会可乘。

三、完善分配制度，创建公平的经济利益分享平台

公平是我国社会主义道德建设的重要内容，但在社会主义初级阶段，在市场经济条件下，分配不公、贫富差距引发的相互攀比、心理失衡以及

---

① 郭济、高小平：《民主、法治：政风建设的制度创新》，《中国行政管理》2001 年第 11 期。
② 唐镜：《试论社会主义行政伦理制度安排的基本任务》，《团结报》2002 年 1 月 22 日。
③ 李小三：《提高干部素质　加强队伍建设》，《人民日报》2005 年 4 月 22 日。

对公平道德的诘问，正在打击和弱化人们的劳动积极性和创造性，成为诱发政府从业人员不正当自利性行为发生的重要原因。因此解决政府从业人员谋私利的问题，还须尽快完善收入分配制度，公平收入分配。首先，建立合理完善的激励机制和分配机制，在生产力发展、经济实力增强的前提下，尽可能多地增加政府从业人员的正当收入，使他们的收入水平与经济增长相匹配，与他们的行政执业能力和职业道德水平的高低相对应，以此激发他们工作的积极性、主动性、创造性，使他们能够最终放却物质生活的担忧，安心从政。中央对公务员的分配问题非常关注。从收入分配改革路径的选择上看，公务员工资制度改革被放在全社会收入分配改革的"前锋"位置。分配制度的进一步规范与完善，将有助于这一问题的合理解决。其次，规范分配秩序、理顺分配关系，建立并完善收入分配调节机制。加强政府对收入分配的调节职能，完善税制，及时调节少数垄断性行业的过高收入，公平收入分配，适当扩大中等收入者比重，不断提高低收入者收入水平，依法保护合法收入，彻底整顿不合理收入，坚决取缔非法收入，规范收入分配方式，完善收入分配监督措施，不断提高收入透明度。我国正处于社会转型、社会矛盾高发的转折时期，只有积极创造和竭力维护公平的利益分享环境，才能促进政府从业人员行政道德规范的履行，减少因人们的相互攀比和心理失衡而诱发的自私行为。

四、完善行政道德立法，推进行政管理的法治化

为人民服务是行政道德的基本原则，公正、诚信、廉政、勤政是我国政府从业人员必须遵守的行政道德规范。但行政道德原则和规范的坚持仅靠自律是不够的，还必须强化他律。首先是加强行政道德的法制化建设。道德法律化，就是要把一些必须遵守的行政道德规范上升为法律，实行道德立法。从法律上对公务员职业道德建设加以定位，运用法律的力量强化公务员道德约束力，促进公务员道德的养成。例如美国的《廉政法》、《联邦行政程序法》、《议会公开化法》等，通过道德立法来提高人们遵守伦理道德的自觉性，已成为各国加强道德建设的一种主要手段。对此我国理当

借鉴。当前急需的是要以国家宪法、法律、法规为标准，针对现有制度漏洞，尽快出台《廉政法》、《监督法》等基本法律，切实落实《公务员法》。其次是完善法制，推进行政管理法治化。市场经济是法治经济。政府必须率先垂范、以身作则。当前要积极配合《行政许可法》的实施，加快清理行政审批事项，规范政府审批权限的设置、审批程序和审批行为，切实转变政府经济职能，建设服务型政府，维护国家法律的统一和尊严。再次是要健全完善行政执法责任制、执法过错责任追究制和行政执法评议制，大力营造公正执法、严格执法、文明执法的社会氛围，保证依法行政的措施落到实处。依法施政，实现行政管理法治化，是行政道德确立的重要保障，是彻底解决政府从业人员不正当自利性行为问题的有效途径。

五、完善行政职业道德评估体系，建立提升政府从业人员德性水平的长效机制

事业成败，关键在人。就行政人而言，一个有德性的行政人就是一个能出色地履行其行政权利与义务的行政人。政府从业人员的德性水平决定着其执业行为的善恶走向，因此要切实解决政府从业人员树立正确的利益观、价值观问题，就必须重视提高他们的思想道德素质。为此必须首先建立、完善行政职业道德评估体系，建立起一套清晰规范、易于操作、程序严密、协调配套的行政道德的褒抑机制，加大对从业道德行为的褒奖力度、对不良执业道德行为的惩处力度，积极营造抑恶扬善的社会氛围。其次必须充分发挥各级行政学院、各类公务员（干部）培训中心等培训基地的作用，发挥普通高等院校的教育资源优势，充分利用信息网络资源，多途径地坚持不懈地用中国化的马克思主义科学思想武装和教育政府从业人员，加强对政府从业人员的道德准则、伦理观念和行政良心、责任伦理等方面的培养教育。通过不断诱导和强化教育帮助其牢固树立科学的世界观、人生观、价值观，树立正确的权力观、地位观、利益观、政绩观、发展观，消除特权思想，坚持依法行政、以德行政，消除不作为、乱作为，铲除"四乱"行为。通过教育，使政府从业人员遵从公平、公正、勤政、

为民的职业操守，提高职业道德水平，端正工作态度，改进工作作风，提高工作热情，形成积极向上、勤政为民的工作氛围，消除"四难"现象。通过教育使他们能够以良心自律的方式来调节个人利益和公共利益的关系，正确处理个人与社会、与他人的关系，约束追求不正当个人利益的内在冲动，形成从业行为的内在自我控制，避免自私性行为的发生。2011年10月17日，国家公务员局发布了《公务员职业道德培训大纲》，从而为国家公务员的道德水平提升提供了制度性的保障。

六、扩大惩治腐败的覆盖面，把非公有制企业反腐纳入国家惩治和预防腐败体系

非公有制经济组织行贿行为，不仅虚增了运营成本，侵蚀了利润，而且破坏了国家的法律制度、行政制度，对中国的法治化进程产生了负面影响。所以应走出非公有制经济组织不需要反腐的观念误区，进一步扩大惩治腐败的覆盖面，把其纳入国家惩治和预防腐败体系，应把开展非公有制经济组织反腐倡廉建设，作为拓展反腐倡廉建设新领域的一个重大课题进行积极探索实践，及时查办腐败案件，从源头上遏制非公有制经济组织腐败行为的发生。同时加强对非公企业老板进行反腐倡廉教育，纠正其金钱开道的不良思想，教育他们自觉地把经济活动与遵纪守法、依法经营结合起来。我们欣喜地看到，2010年1月13日，中国共产党第十七届中央纪律检查委员会第五次全体会议公报已特别指出，要大力加强在非公有制经济组织反腐倡廉建设；国家预防腐败局2011年工作要点也指出，2011年将"开展非公经济组织防治腐败试点工作"。这说明中央在非公有制经济组织进行全面反腐，利剑已悄然出鞘。

总之，由于有利于非公有制经济发展的好政策是由政府从业人员具体落实执行的，受一些政府从业人员自私性行为的影响，非公有制经济发展遇到了许多难题、产生了诸多不良后果。政府从业人员的不正当自利性与非公有制经济发展有着密切的关联性。因此发展非公有制经济必须约束从业人员由自利性转化为自私性的冲动，为此，必须在推进生产力发展的同

时，完善法制、加强监督、发扬民主，创造他律的制度保障和公平的社会环境氛围，不断提升政府从业人员的德性水平，构筑起坚固的自律心理防线，实现他律和自律的有效结合。

第五节 政府从业人员需要正确处理的几种关系

就目前发展民营经济，约束政府从业人员的不正当自利性行为这一问题而言，笔者认为，提高政府从业人员的道德认知水平和道德抉择能力，正确认识和处理以下三种关系至关重要：

一、正确处理个人利益与公共利益之间的关系

首先，公共利益是我们评价政府从业人员行为善恶的最高标准。在社会主义中国，由于建立了生产资料公有制为主体的经济基础，建立了人民民主专政的政权架构、有一切权力属于人民的政治基础，能够实现公共利益和个人利益的有机统一，即公共利益的实现有利于个人利益的增加，而个人利益的增长也意味着更多公共利益的实现，个人利益与公共利益的关系从根本上是一致的。因此笔者主张公共利益和个人利益的统一性，并把个人利益和公共利益这两种利益和谐共生作为社会稳定的最高理想。但在社会转型时期，公共利益和个人利益之间的矛盾和对立也会频繁发生，尤其是个人利益对公共利益的侵犯更为突出。因此，政府必须从经济制度的角度，不断完善按劳分配和其他分配方式，实现公平分配；从法律角度禁止和惩处损害他人和社会公共利益的行为。政府从业人员也必须遵守公正、廉洁、负责、守法等道德准则，从道德的角度以良心自律的方式来调节个人利益和公共利益的关系，自觉遵守国家公务员行为规范，当个人利益和公共利益发生冲突的时候，个人要勇于作出或多或少的自我牺牲。因为公共利益是个人利益和公共利益这一辩证统一体赖以立足的基础，是政府施政的出发点，和个人利益相比，公共利益更具有根本性、长远性特点等，所以公共利益是政府从业人员具体行政过程中我们评价其行为善恶的

最高标准。现实生活中，也只有把公共利益作为评价行为善恶的最高标准，才能正确处理个人利益和公共利益之间的对立统一关系。其次，正确对待政府从业人员的个人利益。一方面要承认、肯定和重视政府从业人员个人利益的合理性和正当性，积极采取措施，为增加政府从业人员正当、合理的个人利益创造有利条件，并使他的合法个人利益能够得到有效保护；另一方面要划清政府从业人员的个人正当自利性与不正当自利性、自利与自私的界限，坚决反对损人利己、损公肥私、唯利是图的思想和行为。

二、正确处理发展公有制经济与非公有制经济之间的关系

随着我国改革开放的不断深入，随着我国社会主义市场经济的建立和完善，公有制经济和非公有制经济之间的关系发生了巨大的变化，已由过去的对立关系、主辅关系发展到同时并存、共同发展。党的十六大提出，要毫不动摇地巩固和发展公有制经济，毫不动摇地鼓励、支持和引导非公有制经济发展。"坚持公有制为主体，促进非公有制经济发展，统一于社会主义现代化建设的进程中，不能把这两者对立起来。各种所有制经济完全可以在市场竞争中发挥各自优势，相互促进，共同发展。"十六届三中全会又对进一步理顺公有制和非公有制之间的关系提出了新思路，如第一次提到要建立"归属清晰、权责明确、保护严格、流转顺畅的现代产权制度"，讲到了"产权是所有制的核心和主要内容"，第一次提出了"大力发展混合所有制"，第一次提出"允许非公有资本进入法律法规未禁入的基础设施、公用事业以及其他行业和领域"，第一次提到"非公有制企业在投融资、税收、土地使用和对外贸易等方面，与其他企业享有同等待遇"等。这些不仅对以后用非公有制形式来改造公有制将起到很大的推动作用，而且也大大加快了非公经济行业准入的开放进程。政府从业人员首先要认真学习和仔细领会中央关于正确处理公有制和非公有制经济关系的基本精神，端正对公有制经济和非公有制经济的态度，自觉遵守公平、为人民服务的公共伦理基本原则和廉洁奉公、遵纪守法、实事求是等公共伦理

规范，在公有企业和非公有企业发生矛盾和纠纷时，按照市场法则、依据法律精神，公正、公开、公平地进行协调和处理，做到不袒护公有企业不包庇非公有企业，不能因为发展公有企业而打压非公有企业，也不能为了发展非公有企业而损害牺牲公有企业利益，积极履行政府经济职能，全力维护公有企业和非公有企业双方的合法权益，创造有利于双方共同发展的有利的社会环境和条件，使其在市场竞争中发挥各自优势，相互促进，共同提高。但对个体私营经济发展还要继续坚持"发展与规范"并重的原则，一方面，要加强政策引导，制定个体私营经济发展规划，制定产业政策，明确发展重点和措施；另一方面，严格规范个体私营经济的经营行为，依法进行监督管理。既要保护其合法权益，坚决制止和严厉查处各种乱收费、乱摊派、乱集资现象，又要坚决取缔非法经营，对于假冒伪劣、偷税漏税及侵害国家和消费者利益的行为要依法查处，确保个体私营经济的健康有序发展。

三、正确处理政府经济职能的公共性和其从业人员自利性之间的关系

中国是在行政管理权力高度集中、管理方式非常直接的计划经济体制基础上开始建立社会主义市场经济体制的。因此，要正确处理政府经济职能的公共性和其执业人员自利性之间的关系，首先必须尽快转变政府经济职能，在行动上切实落实政府经济职能的公共性。长期以来，由于高度集中统一的计划经济体制的束缚，以及政治体制改革的相对滞后，各地政府的管理观念、管理能力、职能配置和运行机制难以适应世贸组织的要求，政府行政方式基本是在行政体系内部封闭运作，"一靠红头文件，二靠政府手段，三靠保护垄断"，形成了"指挥式"的管理模式，长官意志重，行政命令多，政府既当运动员又当裁判员，政府职能"越位"、"缺位"、"错位"现象同时并存，导致环境不优、政出多门、人浮于事、效率低下，这种状况，与世贸组织的规则、与市场经济的要求极不适应，也严重影响了政府经济职能公共性的发挥，因此，要充分发挥政府经济职能的公共性

就必须切实转变政府职能。政府经济职能转变的基本方向应该是：从无所不为的万能政府转变成有所必为的有限政府，把工作内容集中到规划制定、经济调节、市场监管、区域协调、社会管理和公共服务等方面上来；从热衷于"管、审、批"的干预型政府转变成致力于"扶、帮、助"的服务型政府，把工作任务集中到保障人民群众身心健康和财产安全、帮助企业排难解困上来；从主要是为国有经济服务的倾斜政府转变成以多种所有制经济为基础的为整个社会服务的全面政府，把工作基点落实到解放和发展生产力，实现经济、社会和人的全面发展上来；从不受约束的自由政府转变成依法行政的法治政府，把工作规范统一到相关的法律法规上来。只有转变政府职能，才能更有效地发挥政府经济职能的公共性。

其次，正确对待政府从业人员的自利性。在市场经济条件下，人们的自利性的动机、欲望，通过激烈的市场竞争，有可能促进社会经济的发展和进步，因此我们不能一概批判或谴责政府从业人员的自利性。如前所述，政府从业人员的自利性有正当和不正当之分。正当的自利性行为是用正当的手段追求和满足正当的个人利益，对此不仅允许而且应当得到保护和尊重；不正当的自利性行为，则是用不正当手段获取的损害他人或社会利益的个人利益，必将遭到社会谴责和舆论的批判，遭到法律的禁止和惩罚。因此，一方面，政府要积极维护政府从业人员合法的个人利益，在生产力发展、经济实力增强的前提下，改革和完善分配制度，体现按劳分配的基本精神；另一方面，又要建立约束政府从业人员行为的规范体系，坚持德法并重，标本兼治，在法制社会建设的进程中，首先成为依法行政、以德行为的示范者；在多种利益的诱惑下，始终坚持把国家和人民的公共利益放到第一位，把公共职责与个人追求辩证地统一起来，真正成为社会主义先进道德的引领者。唯有这样，我国民营经济才能得到健康发展，党提出的构建社会主义和谐社会的目标才有望逐步实现，中国特色社会主义的伟大事业才有更加光明的未来。

第十章　以政府为中心建构维护市场秩序的道德责任共担机制

建立健全市场秩序，是我国社会主义市场经济建设的一项重要内容，也是深化改革的一大课题。过去几十年，出现过市场一管就死、一放就乱的怪圈，值得认真总结教训。经历 30 多年的改革开放，我国的市场秩序逐步走向正常化，但目前仍然存在一些突出问题，如假冒伪劣、坑蒙拐骗、环境污染等直接危及人民的生产生活安全与健康，"蒜你狠"、"豆你玩"、"姜你军"等，市场秩序出现乱象，严重干扰了人民群众的正常生活，给人们的社会心理、公众文化带来极为严重的消极后果和巨大的道德风险，这些都同市场秩序不健康、不健全、不规范有关。笔者以为，解决当下市场秩序这一道德领域的突出问题，建构统一、公平、公开、良性竞争的市场秩序为目标，必须建构起以政府为中心、协同企业、公民三类道德主体形成合力的责任共担机制。

第一节　市场秩序是市场健康运行的要素

市场秩序是适合市场运行规律、通过制度来维系的市场活动的有序状态与环境。市场是一种十分复杂的交换关系，因经营者的逐利行为所致，经常会使市场出现非均衡和无序状态，妨碍正常交易的进行和正当竞争的开展，加上行政分割的助推、纵容和对腐败行为的包庇保护，就使得市场秩序更难以健全。为维护自由和平等交易的状态，必须制定相关制度。市场关系愈复杂、愈发达，愈加需要构建和健全市场秩序，而完善、严格的市场秩序又是发展市场经济的保证。

一、建立正常的市场秩序是市场发育和运行的要素，与市场经济共生共长

要进行等价交换，就必须制定市场的交易规则，创造平等竞争的环境。等价交换包括等质、等量的互换，交易双方彼此尊重各自的利益和权力，简单的双方交换是如此，形成多元的交易链条后也是如此，尤其是产生货币这一等价物并形成独立的金融业之后，更需要严格的市场规则和平等竞争的环境来保证。不管发生多么复杂的交易关系，交易的总量还是彼此等价的，即价值总量与价格总量的大体相当。否则，一切交易将无法持续进行，总量不均衡，危机就要降临。追溯历史，从最初级的市场开始，都必须建立相应的市场秩序。随着市场的发育，市场秩序越来越健全，在现代市场经济条件下特别是金融市场发展起来之后，各种市场形态多种多样，更需要日益健全的市场秩序。国内有国内的市场秩序，国际有国际的市场规则，各种专门行业还有各自的行规，包括像股票市场、期货市场那种变化异常快速的市场形态，也同样需要严格的市场秩序来保证。没有这种秩序，市场交易就无法进行。从微观（每一个具体的市场）到宏观（国家的宏观调控），都要有规则，有秩序。任何一个环节，不能没有秩序，不能缺少规则，这也是生产社会化规律的必然要求。把市场秩序当作妨碍发挥市场作用的论点，既不符合历史，也不符合理论逻辑。

关于市场秩序的理论，在西方已经历了二百多年的时间，大体有三种代表性观点：第一，以亚当·斯密为代表的自发演进论，认为市场有一种自然引力，在"看不见的手"的作用下，"在自由而安全地向前努力时，各个人改善自己境遇的自然努力，是一个如此强大的力量，以至没有任何帮助，亦能单独地使社会繁荣，而且还能克服无数的顽固的障碍，即妨害其作用的人为的愚蠢的法律，不过这些法律或多或少地侵害了这种自由的努力，或减少了这种努力的安全"[①]。后来新自由主义把这个信条绝对化

[①] 亚当·斯密：《国民财富的性质和原因的研究》下卷，商务印书馆1988年版，第112页。

了，例如"华盛顿共识"的核心就是"尽可能最大程度的自由化，尽可能快的私有化，并在财政、金融方面采取强硬措施"①。这种观点是片面的。事实上，历史上所有市场秩序都不是自发建立的，即使是小规模的初级集市，发展到一定水平时就要有人去规制。第二，理性构建论，如以美国 L. 赫维茨创立的经济机制设计理论，认为市场秩序可以主观任意设定，不必尊重客观规律。显然，这一观点走向了另一个极端。第三，立宪演进论。如新自由主义代表人物哈耶克、公共选择理论学派代表人物布坎南，他们批判地继承了前两种观点，认为市场秩序是在确立宪章的基础上自发演进的结果，并必须以欧美发达国家为范本。这一理论忽略了发展中国家的社会文化背景与市场交换体系之间的一些价值冲突，结果引起了发展中国家的经济陷入混乱，特别是无序竞争、过度竞争、恶性竞争，以及垄断的形成，这就无法确保平等竞争和消费者与中小企业的合法权益。实践一再证明，市场秩序是市场交换及其多元运作中的客观要求和内生要素，它不是外部主观意愿强加的。但它又不可能完全靠市场的自发力量自然形成（即使是市场，其中活动的也都是现实的人），需要由政府根据市场运行规律制定相应的制度来规制。

二、市场秩序是市场正常运行的保障，也是市场质量好坏、市场成熟度的标志

它的基本含义是指由制度安排、法律体系和社会观念推动形成、规范和维持的市场经济运行的状态。大体包括以下几个方面的内容：①确保消费者的权益。交易终端主体是广大消费者，没有消费者的购物就没有市场，这是首要的前提。②追求均衡价格，防止哄抬价格和通货膨胀。③保证商品和服务质量。维护等质交换，把住质量关，商品优质优价，杜绝假冒伪劣产品。④充分尊重和保护产权。市场交易的实质是产权的交易。产权明晰是市场经济正常运行的一个前提条件。⑤确保交易自由。经济主体

---

① 李瑞英：《警惕新自由主义思潮》，《光明日报》2004 年 11 月 3 日。

必须要有自由交易的权利。生产者有权决定生产什么、生产多少、如何生产以及为谁生产；而消费者有权自主选择交易什么、交易多少以及交易的价格。⑥维护契约自由。在经济活动中，各种经济主体间会发生各种经济关系，这些经济关系会形成各种形式的契约。法律应该保护市场主体的契约自由。⑦确保机会均等。在市场经济条件下要做到公平，最重要的是保证各类经济活动主体进入市场的平等地位。最基本的是机会均等，主要包含三个方面的内容：一是市场的公正性；二是法律制度的同一性；三是税负的公平性。⑧确保平等竞争。制止恶性竞争和市场垄断，自由竞争和平等竞争是市场经济的基本要求，也是市场经济的活力所在。⑨完善的社会保障制度。为实现社会公平，就必须确保每一位公民维护其自由和尊严的基本生活水平，那么，好的社会就必须针对弱势群体，实行"最少受惠者的最大利益"的"补偿原则"，建立完善的社会保障制度。⑩良好的社会信用体系。这是现代市场经济正常运行的必备条件，也为政府这只"有形之手"应当承担什么样的责任提供了依据。

第二节 当前我国市场秩序中存在的道德风险与原因

当前，我国的市场秩序令人担忧，带来的不仅是经济发展受阻，市场不兴，缺乏活力，而且还带来日益加剧的道德风险和社会隐患，如假冒产品、哄抬物价、不平等竞争、价格欺诈、环境污染等，社会信用度已降低至社会容忍线以下，公众的社会认同感降低，社会和组织的凝聚力减弱。市场秩序混乱的状况如下：

一、食品和药品安全问题

目前市场充斥着有毒食品和药品，比如"毒奶粉"、"瘦肉精"、"地沟油"、"染色馒头"、"死猪肉"、假蜂蜜以及有毒蔬菜和水污染等等，不一而足，其危害比之传染病大流行还要大，而癌症和其他疾病的发病率日渐增高，已经威胁到人民的生命健康。食品、药品的安全问题和环境污染的特点表现为：一是种类繁多，覆盖面广；二是传播速度快，防不胜防；三是生产单位已由公开的分散作业变成一种隐暗的"产业链"，如地沟油；四是手段多样化，尤其是利用高科技作案；五是不法分子与地方官员勾结，受到庇护纵容。另有，连美国最大的零售商沃尔玛、家乐福也在中国搞产品欺诈行为。药品的问题也相当严重。一些企业违规操作，在药品安全链的生产环节就埋下"炸弹"。

二、产品质量下降

现在我国的一些产品质量呈下降趋势，很多厂家偷工减料，制造假冒伪劣产品或缺斤少两。以建筑业为例，许多投资商不认真执行规划和合同而采用劣质钢材、劣质建材降低应有的成本，建造劣质房屋和其他建筑物，包括关系运输安全的桥梁。一些地方在建的房子坍了，桥梁断了，类似问题频频曝光。

三、哄抬物价

这几年的通货膨胀遍布全世界，特别是市场自由化程度最高的美国的通货膨胀已经成了金融危机后最大的问题之一，并且向全世界输出。就中国来说，通货膨胀固然有供求关系的某些影响，但总体上不是内需过旺造成的，其成因在于：一是外国自由市场的输入；二是由市场盲目性造成投资过热推动；三是国内流通环节过度投机作祟，以价格涨落最明显的蔬菜来说，主要并非出于供应不足，而是中间商的囤积居奇、层层加价。他们的利润已经占到整个蔬菜利润的60%—70%，一头损害消费者，一头损害生产者（农民）。还有通过过度包装提高商品价格。近几年曝光的一盒月饼卖几百元甚至上千元，真实产品不过占成本的60%左右，包装费用差不多占商品价格的30%—40%。这不仅坑害了消费者，而且造成严重的木材、纸张、金属、塑料等材料的严重浪费，大量的优质资源变成了垃圾。

四、诈骗行为流行和升级

经济邪教（传销等）屡禁不止，诈骗行为五花八门，特别是利用网络、ATM机进行金融诈骗,已成为国际国内治安的难点。现在的居民从事投资活动不小心就易掉进陷阱,连银行都屡遭窃用。

五、个别地方高利贷活动猖獗

当前,我国的经济生活中存在着少数人放高利贷活动,这些行为推动借贷经营者去设法牟取高利,从而助推了物价上涨,直接影响价格规律和价格机制正常功效的发挥。

六、贫富差距拉大

市场并未因那只"无形之手"使分配公平起来,反而造成初次分配中劳动者工资过低,出现严重的不公。"市场管效率,政府管公平"一说,推卸了企业作为初次分配主体——企业的责任。据国家统计局和全国工商联的调查,私人企业职工的工资相当于社会平均工资的一半多一点,现在出现了所谓劳动力供给"拐点"(实际并非如此),主要还是基于沿海一些商家给的工资过低,还经常拖欠(私企占50%上下),劳动条件差,造成职业病多发等原因,很多农民工不愿再出去打工。政府在再分配方面也有不到位的方面,如公共产品短缺、教育医疗投入不够、社会保障制度不健全不完善等。

七、环境污染、生态破坏

我国的环境污染大量地来自于私营的化工、造纸、制革及其他高污染企业,所谓污染企业与环保部门的猫鼠游戏,主要是市场无序造成的。这个问题已成生态灾难,沿海私企集中的地方尤为突出。私商的代表人物提出对小型、微型企业"先活后转",即先发展后转型,实际上不让淘汰落后企业,保护违法的企业发展,阻止转变经济发展方式,妨碍治理环境污染。

八、生产安全事故

各类安全事故频发,全社会尤为关注。如2011年7月23日晚发生在浙江温州境内的动车追尾事故,死伤二百余人。2011年7月28日,《人民日报》在第1版发文《谋发展须安全至上 不要带血 GDP》,文章指出:安全生产事关人民群众生命财产,事关改革发展稳定大局,事关党和政府的形象和声誉。重视安全生产,怎样强调都不为过。抓好安全生产,任何时候都不能疏忽。近一段时期,我国一些地方接连发生煤矿和非煤矿山矿难、道路交通事故、建筑物和桥梁垮塌事件,给人民群众生命财产带来严重损失,也暴露出一些地方、部门和单位安全生产意识淡漠,安全责任不落实,防范监管不到位,制度和管理还存在不少漏洞,教训极其深刻。我们要清醒地认识到,搞建设、谋发展的最终目的是让人民过上更好的生活。发展是硬道理,但发展并非不计代价,更不能被少数人曲解为一切为发展让路。在发展的过程中,必须牢固树立科学、安全、可持续的理念,把人的安全放在第一位;必须坚持以人为本,处理好速度质量效益的关系,切不可片面追求速度,"要钱不要命";必须坚决把"生命高于一切"的理念落实到生产、经营、管理的全过程,守住安全生产这条红线。强调"中国要发展,但不要带血的 GDP"。

九、腐败滋生

造成腐败的因素很多。在一些地方形成了私商、贪官和黑恶势力互相勾结的"黑三角"。他们垄断市场、欺行霸市,这也就是"无形之手"造成的。再从国外看,就连市场化程度很高的日本,2011年的福岛核泄漏事件,已经暴露出私商东电同政府官员和一些无良知的学者互相勾结、隐瞒信息或制造假信息,致使核泄漏危害愈加严重。

那么,为什么市场活动中会出现上述诸多严重的问题?其深层次原因又是什么?

第一,"理性经济人"的逐利本性使一些经营者铤而走险。经营者一味追求利润最大化,设法钻法律的空子,采取一切手段降低成本,以致不顾消费者利益完全丢弃了应有的社会责任和诚信原则。在市场经济条件下,存在着产生商品拜物教、货币拜物教等意识的经济基础。事实证明,经营主体逐利的内在冲动好像脱轨的高速列车,如不严管约束,它就会脱离正道疯狂急驰,其社会后果可想而知。对于此类行为,马克思当年所揭露的可谓淋漓尽致:"如果有10%的利润,它就保证到处被使用;有20%的利润,它就活跃起来;有50%的利润,它就铤而走险;为了100%的利润,它就敢践踏一切人间法律;有300%的利润,它就敢犯任何罪行,甚至冒绞刑的危险。"① 2013年3月19日《郑州晚报》以《京港澳高速修车铺为让车爆胎,沿途47公里撒铁钉》为题报道,3月14日,在鹤壁服务区修车的杨某为了多修车,多赚钱,沿京港澳高速公路抛撒特制铁蒺藜达47公里,造成10多辆车的轮胎被扎破。这不正是新版的唯利是图的典型事件吗!第二,不公平竞争导致的垄断。市场经济条件下,政府对市场竞争如果不加以管理和规导,就很容易出现过度竞争,进而出现垄断。竞争和垄断是一对矛盾,竞争自身又有正常竞争与恶性竞争,这又是一对矛盾。这两对互相交错的矛盾,经常此消彼长,妨碍市场正常运行和损害消费者、国家的利益,影响利润的平均化和资源配置的效率。这就需要建立起维护自由竞争的秩序。然而,没有绝对的自由竞争,所谓充分竞争也并不多见。有竞争就会有超越正当范围的恶性竞争和破坏竞争秩序的行为(包括以牟取暴利为目的的恶性投机活动)。第三,过度的金融投机加剧了市场的混乱。金融是现代市场的核心,一旦失控,投机性就会极度疯狂。例如,现在民间的高利贷盛行,造成市场秩序混乱,影响社会安定。再如,房地产投机商抬高物价,大发横财,也是破坏市场秩序的重要因素。加上国际金融的影响,包括热钱的大量流入,使得金融市场相当混乱,进而影响了其他市场。美国金融危机本质上是一种高端型市场秩序混乱,而它们又影响到各个国家,乃至输入市场的紊乱因素,使投机活动猖獗起来。第四,政府管理中的缺失。在市场活动中由于政府管理不善,产生了小到欺行霸市,大到用暴力等非法手段垄断某一种行业,乃至结成贩毒、诈骗团伙。现在的黑恶势力已经出现了集团化、科技化、跨国化的倾向,

---

① 《资本论》第一卷,人民出版社2004年版,第871页。

它对于正常的市场秩序和社会秩序构成一个严重的威胁，乃至扩散到市场经济的机体中。有的地方政府管理不善，除了缺乏经验之外，很重要的是利益关系，有的睁一只眼闭一只眼纵容违法者，有的明目张胆地支持市场秩序的破坏者，有的互相勾结成了黑恶势力和不法商人的保护伞，乃至形成不法商人、黑恶势力、腐败官员的"铁三角"。第五，公民个体职业操守差，道德素质低。市场中的制假贩假、图财害命的极端事件令人痛心，直接扰乱了市场健康秩序。市场经济中活动的主体，无非是政府、企业和公民，但无论是政府公务员、企业从业者、公民个人，其活动都要归属到每一个体去具体实施。一些公民法制观念淡漠、道德意识缺失、唯利是图、良心底线屡屡突破（"不讲良心"），正是当今市场秩序混乱的主因。

事实一再说明，缺乏市场秩序，市场就不会"活"，而是"乱"，甚至乱成灾难。"不以规矩，不能成方圆"。我们必须深化认识市场秩序与市场活力、经济发展、社会稳定之间的关系，强调维护市场秩序各有其责，人人有责，形成维护市场秩序的责任共担机制。

第三节 构建以政府为中心的道德责任共担机制

针对当前我国市场秩序混乱的原因，学界有不同的观点。有的学者认为，市场是无为而治，市场失序是政府管得太多，"管得最少的政府是最好的政府"，这是崇尚市场原教旨主义的观点；有的学者认为，其原因是因为政府管理缺位、越位、不到位造成的。这是两种颇具代表性的观点各有己见。笔者以为，当前我国市场秩序中存在的严峻问题，既是经济问题，又是道德问题。活动的主体主要包括：政府、企业、公民个人，作为监管方的政府承担管理方面的道德责任，企业承担生产经营的道德责任，公民个人承担恪守法律、遵守道德规范的责任。厘清各方主体道德责任，建构道德责任共担机制，有利于转型中的中国治理市场秩序，建设社会主义市场经济的伦理文化。

一、政府承担矫正市场缺陷、弥补市场失灵的道德责任

市场这只"无形的手"有其自身运行的客观规律，如竞争规律、价值规律等，是迄今为止人类发现的配置资源的最好的手段，市场又是激励主体追求利益最大化内在冲动的一种机制。但市场有缺陷、有失灵的一面。如食品药品安全、公共产品短缺、环境污染、企业行为外部化、恶性竞争、哄抬物价、分配不公等，都是市场管不了也不管的问题与领域。西方著名的政治家德国前总理施密特就曾经说过："市场，无论国内市场还是国际市场，是一种合理的机制，应当予以肯定。然而，市场不是主管道德的机构，它不会致力于社会公正、克服失业，或者确立金融理性或财政理性。因此，市场经济需要一种由社会保障、税收和预算政策、金融和货币政策所构成的框架，需要一种竞争秩序，还需要种种安全条例，用于保护乘客、储户或环境，等等。"① 市场缺陷与市场失灵的问题，恰恰就是政府这只"有形的手"的监管责任。德裔美籍学者忧那思（Hans Jonas）1979年在《责任之原则——工业技术文明之伦理的一种尝试》一书中正式提出了责任伦理思想。从本质上讲，道德行为是一种以自由意志为前提，由选择机制和能力共同决定的责任行为。而且，责任伦理是关于行为全过程包括事前、事中、事后，或者行为的决策、执行、后果的伦理，它是整体性的伦理，也是宏观性的伦理。与传统的责任伦理重在事后，重在事后考量与评估责任相比，他的责任伦理思想更加重视对行为的全过程管理，更加关注对未来的前瞻性的事件作出伦理判断，通过风险评价，作出决策。因而这种责任伦理理论是一种主动的、带有防范性的积极的伦理观。针对我国目前的市场秩序，政府制度的出台，首先应该做到事前科学预测、事中严格监管与评估、事后多方考量与评判（除了经济的效应外，还有考察经济活动的社会的影响与道德的、文化的效应）。政府加强对市场的管理，重在落实以法治市。运用法律法规，在各个环节各个领域统盘考虑，不能

---

① 赫尔穆特·施密特：《全球化与道德重建》，社会科学文献出版社2001年版，第153页。

当"救火队",更不能当"睁眼瞎"。对于企业排污,媒体和公众不断质疑,企业排污,环保、安监等部门在例行检查中难道没看出猫腻?民众频频举报,媒体屡屡曝光,监管者怎么就没去看看?是否当了睁眼瞎?还有在土地征管中,一些地方政府与商人结合,暴力拆迁,政府部门执法违法。2013年3—4月份全国出现三起因拆迁伤害人命事件,引起公众热议和质疑。

当前,一要严格限定市场的进入主体资格(这与强调机会公平不矛盾),坚决杜绝无责任能力、只能负盈不能负亏的主体进入流通;二要建立公开、公平和公正的市场交易秩序,严格界定流通主体的行为,规定哪些行为合法,哪些不合法。要采取措施防止市场垄断和不正当竞争,消除地区封锁和部门分割,建立统一、开放、竞争、有序的市场。市场交易活动要遵循自愿、等价、互利等原则,严禁欺行霸市、强买强卖行为,对假冒伪劣、偷税漏税等行为要严厉打击,净化市场环境,保证市场经济的健康发展。政府公务员必须要有敬畏法律的意识,做到依法办事,公平执法。因为政府作为宏观经济调控的主体,它的基本职能是在遵循市场规律前提下,承担弥补市场缺陷、市场失灵的责任,维护市场秩序和社会公平。当然,政府也不是万能的,与市场失灵、市场缺陷相对应的是"政府失灵"、"政府缺陷"也同样存在。这些说明,一个好的政府要担当责任,其前提是防止政府失灵和政府缺陷,否则不仅难以担当纠正市场失灵、市场缺陷的重任,而且还会加剧市场混乱,成为经济发展的"祸害"(马克思语——作者注)。

二、企业承担生产、商品质量安全的责任

企业是市场的主体,是生产、销售的源头,从这种意义上讲,在生产保障、产品质量、环境污染、生态安全等方面,企业应该成为首要的责任主体。市场经济的发展已有二百多年,关于企业责任的理论也呈现出不同的理论形态。20世纪70年代形成的古典企业社会责任观认为,企业是经济实体,其功能是纯经济性的,股东们只关心一件事:财务收益率。经济

价值成为衡量企业成功的唯一尺度。"企业的一项、也是唯一的社会责任是在比赛规则范围内增加利润。"① 社会经济责任观则认为，利润最大化是企业的第二目标，企业的第一目标是保证自己的生存。企业具有法人地位同时也意味着它具有道德人格，"为了实现这一点，他们必须承担社会义务以及由此产生的社会成本。他们必须以不污染、不歧视、不从事欺骗性的广告宣传等方式来保护社会福利，他们必须融入自己所在的社区及资助慈善组织，从而在改善社会中扮演积极的角色。"② 与古典社会责任观不同，社会经济责任观认为，企业除了经济责任外，还应承担环境责任、对消费者的义务等社会责任。20世纪90年代以来，人们对跨国企业的社会责任日益关注，在劳工和人权组织等非营利组织和消费者的积极推动下，知名品牌公司纷纷制定自己的生产守则，后演进为生产守则运动由跨国公司"自我约束"的"内部生产守则"逐步转变为"社会约束"的"外部生产守则"。企业行动规范运动的直接目的是促使企业履行自己的社会责任。国际商业、经济伦理协会前主席恩德勒指出："作为一个道德行为者的企业，具有经济的、社会的和环境的责任。"③ 现代企业社会责任观的观点突破了追求利润最大化的古典责任观，它把企业作为一个伦理实体，具有道德人格，企业在创造利润、对股东利益负责的同时，还要承担对利益相关者，对全社会承担责任。要求企业遵守商业道德、生产安全、保护劳动者权益、节约资源、保护环境、热爱慈善事业等。这是目前人类对企业承担社会责任的普遍观点。应该说，我国的企业对社会责任的认识，大体也经历了上述过程，这也是伴随着中国改革开放的进程不断深化的过程。一些企业深刻认识到，企业的真正属性是社会性，这正是企业与社会的本质联系。有了消费者，就有了市场；失去消费者，就失去了市场。还有不

---

① 经济学家米尔顿·弗里德曼1970年9月30日在《纽约时报》刊登题为《商业的社会责任是增加利润》的文章。
② 斯蒂芬·P. 罗宾斯：《管理学》（第四版），黄卫伟等译，中国人民大学出版社1997年版，第96页。
③ 乔治·恩德勒：《面向行动的经济伦理学》，上海社会科学院出版社2002年版，第223页。

少企业热心于公众事业和救灾扶贫事业，为公众办了不少好事、实事，在人们的心目中树立了良好的道德形象。但毋庸讳言，企业在履行社会责任（包括道德责任）上，其发展是十分不均衡的。更有甚者，一些企业无视法律法规，失去企业"良心"，为了自身的利润最大化，劳动者不能获得与劳动付出相应的报酬，危险行业缺乏对劳动者的有效保护，生产过程污染水源、空气、农产品等问题很是普遍，这不仅损害当代人，而且危及我们的子孙后代。实践证明，对于此类行为完全依靠政府监管到位也是不切实际的。因此，亟须法律治理，亟须企业加强责任教育和道德自律。存在决定意识。企业作为微观经济活动主体，构成现实的经济生活，是直接影响人们道德观念和文化的基础因素。这是企业行为产生的客观社会影响。鉴于此，在构建市场秩序中，企业这一主体承担着不可替代的责任。

三、公民个人承担恪守法律、遵守道德规范的责任

我国和发达国家发展市场经济的实践一再证明，市场经济是法制经济，市场经济是道德经济。缺乏法律的严格规制和道德自律的境界，社会就不会和谐，市场秩序也不可能形成。党的十八大报告提出，全面提高公民道德素质。这是社会主义道德建设的基本任务。要坚持依法治国和以德治国相结合，加强社会公德、职业道德、家庭美德、个人品德教育，弘扬中华传统美德，弘扬时代新风。推进公民道德建设工程，弘扬真善美、贬斥假恶丑，引导人们自觉履行法定义务、社会责任、家庭责任，营造劳动光荣、创造伟大的社会氛围，培育知荣辱、讲正气、作奉献、促和谐的良好风尚。深入开展道德领域突出问题专项教育和治理，加强政务诚信、商务诚信、社会诚信和司法公信建设。笔者认为，当前我国市场秩序混乱就是一个道德领域的突出问题，就是推进公民道德建设工程的重要任务之一。这里，加强社会公德、职业道德、家庭美德当然非常重要，它诉诸组织，包括家庭这一社会细胞，但最终实现行动的环节还是个体。记者在山东潍坊地区采访时发现，有人置国家法律与人民健康于不顾，明目张胆滥用叫神农丹的剧毒农药。这些姜他们卖给消费者，没有使用该剧毒农药的

姜自己吃。① 甚至卖烧饼的为了多赚钱，加有毒物致人伤命。这是追求利益最大化所致，也是市场经济的内在本性之一（这是市场经济的负面影响，发展社会主义市场经济就要特别关注这种负面影响对道德、对文化带来的新问题），与公民缺乏法律知识有关，与多少家这些年来都这样种的从众心理有关。因此，市场秩序的有效维护，最终还要落实到公民个人，而提高公民的法律意识和道德素质首先靠法治，之后才是道德。邓小平同志曾多次强调"一手抓建设，一手抓法制"。公民恪守法律，通过社会规约他不能越出底线道德；公民遵守道德规范，形成道德良心，达至道德自律，才是自我选择、自我管理、自我评价的道德主体。社会的法与自己"内在的法"（指道德——黑格尔语）的有机结合，公民才会形成承担责任的主体，对社会具有积极价值的道德人。两种道德理论：规范论提出做人的标准与应该怎样做，德性论关注行为者自身，从内在的品格与外在的情境考虑如何做一个有德之人，这些理论有着深刻的启示，需要在公民的道德实践活动中创造性的运用与创新。依法治市与以德治市相结合，培育有良知的公民，应是根治市场秩序混乱的良药。

由政府、企业、公民个人构建的道德责任共担机制，各负其责，人人有责，相互支持，形成合力，对于建构社会主义市场秩序非常必要。在三方责任主体中，基于政府的地位与职能要求，基于社会主义市场经济是政府主导的市场经济，因此，我们强调政府应该率先履行好自己的责任，在治理市场秩序、保证我国经济社会可持续发展进程中，充分发挥示范功能和组织作用。坚持依法治理与以德治理相结合，引导、监督企业履行企业道德责任，加强道德领域里的专项治理，努力推进公民道德建设工程，建构起以政府为中心，政府、企业（包括各种社会组织）、公民三类主体的道德责任共担机制，共同维护我国的社会主义市场秩序。

---

① 《山东种植毒姜　姜农称自己都不吃》，新华网，2013年5月6日。

第十一章　提升政府道德理性，
　　　　　维护经济社会秩序

　　国家①的理性与经济制度供给、经济秩序、社会生活稳定乃至人民的福祉关系甚密。历史和现实昭示，一个国家，如果忽视了国家理性的正确而有效的主导，必将付出沉重的代价。历史上的一些思想家尤其是马克思、恩格斯对于国家的理性与非理性的论述以及国家学说理论，对于我们认识政府的本质、属性和政府行动的正当性具有十分深刻的意义。本章通过对国家的理性与非理性的解析，认为国家的理性在任何时候都首先代表着一种秩序，国家的非理性现象则在一定程度上消解、破坏着秩序，提出我国在建立社会主义市场经济的进程中国家的非理性带来的社会风险与道德风险，以及提升国家道德理性的路径。当前必须着力推进政治体制改革，以期更好地彰显经济生活中公权的公共性。

　　当下经济生活中存在的寻租现象、经济秩序混乱、诚信缺失、道德滑坡等这些令人担忧的严峻问题，学者从不同角度，如从市场经济本性的负面影响，从国家经济管理职能上的不到位，从公民道德素质低下等多方面进行解析。本章从政府道德理性这一角度进行探索。认为政府的理性包括道德理性主导经济社会生活，方能带来经济的可持续的发展与人民的幸福，而国家的非理性则会给经济社会带来巨大的道德风险甚至灾难，提升国家的理性就成为决定我国发展前景的攸关因素。

---

①　本章所说的国家，是指作为统治工具的政府系统，在政治意义上，国家与政府可作为同义语。——作者注

第一节 国家的理性：照亮社会发展之光

国家是阶级社会的产物，是庞大的社会事务管理机构。作为社会的管理者，国家具有多种功能与属性，在当今社会，政府职能日益拓展，政府的社会职能进一步分化为相对独立的不同领域，以此为基础，政府的基本职能可概括为政治职能、经济职能、文化职能和一般社会职能。恩格斯指出，"政治统治只有在它执行了它的这种社会职能时才能持续下去。"① 国家的理性通过其职能，它在任何时候任何情况下都首先代表着一种社会秩序。

一、马克思关于国家的理性学说

在西方思想史上，一些思想家对国家的理性有过较多论述。如古希腊哲学家柏拉图认为，国家是正义的化身，正义是智慧的产物，而智慧则是理性的产物；亚里士多德在《政治学》中指出，我们必须首先确定什么是最值得追求的生活方式。只要这个问题还没搞清楚，那么什么是理想政体就会一直不清楚。他认为，国家的目的是"美好生活的普遍促进"。因为只有在城邦中，幸福的生活才能实现，只有在城邦内并通过城邦生活，德性才能得到运行。近代的功利主义把个人的福利只算作一份，在计算幸福总量时并不把任何特权人物的快乐看得更重，这些内蕴着公正、民主、平等的思想，在当时具有深刻的启蒙意义。边沁发展了第一个彻底的近代功利主义体系，聚焦于制度结构、公共政策、立法、政治管理的问题，这就使得功利主义成为评判社会制度与政策的决定性标准。更有学者高举"主权在民"或"民主政治"的旗帜，把"自由"、"平等"、"人权"当作人人天赋的"自然权利"，把尊重和保护这些自然权利看作是统治者和政府的"理性"或"自然法"，并用之判断政治家和政府善恶的基本标准。德

---

① 《马克思恩格斯选集》第三卷，人民出版社1995年版，第523页。

国古典哲学的集大成者黑格尔认为，国家是"绝对理念"的体现，是理性的形象和现实。他将理性视为国家产生的唯一根源，自然看不到国家的阶级性质及其赖以形成的经济基础。

马克思在批判黑格尔的法哲学时这样说道："国家理性同国家材料之分配于家庭和市民社会是没有任何关系的。国家是从家庭和市民社会之中以无意识的任意的方式产生的。家庭和市民社会仿佛是黑暗的自然基础，从这一基础上燃起国家之光。国家材料应理解为国家的**事务**，理解为家庭和市民社会，因为它们是国家的构成部分，它们参与国家本身。"[①] 正确地提出了国家的产生，不是黑格尔所说的某种理性或绝对理念的产物，国家是阶级矛盾不可调和的产物，是以市民社会为基础的一种无意识的客观的自然过程。国家不是理性的产物，但"国家之光"必须具有理性。历史和现实昭示，一个民族，一个国家，如果忽视了国家的理性，必将付出沉重的代价。

二、国家理性的形成与成熟

从历史上看，国家的理性是在阶级社会的历史演进中逐步实现的。阶级社会是一个利益对立的社会，社会处在尖锐的冲突甚至分裂状态，而社会又难以通过自身的能力来解决这些矛盾和冲突时，国家便应运而生。国家通过法律的、政治的、经济的、道德的等制度和规范来协调各种矛盾和关系，把社会成员的行为规范到一定的秩序内，一般而言，代表生产力发展方向的新兴阶级在实现维护本阶级利益和统治地位的同时，也在一定程度上维护着社会的生产生活秩序，推动着社会的发展。在我国封建社会，统治阶级中的"明君"、"贤臣"、"清官"、"良吏"，就是能够比较自觉地维护封建统治者的利益，也能兼顾社会利益的封建官员的代表。如一些有作为的帝王，认识到水能载舟亦能覆舟的道理，因而在治国实践中采取轻徭薄赋、使民安养生息、"保民而王"的政策，由此便有了经济繁荣、国

---

① 《马克思恩格斯全集》第三卷，人民出版社 2002 年版，第 9—10 页。

泰民安的盛世。为维护封建社会的秩序，一些有识之士还主张居家守家规，为官守官箴，治国守国法，并能做到一以贯之，努力使个人的理性与国家的理性相协调，并通过个人的道德自律去实现国家的意志。我国古代常以帝王下诏的形式大赦天下，以此安抚民心，稳定社会，但罕见赦令泽及贪官污吏者。历代不赦赃官，实际上也是由某些统治者的自律行为延伸而成的国家的自律行为。上述这些，都显现出封建国家维护其统治阶级利益的自觉理性。在资本主义条件下，国家的自觉性用恩格斯的话说，它是"理想的总资本家"[1]，总是能够自觉地维护资产阶级的共同利益。为了防止个人意志取代阶级意志而滥用权力，保证国家权力的施行符合资产阶级的意志和利益，如一些西方国家采取"三权分立"的政权组织形式，以加强对权力的监督与规制。为了公共生产生活秩序，西方一些国家尤为重视以法治国，在日益建立健全法制体系的过程中，法制在社会中发挥了强大的威慑力量。为促进经济发展，发达资本主义国家的决策者在其经济发展的不同时期，曾尝试了不同的经济调控理论，如以市场调节为主的调控方式，以市场调节为主、政府调控为辅的调控方式，还有在某些时期侧重政府宏观调控，如第二次世界大战前的一段时期实行的罗斯福新政，能够自觉运用凯恩斯的经济学说，通过运用财政、金融等政策，使国家对经济活动进行广泛的干预，以此缓和供给与需求的矛盾，减弱经济危机的振荡与对社会的消极影响。这些都是资本主义国家维护资产阶级整体利益的自觉行为，在一定意义上也是维护社会公共利益的积极举措。

由此可见，国家的理性主导经济与社会生活，就会有秩序，有稳定，有发展。国家的理性主要包括两个方面：一是自觉维护占统治地位阶级的利益、维护社会的公共生活秩序；二是不断探索社会发展的客观规律并以此为遵循来执政，具体表现为认识与行动的自觉和自律。从国家的特殊地位和属性分析，国家除了理性自觉与道德自律的一面外，还有盲目与自发非理性的一面。

---

[1] 《马克思恩格斯选集》第三卷，人民出版社1995年版，第629页。

第二节 国家的非理性：公共生活的"祸害"

国家的非理性表现在不同侧面与层面。国家的非理性与国家的理性构成一对矛盾，这对矛盾的冲突与哪一方为主导，直接影响到国家职能的正常发挥，影响到公共生活秩序与人民的安乐。如果非理性的一面肆虐，其影响正如恩格斯在对马克思的国家学说进行补充的时候着重指出的，"国家再好也不过是在争取阶级统治的斗争中获胜的无产阶级所继承下来的一个祸害；胜利了的无产阶级也将同公社一样，不得不立即尽量除去这个祸害的最坏方面，直到在新的自由的社会条件下成长起来的一代有能力把这全部国家废物抛掉。"①

一、国家的非理性表现为国家与社会的对立关系

从历史上看，社会越发展，社会分工越细，越发达。当人们奴隶般地服从分工的时期，他们对自己的活动结果，既不可预知，也无力支配，因而其活动表现出某种自发性、盲目性。"因为在这里，全部生产的联系是作为盲目的规律强加于生产当事人，而不是作为由他们的集体的理性所把握、从而受他们支配的规律来使生产过程服从于他们的共同的控制。"② 国家产生后，社会分工进一步分化，人们被划分为管理者与被管理者，前者凌驾于后者之上，国家成为社会的对立物。正如恩格斯所说，"国家是社会在一定发展阶段上的产物；国家是承认：这个社会陷入了不可解决的自我矛盾，分裂为不可调和的对立面而又无力摆脱这些对立面。而为了使这些对立面，这些经济利益互相冲突的阶级，不致在无谓的斗争中把自己和社会消灭，就需要有一种表面上凌驾于社会之上的力量，这种力量应当缓和冲突，把冲突保持在'秩序'的范围以内；这种从社会中产生但又自居

---

① 《马克思恩格斯选集》第三卷，人民出版社 1995 年版，第 13 页。
② 《马克思恩格斯选集》第二卷，人民出版社 1995 年版，第 465 页。

于社会之上并且日益同社会相异化的力量,就是国家。"① 由于这一特殊条件,他们的活动较其他社会成员具有更多的主观、任意、放纵、自发的特点,如果缺乏对权力的自下而上的民主制度监督,就有可能形成脱离广大社会成员、神圣不可侵犯的特殊阶层。原本从社会中产生的国家,就会高高地凌驾于社会之上,违背社会客观规律为所欲为,背离社会的整体利益与公共意志乱作为,甚至以特权侵凌民众,危害社会,践踏公平与正义。这些客观的与主观的缘由说明,国家也有自发性的一面。

国家在管理社会上的自发性还突出地体现在它把自己作为崇拜的对象。随着国家与社会的日渐分离,甚至把社会践踏在自己脚下,把人民群众视为自身存在的附庸或陪衬。中国封建社会的皇帝就是典型。由于国家把自己置于至高无上的地位,因而他能够垄断真理,而且他就是真理。正如西方一位哲学家所讲,国家简直成为"永恒的真理和正义所借以实现的或应当借以实现的场所"。这种状况就必然会消解一个国家的统治者去认识事物、探索规律的动力,所有的法律、道德规约对己都会变成一纸空文,这种状况就会直接影响到对社会的治理。如果国家对自身的自发性缺陷缺乏清醒认识,缺乏严格规制与监督,其结果是不但弥补不了社会的自发性与无序,而且还有可能助长公共生活的无序与道德沦落。从某些方面而言,国家的自发性有时更甚于社会。

二、国家的非理性表现在它是"虚幻的共同体形式"

国家并不代表社会上各阶级各阶层的普遍利益。历史上的国家均以整个社会的代表自居,但在私有制的条件下,国家只能代表少数社会成员,即统治阶级、阶层的特殊利益。旧国家代表利益的狭隘性,说明它只能是一种"虚幻的共同体形式"。所以,国家所要解决的社会的盲目性、自发性,所要代表的"集体的理性"、"整体的利益"、"最大多数人的幸福"显然是十分有限的。如上所述,尽管封建社会有某些"明君"、"贤臣"、

---

① 《马克思恩格斯选集》第四卷,人民出版社1995年版,第170页。

"清官"、"良吏",能够在一定时期意识到保护人民利益对于维护政权的重要性,而一旦人民利益同统治者的根本利益发生冲突,他们就很难恪守理性与道德来约束自己的权力,转而就会站在人民的对立面。因此,由于旧国家所代表利益的狭隘性、局限性,其理性的局限性显而易见。

三、国家的非理性还表现在它的行政占有性

国家的行政占有性是指国家利用其行政权威的强制力,直接地从社会中取得一部分资金,一般不讲究经济核算,而是无偿支付、无偿调拨或无偿供应。这是国家对社会的一种超经济强制和非等价交换。之所以如此,这同国家的特殊地位和身份有关。这一经济交换关系,是自上而下的,与市场上的多种经济主体之间的交换关系明显不同。这一自上而下的经济体系形成之后,国家及其官吏对社会的行政占有便相伴而生,国家成为无偿取得社会财富的行政占有者。这一现象普遍地存在于私有制社会,并且总是不断强化国家对社会的行政占有性,由此衍生出诸多腐败行为。一些明智的政治家则在一定程度上按照经济运行的规则,来处理国家与社会的交换活动。马克思、恩格斯特别重视从经济方面揭示国家的行政占有性本质,指出国家与社会之间存在着类似经济上的交换关系,如税收。税收就是国家凭借政治权力从社会中无偿地、强制地取得财政收入的一种分配形式,它鲜明地有别于社会经济组织自身的一些分配形式。税收是国家的经济血脉,是国家职能正常实施的保障,向社会征税这种特殊的收费形式,便成为国家运行的主要经济保障。国家是社会上的一种最庞大的管理系统,它的存在与职能的行使,靠的是从社会中吸纳的巨额的物质财富作基础。离开了必要的财力,就难以形成强大的国家能力。但是,如果国家的行政占有性无限膨胀、扩张,在利益上就会形成特殊利益阶层,激化社会矛盾,并势必带来腐败现象滋生,难以遏制。

概言之,国家的非理性会带来国家与社会的对立,官员与公民的对立;会带来腐败滋生、民风日下,公信力丧失,生产生活无序等社会风险与道德风险。国家的理性是社会希望之光,国家的非理性又是社会的"祸

害",这既是私有制条件下的国家需认真对待的问题,也是中国特色社会主义国家执政中的一个严肃话题,应引以为戒。

第三节 提升国家道德理性,维护经济生活秩序

我国是以公有制为主体的社会主义国家,国家的性质与私有制条件下的国家具有本质的区别。社会主义国家代表广大人民群众的根本利益,反映广大人民群众的意志和愿望,与旧国家"虚幻的共同体形式"截然不同,它以真实的共同体形式出现,这是历史上国家演进的划时代的变革。

然而,国家的一般属性和旧国家官僚机构的本性与特征在现实中也有不同程度的表现,如行政占有性在一些地方一些官员身上不断膨胀,权力腐败,公权蜕变为私人资本的保镖;潜规则盛行,法律、制度、党纪形同虚设;欺上瞒下,对上"负责",对下施压;盲目决策,无视公民权益;监管上的不作为、乱作为、作为不到位普遍存在,重大的生产安全、食品安全等问题屡见报端,应有的职业精神与责任意识严重缺乏,致使国家的形象受损,政府的公信力遇到新考验,给国家执政带来了一定的社会风险特别是政府失去公信力的道德风险。这些问题与现象恰恰提醒人们,国家行政机构在管理上仍存在一定的盲目性、自发性、自利性等非理性的一面。2011年5月20日《华夏时报》以《房地产腐败最集中最恶劣》为题,报道了在召开的中央治理工程建设领域突出问题专项治理工作查办案件新闻发布会上,监察部副部长郝明金通报了20起被查处的典型案件。引人关注的是,在20起案件中,有11起涉及保障房建设。问题说明,中央、国务院部署的这项民生工程沦为腐败高发的新领域。

一、推进以人为本的制度建设,建构国家与社会的新型关系

近代西方的政治学家洛克、卢梭、密尔、边沁等多从政府代表一种公共的契约精神去说明国家与社会的关系。洛克从自然状态出发,论证了人在自然状态的诸多不便,如有人不断地受到别人的侵犯而受到侵犯后又缺

少公正的裁判，如此容易进入战争状态，于是就有了契约，从而就把自己做自己裁判的权力交给了公共机构即政府去完成，"政治权力就是为了规定和保护财产而制定法律的权利，判处死刑和一切较轻处分的权利，以及使用共同体的力量来执行这些法律和保卫国家不受外来侵害的权利；而这一切都只是为了公共福利"。① 但是，洛克强调，公民只是勉强转让了自然权力，而绝非割让自然权力，政府的最终权力仍然牢牢地掌握在公民手里，且罢免和更换立法机关的最高权力永远属于人民。如果政府滥用权力，危及公共利益，公民有权利重新把权力授予他们认为最有利公民利益的人。卢梭认为，主权始终属于全体人民，全体人民行使主权，表现为一种公意，也即是这个政治实体的意志，在体现公意的国家中，"使意志得以公意化的与其说是投票的数目，倒不如说是把人们结合在一起的共同利益"②。体现公意的法律来源于全体人民的共同意志，政府是人民的仆从机关，是人民行使主权的工具，并认为，"一切合法的政府都是共和国"③。在他看来，公正与不公正的标准就在于公意，好的公正的政府必定是最符合公意的政府。"公意"深刻揭示出政治政权必须依赖于整个社会的意愿和参与。

马克思深刻揭示国家与社会的对立关系是国家的一般属性，只有到了未来的共产主义社会，阶级对立消失了，国家才会自然消亡。马克思认为，未来的无产阶级国家必将履行必不可少的公共管理职能。但是，那不是国家的根本任务。无产阶级新型国家的根本任务是把那些"旧政权的合理职能则从僭越和凌驾于社会之上的当局那里夺取过来，归还给社会的负责任的勤务员"④，把靠社会供养又阻碍社会自由发展的国家这个寄生赘瘤迄今夺取的一切力量，归还给社会肌体。所以，无产阶级国家的实质是社会把国家政权重新收回，是人民群众把国家政权重新收回，在总结巴黎公

---

① 洛克：《政府论》，商务印书馆1996年版，第4页。
② 卢梭：《社会契约论》，何兆武译，商务印书馆1980年版，第43页。
③ 卢梭：《社会契约论》，何兆武译，商务印书馆1980年版，第51页。
④ 《马克思恩格斯选集》第三卷，人民出版社1995年版，第57页。

社的革命经验时，特别强调他们所采取的那些直接民主制，以及限制政府工作人员由社会的勤务员蜕变为社会主人的革命性措施，工人阶级应当破除对国家以及一切与国家有关的事物的盲目崇拜，破除"全社会的公共事务和公共利益只能像迄今为止那样，由国家和国家的地位优越的官吏来处理和维护"①的盲目崇拜心理。这一思想说明，无产阶级国家及其政府虽然消除了剥削阶级国家的阶级属性，但是还没有最终克服国家与社会相对立的一般属性，不可避免地存在着与社会管理不适应的非理性的一面。如何解决这一问题，克服这一社会"祸害"，马克思提出，巴黎公社是一个具有广泛代表性的政治形式，"这是人民群众获得社会解放的政治形式"②，这种政治形式给国家制定了真正民主制的基础。因为巴黎公社所有的公共职务都由选举产生，对选民负责，接受人民的监督，并随时可以罢免，这对以公权谋私的腐败现实无疑是有力的制度约束。在我国社会主义初级阶段，如何通过制度建设来从根本上遏制这一不良势头，缓解权力行使不当成为社会矛盾的焦点，保证公平公正的社会秩序建设，马克思、恩格斯的思想无疑具有重要的价值。在当前，建构国家与社会的新型关系，最重要的就是建构和完善以人民为本的制度架构，从根本上实行自下而上的民主监督。民主人士黄炎培在访问延安同毛泽东同志谈话时说到，希望将来中国共产党建立的政权能够跳出旧政权"其兴也浡焉"、"其亡也忽焉"的周期率。毛泽东同志说，"我们已经找到新路，我们能跳出这周期率，这条新路就是民主；只有让人民来监督政府，政府才不敢松懈；只有人人起来负责，才不会人亡政息。"③历史是面镜子。重视民主政治建设，不断扩大人民的知情权、参与权、决策权，是监督政府行为走向、维护公共利益不受侵犯、保障公权与公民的和谐关系，最终实现国家意志与公民愿望相统一、社会主义国家与社会新型关系的建构，同时也是跳出制度困境的怪圈、切实提升国家理性的有效路径。

---

① 《马克思恩格斯选集》第三卷，人民出版社1995年版，第13页。
② 《马克思恩格斯选集》第三卷，人民出版社1995年版，第95页。
③ 《十六大以来重要文献选编》（上），中央文献出版社2005年版，第144页。

二、制约行政占有性，彰显权力的公共性

公共性是政府的本质属性，是政府伦理合法性的基础。这是当前政治伦理关注的重要话题之一。古希腊哲学家柏拉图曾在《理想国》一书中提出，城邦起源于人们为满足需要而产生的相互合作，城邦成立的目的是为了实现全体人民的利益和正义，而不是为了一个阶级的幸福。正义即"每个人都作为一个人干他自己分内的而不干涉别人分内的事"[①]。城邦政治的本质在于"公正"。柏拉图从道德的角度阐述了城邦作为实现公共的"善"的手段和具体内容，在他看来，维护正义体现了政府的公共性。亚里士多德继承了柏拉图的思想，明确指出，人们组成城邦的目的是为了过一种美好的生活，城邦是裁决有利于公众的要务并听断私事的团体，"当一个政府的目的在于整个集体的好处时，它就是一个好政府；当它只顾及自身时，它就是一个坏政府。"[②] 善或正义的概念是城邦所能提供的具有公益性质的意识形态。西塞罗认为，"国家乃人民之事业，但人民不是人们某种随意聚合的集合体，而是许多人基于法的一致和利益的共同而结合起来的集合体。"

行政占有性与政府的公共性恰恰相反。公共性意味着政府将公民的意志作为公共行政的首要原则，公共利益得到切实的保障和实现。行政占有性这一国家属性，在新形势下与市场经济内在的趋利本性相聚合，社会治理方面出现了许多新的问题。如在一些地区和地方频频发生的公权成为违法经营的保护伞，公权与私人资本的结合，官民利益冲突，从而给权力的公共性与合法性带来信任危机。桩桩典型的案例，充分说明行政占有性在我国现阶段的存在及其严重危害。国家权力代表的是公共利益与公众意志，市场经济条件下，个别地方政府的权力运作性质在不同程度上发生着变化，如公权蜕变为私人非法利益的保镖，蜕变为谋私的工具，所谓的法律、制度、党纪等制度体系，在他们那里都成了一纸空文。对此，应该引

[①] 柏拉图：《理想国》，商务印书馆1996年版，第154页。
[②] 罗素：《西方哲学史》，何兆武等译，商务印书馆2001年版，第245页。

起人们的高度关注。

三、严格规范从业人员行为，着力提升个体道德水平

在一般意义上，国家的理性除了遵循事物客观规律的自觉性与主动性等科学认知外，还包括道德认知与道德自律等道德理性。依法治理与以德规范政府公务员的行为，严控"理性经济人"行为损害国家形象，公务员个体的道德素质至关重要。国内外对公务员的行动范围与权限都制定了诸多相关法律法规，还有专门的公务员道德规范等，从而为公务员的行为划定了界限。党的十七大报告中还第一次提出加强个人品德建设，特别提出党员领导干部要率先提高道德水平，其意义十分深刻。众所周知，国家理性及形象与地方政府及其公务员个人行为联系密切，民众多是通过他们来判断国家、政府行为的理性与非理性，正当与不正当的，合法与不合法的，因此，国家理性的提升最终还要落脚到公务员行动本身。如马克思所说，国家也即政府。国家的公共理性与政府公务员的个体理性之间、制度与行为之间能否保持一致，直接影响到国家的理性自觉和国家形象。因此，公务员个体理性的自觉与实践理性的自律，就显得特别重要。当前，主要解决的问题应该是公务员个体的道德素质问题。如果没有树立以人民为本的信念，在从政与谋利的关系上、在公权与私权的关系上、在"经济人"与"公共人"之间，明显存在着价值冲突，客观上与主观上存在着国家公务员蜕变为"理性经济人"的可能性与现实性。如马克思早年提醒的，"为了防止国家和国家机关由社会公仆蜕变为社会主人——这种现象在至今所有的国家中都是不可避免的——公社采取了两个可靠的办法。第一，它把行政、司法和国民教育方面的一切职位交给由普选选出的人担任，而且规定选举者可以随时撤换被选举者。第二，它对所有公务员，不论职位高低，都只付给跟其他工人同样的工资。"① 社会主义国家如何防止国家公务员的变质，维护国家理性和形象，是摆在人们面前的严肃话题。

---

① 《马克思恩格斯选集》第三卷，人民出版社1995年版，第12—13页。

一些地方政府和部门以及个人，公权私化，把部门利益化，权力金钱化，与民争利，甚至变相使其谋利合理化、合法化，这种"理性经济人"行为严重地损害了国家和政府的形象，危及国家的合法性基础与应有的权威性，直接破坏了公共生活秩序。胡锦涛同志在纪念建党 90 周年大会上指出，全党必须清醒地看到，在世情、国情、党情发生深刻变化的新形势下，提高党的领导水平和执政水平、提高拒腐防变和抵御风险能力，加强党的执政能力建设和先进性建设，面临许多前所未有的新情况、新问题、新挑战，执政考验、改革开放考验、市场经济考验、外部环境考验是长期的、复杂的、严峻的。精神懈怠的危险，能力不足的危险，脱离群众的危险，消极腐败的危险，更加尖锐地摆在全党面前，落实党要管党、从严治党的任务比以往任何时候都更为繁重、更为紧迫。这一论述，对于提高政府执政水平同样重要。因此，必须尽快建立起以人民为本的高效性、服务型、责任性政府，提高管理社会的科学水平，保障社会生产的良好秩序，营造公平正义的生存环境，已是大势所趋、民心所向。因而，提高公务员的公共服务意识，强化"公共人"的职业精神，培育和提高个人品德素养，就成为提升国家理性的重要内容。

参考文献

1. 《马克思恩格斯全集》第1卷、第4卷、第49卷,人民出版社1958年版。
2. 《马克思恩格斯文集》第3卷,人民出版社2009年版。
3. 《马克思恩格斯选集》第3卷、第4卷,人民出版社1995年版。
4. 《马克思恩格斯全集》第25卷,人民出版社1974年版。
5. 《列宁选集》第3卷,人民出版社1995年版。
6. 《列宁全集》第3卷、第27卷、第60卷,人民出版社1984年版。
7. [德]赫尔穆特·施密特:《全球化与道德重建》,社会科学文献出版社2001年版。
8. [法]卢梭:《社会契约论》,商务印书馆1980年版。
9. [英]洛克:《政府论》(下篇),叶启芳、瞿菊农译,商务印书馆1964年版。
10. [美]约瑟夫·斯蒂格利茨:《政府为什么干预经济?》,中国物资出版社1998年版。
11. [美]本杰明·弗里德曼:《经济增长的道德意义》,李天有译,中国人民大学出版社2008年版。
12. [美]詹姆斯·麦吉尔·布坎南:《自由市场和国家》,北京经济学院出版社1988年版。
13. [韩]咸台灵:《中国政党政府与市场》,经济日报出版社2002年版。
14. [美]理查德·T.德·乔治:《经济伦理学》,北京大学出版社

2002 年版。

  15. ［美］科斯·诺斯等:《制度、契约与组织——从新制度经济学角度的透视》,经济科学出版社 2003 年版。

  16. ［美］弗朗西斯·福山:《信任——社会美德与创造经济繁荣》,海南出版社 2001 年版。

  17. ［英］约翰·梅内德·凯恩斯:《就业、利息和货币通论》,商务印书馆 1963 年版。

  18. ［美］乔治·索罗斯:《索罗斯,走在股市曲线前面的人》,海南出版社 1997 年版。

  19. ［美］斯蒂芬·P. 罗宾斯:《管理学》（第四版）,中国人民大学出版社 1997 年版。

  20. ［日］松下幸之助:《经营人生的智慧》（上）,延边大学出版社 1996 年版。

  21. ［美］道格拉斯·诺思:《制度、制度变迁与经济绩效》,上海三联书店 1994 年版。

  22. ［美］迈克尔·D. 波顿:《首席执行官》,民主与建设出版社 2002 年版。

  23. ［美］查尔斯·汉普登－特纳等:《国家竞争力——创造财富的价值体系》,海南出版社 1997 年版。

  24. ［美］乔治·恩德勒:《面向行动的经济伦理学》,上海社会科学院出版社 2002 年版。

  25. ［美］哈罗德·孔茨等:《管理学》,经济科学出版社 1998 年版。

  26. ［美］约翰·罗尔斯:《正义论》,何怀宏译,中国社会科学出版社 1988 年版。

  27. ［英］亚当·斯密:《道德情操论》,商务印书馆 1997 年版。

  28. ［英］亚当·斯密:《国民财富的性质和原因的研究》,商务印书馆 1988 年版。

  29. ［美］阿马蒂亚·森:《伦理学与经济学》,王宇等译,商务印书馆 2000 年版。

30. [美]詹姆斯·M. 布坎南等:《公共财政与公共选择:两种截然不同的国家观》,类承暇译,中国财政经济出版社 2000 年版。

31. Buchanan J. M., "An Economic Theory of Clubs", *Economica*, Vol. 23, 1965.

32. George A. Boyne, "Explaining Public Service Performance: Does Management Matter?", *Working Paper*, 2004.

33. 高力:《公共伦理学》,高等教育出版社 2004 年版。

34. 高培勇、杨之刚、夏杰长:《中国财政经济理论前沿(4)》,社会科学文献出版社 2005 年版。

35. 何怀宏:《公平的正义:解读罗尔斯正义论》,山东人民出版社 2002 年版。

36. 胡家勇:《一只灵巧的手:论政府转型》,社会科学文献出版社 2002 年版。

37. 黄亮宜:《国家全景观——中国现代化进程中的国家问题》,中共中央党校出版社 2004 年版。

38. 金太军:《政府职能的梳理与重构》,广东人民出版社 2002 年版。

39. 李炳炎:《共同富裕经济学》,经济科学出版社 2006 年版。

40. 厉以宁:《超越政府和超越市场——论道德和习惯在经济中的作用》,北京大学出版社 1998 年版。

41. 刘伟:《转轨经济中的国家、企业和市场》,华文出版社 2001 年版。

42. 吕炜:《我们离公共财政有多远》,经济科学出版社 2005 年版。

43. 欧阳润平:《义利共生论——中国企业伦理研究》,湖南教育出版社 2000 年版。

44. 唐凯麟:《西方伦理学名著提要》,江西人民出版社 2000 年版。

45. 涂文娟:《政治及其公共性:阿伦特政治伦理研究》,中国社会科学出版社 2009 年版。

46. 万俊人:《道德之维——现代经济伦理导论》,广东人民出版社

2011 年版。

47. 王传纶、高培勇：《当代西方财政经济理论》（上、下册），商务印书馆 1995 年版。

48. 王小锡：《经济伦理的当代理念与实践》，上海人民出版社 2010 年版。

49. 韦森：《经济学与伦理学》，上海人民出版社 2002 年版。

50. 吴忠等：《市场经济与现代伦理》，人民出版社 2003 年版。

51. 夏伟东：《个人主义思潮》，高等教育出版社 2006 年版。

52. 赵德志：《现代西方企业伦理理论》，经济管理出版社 2002 年版。

53. 陈泽环：《论政府伦理与企业伦理》，《毛泽东邓小平理论研究》1994 年第 2 期。

54. 冯俏彬：《论私人产权与公共财政——英中比较研究》，《财政研究》2006 年第 4 期。

55. 金太军等：《政府的自利性及其控制》，《江海学刊》2002 年第 2 期。

56. 李茹：《市场、政府与伦理目标》，《道德与文明》2003 年第 6 期。

57. 刘国光：《加强企业伦理建设是建立社会主义市场经济体制的需要》，《哲学研究》1997 年第 6 期。

58. 刘晔：《我国公共财政理论创新与进一步发展》，《当代财经》2006 年第 5 期。

59. 梅阳：《实现社会公平是政府财政不可推卸的责任》，《中央财经大学学报》2006 年第 1 期。

60. 欧阳润平：《政企关系：分合之间》，《湖湘论坛》2003 年第 4 期。

61. 詹世友：《公共领域·公共利益·公共性》，《社会科学》2005 年第 7 期。

62. 张晓明：《转型与对外开放中的中国企业伦理问题》，《哲学研究》1997 年第 12 期。

63. 朱贻庭：《略论企业伦理与社会文化背景——关于建设有中国特色企业伦理的一种思路》，《江苏社会科学》2000 年第 3 期。

后 记

呈现给读者的《宏观层面经济伦理研究》一书，是在我主持结项的国家社科基金项目《政府经济职能转换中的特殊道德矛盾及伦理规导》的基础上撰写的。

全书除绪论外共十一章，撰写人分别为：绪论、第一章、第三章、第四章、第十章、第十一章，乔法容；第二章，乔楠；第五章，张艳红、乔法容；第六章，程瑞娜、乔楠；第七章，李冬、乔法容；第八章，朱金瑞；第九章，乔桂香。全书由乔法容统稿定稿。

本书研究历经五年，数次修改、补充，现即将付梓与读者见面。值此，我们对支持与帮助该书出版的领导和专家深怀感激之情。首先感谢全国哲学社会科学规划办公室的支持，感谢人民出版社领导和专家的支持，感谢河南省教育厅的支持；特别感谢责任编辑吴烜东先生为完善该书提出的宝贵意见和付出的艰辛劳动，他严谨的治学态度和执着的敬业精神令我钦佩。中国社会科学院研究生院在读博士张新宁为该书部分章节做了一些资料补充，我的伦理学专业研究生帮助我核对引文，在此一并表示谢意。

受学识水平的限制，书中难免存在纰漏甚至是偏误之处，期待并欢迎读者批评与赐教。

乔法容
2013 年 6 月

责任编辑:吴焰东
封面设计:黄桂月

图书在版编目(CIP)数据

宏观层面经济伦理研究/乔法容 等著. —北京:人民出版社,2013.11
ISBN 978-7-01-012795-8

Ⅰ.①宏… Ⅱ.①乔… Ⅲ.①宏观经济学-经济伦理学-研究 Ⅳ.①F015

中国版本图书馆 CIP 数据核字(2013)第 266622 号

宏观层面经济伦理研究
HONGGUAN CENGMIAN JINGJI LUNLI YANJIU

乔法容 等著

人民出版社 出版发行
(100706 北京市东城区隆福寺街99号)

环球印刷(北京)有限公司印刷 新华书店经销

2013年11月第1版 2013年11月北京第1次印刷
开本:710毫米×1000毫米 1/16 印张:18
字数:260千字 印数:0,001—2,000册

ISBN 978-7-01-012795-8 定价:45.00元

邮购地址 100706 北京市东城区隆福寺街99号
人民东方图书销售中心 电话 (010)65250042 65289539

版权所有·侵权必究
凡购买本社图书,如有印制质量问题,我社负责调换。
服务电话:(010)65250042